Hans-Reinhard Jacob/Peter Klenk (Hg.)

# Cross Buying

## Neue Ertragsfelder für Banken

Bankakademie
Verlag GmbH

Sonnemannstr. 9-11 60314 Frankfurt am Main
Telefon 0 69 / 95 91 63-0 Fax 0 69 / 95 91 63-95

Die Deutsche Bibliothek - CIP-Einheitsaufnahme

Cross buying: neue Ertragsfelder für Banken /
Hrsg.: Hans-Reinhard Jacob ; Peter Klenk. –
Frankfurt am Main : Bankakad.-Verl., 2002
ISBN 3-933165-58-X

1. Auflage 2002


Printed in Germany
ISBN 3-933165-58-X

# Vorwort

Jeder Supermarkt macht es. Jede Boutique. Jedes Kaufhaus. Das Internet hat es aufgegriffen und die Versandhäuser betreiben es schon lange: Cross Buying. Diese Anbieter haben mit der kompromisslosen Hinwendung auf die tatsächlichen Bedürfnisse der Kunden einen Perspektivenwechsel vollzogen. Sie verkaufen dem Kunden nicht irgendwelche Nebenprodukte, sondern sie animieren den Kunden werbe- und bedarfspsychologisch.

Speziell auf die Leistungen von Banken und Finanzdienstleistern bezogen, ist der Kunde nicht aufgeklärter. Er ist auch nicht weniger bindungsfähig. Er ist aber zwischenzeitlich in seinem geschäftlichen Verhalten dazu erzogen worden, den Verkäufer oder die Website einfach wegzuklicken, wenn er sich in deren Verhalten nicht wiederfindet.

Cross Buying bedeutet daher erhebliche Veränderungen in den Marketing-, Vertriebs-, Produkt- und Prozessstrukturen der Anbieter. Kunden wünschen heute ein Portal – gleich ob via Internet, via Mobilberater oder via stationären Stellen. Kunden wünschen Animation, um ihre verdeckten Bedürfnisse zu erkennen. Kunden wünschen Rückkopplung zu der Information, die sie dem Anbieter auf einem seiner Vertriebswege gegeben haben. Kurz: Kunden wünschen, verstanden zu werden. Und schließlich: Kunden wünschen auch einen gewissen Lustgewinn in dem, was sie geschäftlich tun.

Die Werbepsychologie hat den Antrieb der Kunden längst entdeckt. Nicht nur soziologisch, sondern auch psychologisch und biologisch. Ihr Wissen wird sehr heftig und breit von Retailanbietern im Commodity-Bereich genutzt. Warum nicht auch von den Finanzdienstleistern?

Denn eines ist sicher unzweifelhaft: Die Rolle des hoheitlichen Institutes haben die Banken in den Augen ihrer Verbraucher bereits verloren. Ihre Disziplinierungen will der heutige Kunde auch nicht mehr. Er will sich – wie in anderen Wirtschaftsbereichen auch – selbst segmentieren. Er will nicht cross-selled werden, was er ohnehin nicht versteht. Er will nur eines – Kaufen im Rahmen seiner Bedürfnisse und seiner Möglichkeiten. Die vorliegende Beitragssammlung will dazu animieren nachzudenken.

Herzlich danken möchten wir den Autoren der einzelnen Beiträge sowie Fr. Claudia Weiß, Hrn. Hansjakob Verfers und Fr. Stefanie Brich (Bankakademie-Verlag) für die unermüdliche Unterstützung bei der Gestaltung und den Korrekturarbeiten im Rahmen dieses Buches.

Wir wünschen Ihnen bei der Lektüre viele gute Ideen!

Wiesbaden, Juli 2002

Hans-Reinhard Jacob
Dr. Peter Klenk

# Inhaltsverzeichnis

# I. Theoretischer Rahmen: Strategische, psychologische und rechtliche Aspekte

Ist zu den Veränderungen auf der Nachfragerseite und den möglichen Optionen von Finanzdienstleistern bereits alles gesagt? Dieser Eindruck entsteht leicht, da kein Mangel an Zustandsbeschreibungen herrscht, die beklagen, dass die Kunden tendenziell informierter und wechselbereiter sind und die arg strapazierten Non- und Near-Banks im Territorium der etablierten Finanzdienstleister wildern und dass eine Orientierung an den Kundenbedürfnissen als oberste Maxime gelten muss. Zu Recht – aber wer hätte es gedacht? Erstaunlich wenig Interesse wurde bislang für die Chancen gezeigt, die sich aus einer konsequenten Einnahme der Kundenperspektive ergeben. Mit ihr öffnet sich der Blick auf eine Cross-Buying-Kultur, die noch kaum Eingang in die Marktbearbeitungsstrategien von Finanzdienstleistern gefunden hat. Doch die Aufmerksamkeit in den Führungsetagen der deutschen Bankhäuser wächst mit den Erfolgen anderer Branchen. Und der Blick schärft sich für die Chancen, die ein derartiger Perspektivenwechsel bietet. Denn betrachtet man Cross-Selling-Vertriebsstrategien, so ignoriert ein „Was kann ich dem Kunden noch verkaufen?" die enormen Möglichkeiten der Gewinnsteigerung, die sich durch Cross Buying ergeben. Diese Marktbearbeitungsstrategie hilft Banken, durch Schaffung von Transparenz und die gewinnträchtige (indirekte) Vermarktung von Fremdprodukten und -dienstleistungen gegenüber Non- und Near-Banks wieder erfolgreich in Konkurrenz zu treten und verloren geglaubtes Territorium zurückzugewinnen.

Das hierfür notwendige theoretische Fundament wird mit folgenden Beiträgen gelegt: Zunächst werden im Beitrag „Perspektivenwechsel in der Marktbearbeitung" die wesentlichen Aspekte der Cross-Buying-Kultur dargestellt, anschließend die für eine Cross-Buying-Orientierung zentralen Aspekte der Bedürfnisweckung und -befriedigung aus psychologischer Sicht. Welchen Einfluss Stör- und Förderfaktoren in der Kundeninteraktion auf die Kundenorientierung haben können, zeigen die Ausführungen zur Frage „Wie beeinflussen Emotionen den Kunde-Bank-Dialog?". Der Beitrag „Bewegliche Bankkunden als Herausforderung für das Customer Relationship Management" gibt Aufschluss darüber, dass der Zusammenhang zwischen Kundenzufriedenheit und Kundenbindung sehr differenziert zu betrachten ist; ein Automatismus ist hier keinesfalls die Regel. Die derzeit relevanten datenschutzrechtlichen Rahmenbedingungen werden am Beispiel personalisierter Finanzportale aufgezeigt und runden dieses Kapitel ab.

# Cross-Buying-Kultur: Perspektivenwechsel in der Marktbearbeitung

*Peter Klenk*

Immer mehr Banken schreiben sich das Gebot einer dauerhaften Kundenbindung auf ihre im harten Wettbewerb wehenden Fahnen. Der Zusammenhang zwischen einer stabilen Kundenbeziehung und der Mehrung des unternehmerischen Vermögens leuchtet intuitiv ein. Besonders auf wettbewerbsintensiven Märkten ist der Erfolg dieser Bemühungen jedoch davon abhängig, inwieweit es gelingt, die sich abzeichnende Machtverlagerung auf die Kundenseite bei allen kundenbezogenen Aktivitäten zu berücksichtigen. Doch worauf sind diese Veränderungen auf der Nachfragerseite zurückzuführen? Und wie kann man den Herausforderungen begegnen, die sich daraus für ausgewählte Facetten der Marktbearbeitung ergeben?

# 1 Veränderungen auf der Nachfragerseite

Dass sich die Nachfragerseite in Zeiten rasanter technologischer Entwicklungen dramatisch ändert, wird von niemandem mehr ernsthaft bestritten. Mehr und mehr sorgt die zunehmende Ausbreitung des Internets dafür, dass sich bei den Verbrauchern Erwartungshaltungen gegenüber Finanzdienstleistern manifestieren, die die bisherigen Prozesse auf den Kopf stellen. Man versetze sich in die Situation eines Portalnutzers: Auf den Reverse Markets des Internets ist ein Portalnutzer bei den führenden Anbietern gewohnt, dass er an die Hand genommen und mit ausgefeilten Personalisierungsmethoden in hohem Maße individuell bedient wird. Der Portalanbieter stellt sich auf die Seite des Kunden und vertritt dessen Interessen gegenüber eingebundenen Servicepartnern – die Kunden übernehmen damit immer mehr die Initiative auf vielen Märkten. Erfolgreich ist daher langfristig nur, wer den Kunden einen substanziellen Mehrwert bieten kann. Flankiert wird diese Machtverlagerung durch Trends, die mit dem Übergang in die Informationsgesellschaft eng verbunden sind – eine kleine Auswahl:

Nach den Ergebnissen einer aktuellen empirischen Studie der Gesellschaft für Konsumforschung (GfK) besitzt ein Kunde im Durchschnitt 15 Verträge bei sieben verschiedenen Finanzdienstleistern. Ferner gelten rund 2/3 der Kunden von Universalbanken als wechselbereit.[1] Man kann also eine wachsende Erfahrung und ein selbstbewussteres Auftreten der Kunden im Umgang mit Finanzdienstleistern unterstellen – der gesellschaftliche Trend einer stetig zurückgehenden Bereitschaft, sich zu binden, macht auch vor Kunde-Bank-Beziehungen nicht halt.

Kunden sehen Banken durch die abnehmende, teils umschlagende Informationsasymmetrie immer weniger als hoheitliche Institute, sondern als Dienstleister an, die ihr Leben vereinfachen und ihre Interessen ernst nehmen sollen. Nachfragerelevant ist weiterhin die Tatsache, dass mittlerweile Vermögen auch in solchen Teilen der Bevölkerung entstehen, die bislang keinen Zugang zu entsprechenden Verdienstmöglichkeiten hatten (durch Erbschaft, Spekulationsgewinne usw.).

Im Umfeld der voranschreitenden Netzwerkökonomie zeichnet sich ein Megatrend ab, der die Veränderungen in der sozialen Sphäre und damit des Nachfrageverhaltens unter dem Schlagwort „Glokalisierung“ auf den Punkt bringt. Das Schlagwort charakterisiert eine immer weiter verbreitete Ambivalenz individueller Lebenssituationen – grenzenlose, technikbasierte Freiheit und wachsende Innovationsoffenheit auf der einen Seite, kleinräumige Idylle sowie die vermehrte Verlagerung von Lebenszielen aus dem öffentlichen in den privaten Bereich auf der anderen Seite (Co-

cooning).[2] Im Zuge eines allgemeinen gesellschaftlichen Wertewandels haben auch Kriterien wie Flexibilität, Autonomie und Bequemlichkeit enorm an Bedeutung gewonnen.

Kunden wird generell ein bislang kaum gestilltes Bedürfnis nach so genannten Trust- und Lovemarks nachgesagt,[3] das heißt, nach berührbaren und liebenswerten Produkten. Dienstleistungen und Produkte von Banken sind jedoch noch weit davon entfernt, zu einer Herzensangelegenheit der Kunden zu werden. Die Bemühungen von Banken im Hinblick auf den Aufbau von Produktmarken stehen erst am Anfang.

Schaut man in den Konsumgüterbereich, so ist das heutige Kundenverhalten vor allem durch zwei Formen geprägt. Zum einen wollen Kunden ihre täglichen Routinebedürfnisse rasch und unabhängig von permanenter menschlicher Bedienung erfüllen (Supermarkt). Zum anderen wird für weniger routinemäßige Bedürfnisse das Erlebnis-Kaufen (Boutique, Einkaufscenter usw.), oft in Verbindung mit dem Schnäppchen-Jagen, gesucht. Für beide Konsumformen gilt, dass unbevormundet die freie Auswahl haben will. Der Konsumgüterbereich hat sich mit attraktiven Points of Sales darauf eingestellt und eröffnet den Kunden ein Shopping-Around-Erlebnis. Banken geben in dieser Hinsicht kein überzeugendes Beispiel ab und stehen Kunden, die ihre Cross-Buying-Bedürfnisse ausleben wollen, oft eher im Wege. Die stärkere Erlebnisorientierung des Nachfrageverhaltens führt zum einen zu stark gegeneinander verschobenen Nutzenkomponenten, die Kunden und Bank aus der Geschäftspartnerschaft ziehen. So spielt für Kunden der nicht quantifizierbare (emotionale) Nutzen eine deutlich größere Rolle als bei einer auf den harten, quantifizierbaren Nutzen fokussierten Bank (vgl. Abbildung 1).

Die stärkere Erlebnisorientierung des Nachfrageverhaltens bringt zum anderen den unerwünschten Nebeneffekt mit sich, dass Kunden immer weniger Quellen für eine emotionale Stimulanz finden – die Befriedigung der Bedürfnisse nach neuen Erlebnissen, Luxus usw. bewirkt oft eine Sättigung (vgl. Abbildung 2). All dies macht es für Anbieter deutlich schwerer, Aufmerksamkeit zu erzeugen oder mit einem echten Überraschungseffekt aufzuwarten. Doch gerade hier liegt ein riesiges und bislang kaum genutztes Potenzial, über soziale Positiverlebnisse das Kundenverhalten gezielt zu steuern.

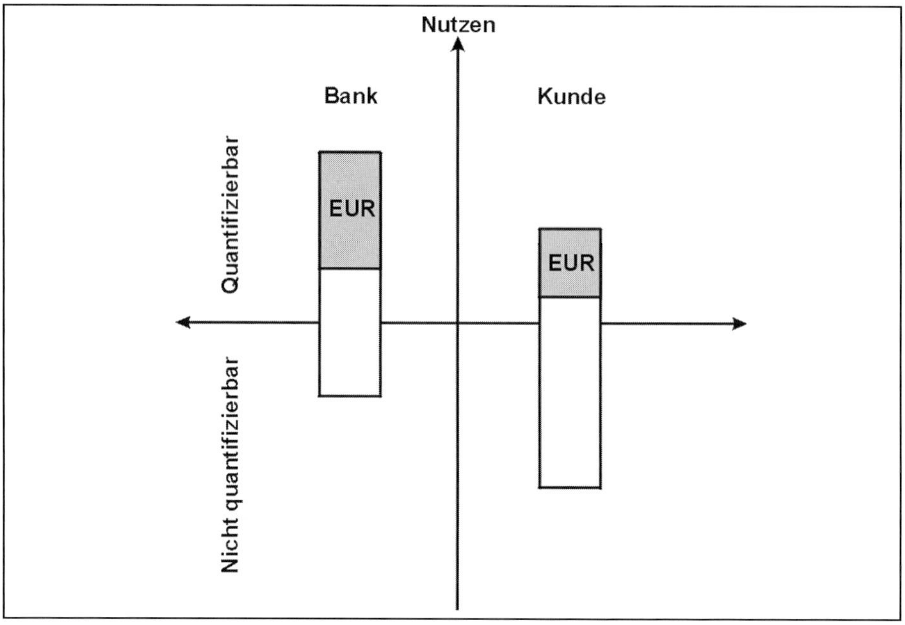


*Abbildung 1: Asymmetrische Nutzenbewertung in einer Kunde-Bank-Beziehung*

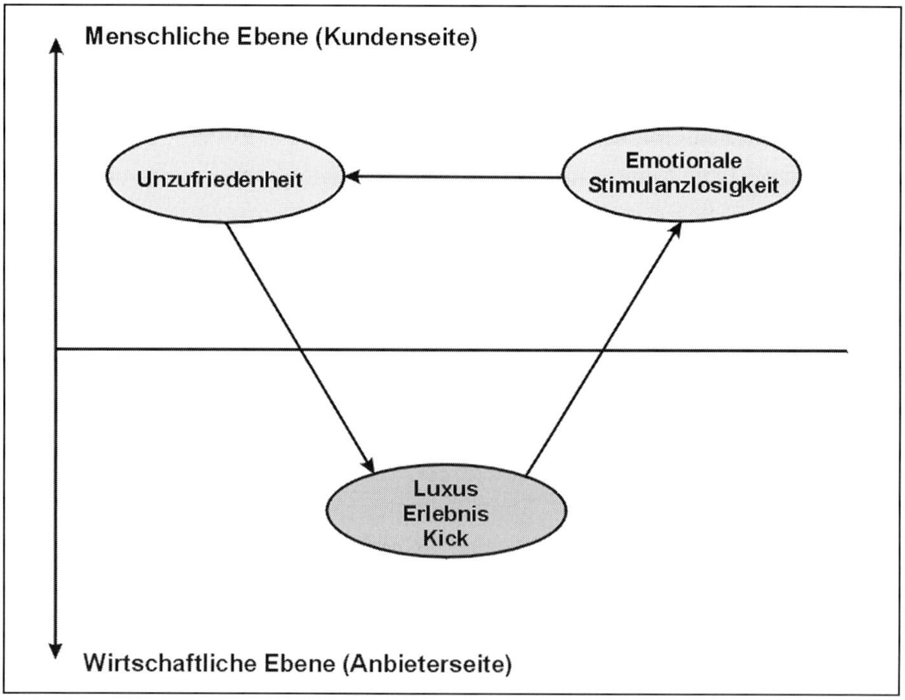


*Abbildung 2: Nebeneffekte der Erlebnisorientierung*

Akzeptiert man diese Trends, so ergibt sich insgesamt ein recht heterogenes Bild: Tendenziell sind Kunden mächtiger, besser informiert, wechselbereiter und erlebnisorientierter, aber auch unendlich dankbar für Gesten der Aufmerksamkeit in einer Welt, in der es immer schwieriger wird, Kunden wirklich zu überraschen. Angesichts der Trends auf der Nachfragerseite kommt man als Anbieter in Vorteil, wenn man Kunden nicht mehr in starre Schemata einbettet, und die Cross-Buying-Kultur zur Richtschnur aller kundenbezogenen Aktivitäten macht. All dies stellt eine echte Herausforderung für Banken dar. Um ihr zu begegnen, müssen sich viele Anbieter neu aufstellen. Doch an welchen Kriterien können sich derartige Anstrengungen ausrichten? Und wie wirkt sich dies auf ausgewählte Facetten der Marktbearbeitung aus?

# 2 Die Kundenperspektive als Ausgangspunkt aller kundenorientierten Bemühungen

Greifen wir zur Illustration einmal die Zielsetzung des Cross Selling heraus. Kern dieser Idee ist das Angebot weiterer Produkte oder Dienstleistungen aus dem eigenen Leistungsumfang, um die Profitabilität bestehender Kundenbeziehungen zu erhöhen.[4] Eine Strategie des „Was kann ich dem Kunden noch verkaufen?" verliert jedoch die Kundeninteressen sehr leicht aus dem Blick. Lässt man sich dagegen auf die Gedanken einer Cross-Buying-Kultur ein, so wird die Kundenperspektive zum Ordnungskriterium und Maßstab aller Handlungen. Kundenperspektive heißt, alle Aktivitäten auf der Anbieterseite mit den Augen des Kunden zu sehen. Denn es ist der Kunde, der die Entscheidung über sein Handeln trifft. Wenn Banken die individuelle Kundensicht konsequent einnehmen, ergeben sich in unterschiedlichsten Handlungsfeldern recht überraschende Erkenntnisse. Hier seien exemplarisch nur das Kundenbindungsmanagement und die Marktabgrenzung skizziert. Weitere Felder wie die Planung von Angebotsinnovationen und die Gestaltung der Zugangswege werden im nachfolgenden Kapitel vorgestellt.[5]

## 2.1 Kundenbindung aus Kundensicht

Kaum ein Bankkunde wird auf die Frage nach seiner Bindung an ein Kreditinstitut auf den Gedanken kommen, dass dies etwas mit Verhaltensabsichten (im Hinblick auf Wiederkauf, Weiterempfehlung usw.) oder Cross-Selling-Potenzial zu tun haben könnte. In Banken werden jedoch gerade diese anbieterzentrierten Indikatoren propagiert, an denen wiederum entsprechende Kundenbindungsmaßnahmen ansetzen sollen. Der Wechsel von der Anbieter- zur Kundenperspektive verlangt eine andere

Interpretation der Kundenbindung. Aus Kundensicht setzt sich Kundenbindung aus einer emotionalen Verbundenheit und einer weniger emotionalen Gebundenheit zusammen.[6]

Die **Verbundenheit** beinhaltet Aspekte des Vertrauens, der Kundenzufriedenheit, der Bereitschaft zur Fairness in der Geschäftsbeziehung oder ritualisierte Kommunikations- und Verhaltensmuster bis hin zu gemeinsamen Wertvorstellungen. All dies ist recht einfach über die Zustimmung zu geeigneten Statements erfassbar.

Die **Gebundenheit** beinhaltet juristische oder ökonomische Wechselbarrieren – beispielsweise „Anzahl der in Anspruch genommenen Produkte", „Anzahl der Kontaktpersonen", „erteilte Preiszugeständnisse" oder „Ausmaß der Anbindung an Datenübertragungswege". Hiermit lässt sich der bei einem Wechsel der Bankverbindung notwendige Aufwand seitens des Kunden abschätzen.

Beide Komponenten spiegeln im Gegensatz zu Verhaltensabsichten die tatsächliche Kundenbindung viel besser wider. Auch wird damit klarer, dass das Vermitteln eines überraschenden Erlebnisses oder der gezielte Aufbau von Wechselbarrieren im Kundenbindungsmanagement eine viel stärkere Beachtung finden muss: Im ersten Fall wird über die steigende Kundenzufriedenheit die Verbundenheit positiv beeinflusst. Im zweiten Fall verhindert die zunehmende Integration der Kunden in die Geschäftsprozesse des Anbieters, dass sich die Gebundenheit verringert. Exemplarisch gelingt dies durch die Schaffung schwer replizierbarer Möglichkeiten zur Analyse und Pflege des eigenen Wertpapierportfolios (Portfolio Tracking, Research Tools, Insourcing individueller Transaktionssoftware usw.), geeignete Bonus-/ Rabattsysteme oder gezielte Garantieversprechen.

## 2.2 Marktabgrenzung an Suchbereichen orientieren

Gerne wird in Banken mit ausgefeilten Markt- und Zielgruppendefinitionen auf die hohe Bedeutung der Kundenorientierung verwiesen. Schaut man genauer hin, so wird häufig nur eine primär produktorientierte Marktabgrenzung praktiziert – Konkurrenzbeziehungen, die über Produkte einer eng definierten Produktgruppe hinausgehen, werden leicht übersehen.[7] Beispielsweise werden im Wettbewerb um Wertpapiertransaktionen oder Hypothekenfinanzierungen eher Kundenbedürfnisse an interne Organisationsformen angepasst, als dass die Sichtweise der Kunden auf die eigene Angebotspalette und die der Konkurrenz ernst genommen wird.

Richtet man hingegen die Marktdefinitionen konsequent an den Suchbereichen der Kunden (und weniger an bestimmten Produktgruppen) aus, so weitet sich der Blick erheblich: Aus Sicht des Kunden konkurriert man zum einen eventuell mit ganz anderen Wettbewerbern, als dies eine produktorientierte Marktdefinition suggeriert. Denn der Blickwinkel des Kunden auf das Unternehmen schließt immer auch dessen relative Vor- und Nachteile gegenüber Konkurrenten mit ein, und diese können sich den Suchbereichen der Kunden aus einer ganz anderen Richtung nähern.

Zum anderen erfährt der Begriff Marktanteil eine völlig neue Interpretation, und zwar bezogen auf Kunden mit vergleichbaren Suchbereichen. Die Ergänzung der Hypothekenfinanzierung um Entscheidungshilfen im Hinblick auf Immobiliensuche, Innenausrichtung, Gartengestaltung und Umzugsservice stellt beispielsweise einen derartigen Suchbereich dar. Ziel muss es daher sein, die Geschäftsprozesse konsequent an den aus Kundensicht relevanten Märkten auszurichten. Und es gilt, einen möglichst großen Anteil an einem so definierten Markt zu erobern.

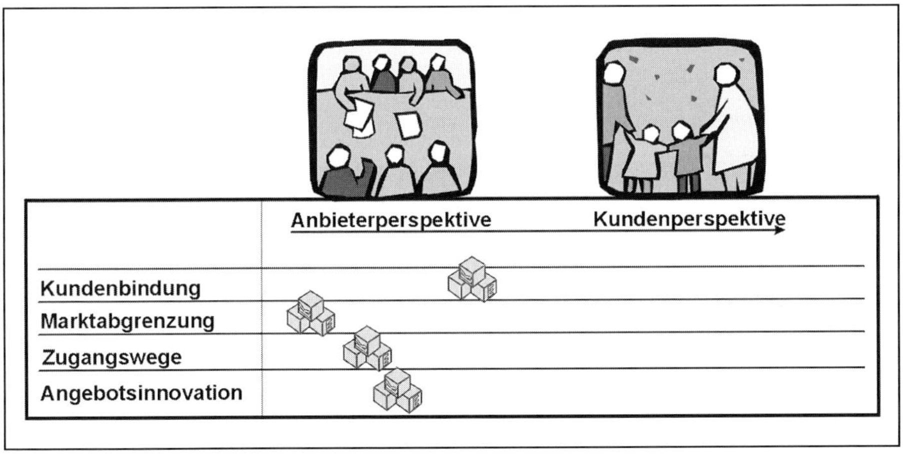


*Abbildung 3: Nachholbedarf in Sachen „Kundenperspektive" als Chance verstehen*

# 3 Fazit

Was lässt sich festhalten? Veränderungen auf der Nachfragerseite unterstreichen die Notwendigkeit, sich auf eine Cross-Buying-Kultur einzulassen, in der die Kundenperspektive zum Maßstab aller kundenbezogenen Aktivitäten wird. Es zeigt sich, dass die Kundensicht in vielen Handlungsfelder von Banken oft noch erheblich konsequenter eingenommen werden kann, als dies auf den ersten Blick den Anschein hat (vgl. Abbildung 3). Dieser Nachholbedarf kann als Chance gegenüber

Wettbewerbern betrachtet werden. Die Einnahme der Kundenperspektive stellt den Schlüssel dafür dar, dass die genannten Veränderungen auf der Nachfragerseite ernst genommen werden. Mit diesem Perspektivenwechsel können auch die Teile der Bevölkerung besser erreicht werden, die sich gegenüber technischen Neuerungen sehr resistent zeigen und deren Bankbeziehung weiterhin nur Mittel zum Zweck und von einer ausgeprägten Treue gekennzeichnet ist.

## Quellen und Anmerkungen

1 Vgl. *Keller, Bernhard; Lerch, Sabine; Matzke, Sandro*: Umfrage: Kundenbindung und Wechselbereitschaft, in: Die Bank, Heft 6 [2000], S. 378.

2 Vgl. beispielsweise *Wiechers, Rüdiger*: Vertrieb im Auftrag: Gedanken zur Neupositionierung von Finanzdienstleistungsproduzenten und Absatzmittlern, in: *Betsch, Oskar; van Hooven, Eckart; Krupp, Georg* (Hrsg.): Handbuch Privatkundengeschäft, Frankfurt am Main [1998], S. 577.

3 Vgl. *Weber, Alan*: Respekt oder Liebe?, in: Wirtschaftswoche, Heft 38 [2000], S. 121–122.

4 Sofern Kunden einen tatsächlichen Bedarf an solchen Zusatzleistungen haben und die ergänzenden Produkte nicht gerade verschleudert werden, können stattliche Gewinnsteigerungen erzielt werden. Vgl. *Homburg, Christian; Schäfer, Heiko*: Cross-Selling: Aus der Kundenbeziehung mehr herausholen, in: Harvard Business Manager, Heft 6 [2000], S. 35–37.

5 Vgl. hierzu die Beiträge von *Hans-Reinhard Jacob, Peter Klenk* und *Rodolfo Monsberger* in den Kapiteln 2.1 und 2.3.

6 Vgl. *Eggert, Andreas*: Konzeptualisierung und Operationalisierung der Kundenbindung aus Kundensicht, in: Marketing ZFP, Heft 2 [2000], S. 127–128.

7 Vgl. *Hruschka, Harald*: Marketing-Entscheidungen, München [1996], S. 56 oder *Kim, W. Chan; Mauborgne, Renée*: Branchengrenzen sprengen und das Geschäft neu erfinden, in: Harvard Business Manager, Heft 4 [1999], S. 56–57.

# Ein Schritt zur Seite – ein Sprung nach vorn: Bedürfnisorientierung im Zentrum der Angebotsstrategie

*Petra Tomschi*

Ein Berg von Steinen türmt sich neben dem tiefen Loch, das der Mann in stundenlanger Arbeit ausgehoben hat, nachdem er unter der Oberfläche auf zwei Goldkörner gestoßen war. Ein weiterer Goldgräber packt frisch ausgeruht sein Werkzeug aus. „Und, erfolgreich?", fragt er den schwitzenden Freund. „Nein, ich grabe und grabe, aber es kommt nichts nach. Doch ich geb' nicht auf!" Der zweite beginnt weitflächig die umliegenden Steine abzuräumen. Kurze Zeit später glitzert ein großer Stein golden in der Abendsonne.

Was – außer dem Streben nach Erfolg – haben alte Goldgräbergeschichten mit der modernen Bankenwelt gemeinsam? In beiden Fällen zögert man nicht, Energie in Vorhaben zu investieren, um das Ergebnis zu verbessern. Dabei liegt es offenbar in der Natur des Menschen, an dem festzuhalten, was gut war. Das Werkzeug zu perfektionieren, die Geschwindigkeit erhöhen – noch mehr desselben zu tun. Energiesparender und zielführender kann es mitunter sein, andere Sichtweisen anzulegen und auf neuen Wegen zu gehen.

Dieser Beitrag möchte zu einem **konsequenten Perspektivenwechsel** im Umgang mit Kunden einladen. Die strategische Ausrichtung der Unternehmen stellt mehrheitlich die Kundenorientierung in den Mittelpunkt. Wie kann in diesem Fall der horizonterweiternde Schritt „zur Seite" aussehen? Kundenwünsche werden berücksichtigt, sofern sie durch Finanzdienstleistungen abzudecken sind. Neu ist es, den Kunden mit all seinen Bedürfnissen und Ansprüchen zum **Maßstab** für die Gestaltung der eigenen – **erweiterten** – Angebotspalette zu erheben.

Kunden haben Wünsche, die weit über das Feld hinausgehen, das klassische Bankprodukte abdecken können. Hier graben heute noch andere „Goldgräber" und fördern Nuggets zutage, die einen blass werden lassen. Sie schürfen auf Bedürfnisfeldern, die für Banken heute Fremdland sind, indessen diese auf bekanntem Gelände mit Feuereifer immer tiefer buddeln.

Noch immer regnen im Zuge der Quotenerfüllung ausführliche Informationen zum Bausparen über den Kunden herab, der niemals danach gefragt hat. Durch bedürfnisorientierte, branchenübergreifende Angebote erübrigt sich der klägliche Versuch des Zusatzverkaufs, hingegen eröffnen sich dem Kunden und der Bank neue Möglichkeiten und Chancen, „Goldkörnchen" zu finden.

Allerdings sind menschliche Bedürfnisstrukturen auf keinem Chip programmiert und nicht mit Lesegeräten abrufbar. Um das Verständnis für die Welt menschlicher Bedürfnisse zu erhellen, soll in diesem Beitrag der Scheinwerfer auf die geheimen Steuerzentralen und Wirkungszusammenhänge menschlichen Handelns gerichtet werden.

# 1 Die Steuerzentrale menschlicher Handlungen

Um Ansatzpunkte zu finden, menschliches Verhalten zu beeinflussen, muss man verstehen, wo die Steuerzentrale liegt und wie sie funktioniert. Lebewesen unterscheiden sich von unbelebter Materie grundlegend darin, dass sie einiges unternehmen, das heißt, von sich aus Handlungen ausführen. Dahinter steckt ein Motor, ein Antrieb, eine **Motiv**ation. Die unversiegbare Quelle dieser Energie sind Bedürfnisse, zu deren Erfüllung Menschen, Tiere und sogar Pflanzen allerlei Aktivitäten entwikkeln. Bäume durchdringen mit ihren Wurzeln harten Asphalt, um an Wasser zu kommen. Bienen tanzen aufwändige Choreographien, um ihre Artgenossen über einen attraktiven Futterplatz zu informieren. Ebenso haben Menschen vielfältige Bedürfnisse, die das ganze Spektrum ihres Verhaltens steuern, das wir täglich beobachten. Sie holen Informationen ein, sie wägen ab, sie entscheiden, prüfen, handeln. Die Regung menschlicher Bedürfnisse kann ganz Elementares wie die Nahrungsaufnahme auslösen. Und sie kann komplexe Handlungsketten auslösen, wie beispielsweise Maßnahmen zur optischen Verschönerung, mit der Absicht die eigene Attraktivität in Antizipation eines wichtigen Termins zu steigern. Im Unterschied zu toter Materie haben Lebewesen Bedürfnisse, die sie zum Handeln veranlassen. Bestimmte Auslöser korrespondieren mit bestimmten Reaktionen. Im Laufe der Evolution haben sich Lebewesen entwickelt, die nicht nur einem reinen Reiz-Reaktions-Mechanismus unterliegen, sondern Entscheidungen treffen, wie und ob sie handeln möchten. Richtung, Intensität und Zeitpunkt sind weitestgehend der willentlichen Steuerung unterworfen und somit beeinflussbar.

Will man die Handlungen von Menschen in eine bestimmte Richtung lenken („Kaufe hier!"), sind Bedürfnisse ein entscheidender Hebel, denn sie sind der Auslöser und Lenker für Handlungen. Ein Beispiel: Die Werbung macht sich das Bedürfnis nach sozialer Anerkennung zu Nutze, um Kunden Produkte schmackhaft zu machen, die niemand wirklich braucht. Die Ledertasche von Louis Vuitton erfüllt mehr als den Zweck eines Transportartikels, sie verspricht den Neid der Nachbarin und die Anerkennung der Freundin aus dem Golfclub. Damit erfüllt sie eine ganz wichtige Rolle in der Bedürfnislandschaft der Kundin. Menschliche Bedürfnisse zu kennen und ihre Erfüllung zu garantieren ist somit eine Möglichkeit, einen Kunden zum Kauf zu bewegen. Nicht die (Bank-)Produkte an sich sind spannend, sondern das, was der Kunde damit erreichen kann. Deshalb ist es notwendig, konsequent die Sichtweise dessen einzunehmen, der die Entscheidung über sein Handeln trifft – des Käufers! Weniger spannend ist, was der Anbieter in seinem Körbchen hat. Der Köder muss dem Fisch schmecken, nicht dem Angler. Oder fanden jemals Pralinen am Angelhaken ihr Ende?

# 2 Die Vielfalt der Bedürfnisse

Gibt es generelle, allen Menschen gemeinsame Bedürfnisse, die handlungssteuernd wirken? Welche geheimen Absichten und Wünsche stecken hinter dem Verhalten von Menschen?

Eine Definition aus einem Wirtschaftslexikon verrät: *Bedürfnisse sind die den Wirtschaftssubjekten teils bewussten, teils verborgenen, psychisch und sozial bedingten Bestimmungsgründe ihres wirtschaftlichen Handelns.* „Wirtschaftssubjekte" lässt sich problemlos durch „Menschen" ersetzen. Die maßgebliche Aussage dieser Definition ist, dass Bedürfnisse teilweise im Verborgenen wirken und sowohl individuell wie auch von außen beeinflusst sein können. Die Psychologie kennt eine Reihe von Modellen, die einerseits Gemeinsamkeiten und andererseits die individuelle Vielfalt erklären.

## 2.1 Erklärungsmodelle mit Patina

Das Trieb-Konzept geht davon aus, dass aufgrund einer wahrgenommenen Mangelsituation eine Handlung ausgelöst wird. Jemand tritt in Aktion, um ein bestehendes Defizit zu beseitigen. Auf einen Reiz, der innerlich oder äußerlich sein kann, erfolgt eine Reaktion, man spricht deshalb auch von einem Reiz-Reaktions-Modell. Es geht davon aus, dass universelle Triebe aus dem Inneren wirken. Die Handlungen folgen mehr oder weniger zwangsläufig, bestenfalls wird die Möglichkeit einer Richtungssteuerung zugestanden. Diese Sichtweise, die den Mensch als primär von seinen Trieben (Überlebenstrieb, Sexualtrieb oder auch Machttrieb, je nach geistigem Urvater) gesteuert ansieht, wird heute nur noch von streng traditionell geprägten psychoanalytischen Schulen vertreten oder aktuell von einigen verhaltensbiologischen Forschern wieder zum Leben erweckt.

Der beschriebene Ansatz greift bei der Erklärung der Phänomene des menschlichen Verhaltens zu kurz. Triebe gab es – wenn es sie gibt – auch schon zu Zeiten des Wirtschaftswunders, in den 70er Jahren und vor Christi Geburt. Es gibt sie in Afrika und in Singapur, in Japan wie in Russland. Und doch zeigt das menschliche Verhalten eine riesige Variationsbreite. Triebe sind definitionsgemäß aber durchgängig und überdauernd und lassen die Erklärung einer solchen Variation nicht zu. Dieses Modell ignoriert die Fähigkeit des Menschen zu denken und zu lenken. Das Limbische System als Sitz der Triebe ist der bewussten Steuerung nicht zugänglich, weil es subcortical, also nicht im Großhirn, sondern in den so genannten alten Hirnregionen angesiedelt wird, die eher reflektorische und nicht durch das Bewusstsein und den eigenen Willen steuerbare Einflüsse auf den menschlichen Organismus haben. Und doch entscheiden sich Menschen nachweislich dafür, nicht ihren Trieben zu folgen. Ein makabres Beispiel dafür ist der Tod nach einem Hungerstreik.

Zur Erklärung oder zum Beweis durchgängiger Triebe oder Motive (wie auch immer bezeichnet), wird häufig die Maslow´sche Bedürfnispyramide zitiert, die schon fast so alt und ungefähr so zeitgemäß ist wie die Hieroglyphen der Ägypter. Das Modell wurde in den 60er Jahren entwickelt, um Motivation für Verhalten (ursprünglich Arbeitsmotivation) zu erklären. Es ist einfach und anschaulich, aber in dieser Form inzwischen eindeutig widerlegt. Die Kritik am Modell Maslows richtet sich nicht primär auf die Inhalte der Motive, sondern auf die streng hierarchische Anordnung und mangelnde Abgrenzbarkeit der verschiedenen Stufen. Es trifft nicht zu, dass man mit Hunger im Bauch nicht mehr an seiner Selbstverwirklichung arbeiten kann oder mit Durst nicht daran interessiert ist, sich gut mit anderen zu verstehen. Auch ist das Streben nach Zugehörigkeit nicht irgendwann abgeschlossen und macht einem neuen Motiv nach Selbstverwirklichung Platz. Das Modell mag anschaulich sein, kann aber keine verlässlichen Voraussagen über Verhaltenstendenzen leisten.

## 2.2 Die Entwicklung des persönlichen Bedürfnisspektrums

Aktuelle Handlungsmodelle der Psychologie gehen davon aus, dass menschliches Verhalten das Ergebnis einer Kombination von Einflussfaktoren ist, die

- das soziale Umfeld,
- die individuelle Geschichte und
- die augenblickliche Situation

einschließen. Die Konsequenz daraus ist, dass auch Bedürfnisse, die als Steuerkomponenten des Verhaltens wirken, von diesen Einflussfaktoren bestimmt werden. Man kann also nicht davon ausgehen, dass eine bestimmte Person zu jeder Zeit die gleichen Bedürfnisse hat. Gleichsam können verschiedene Menschen in der selben Situation ganz unterschiedliche Bedürfnisse empfinden.

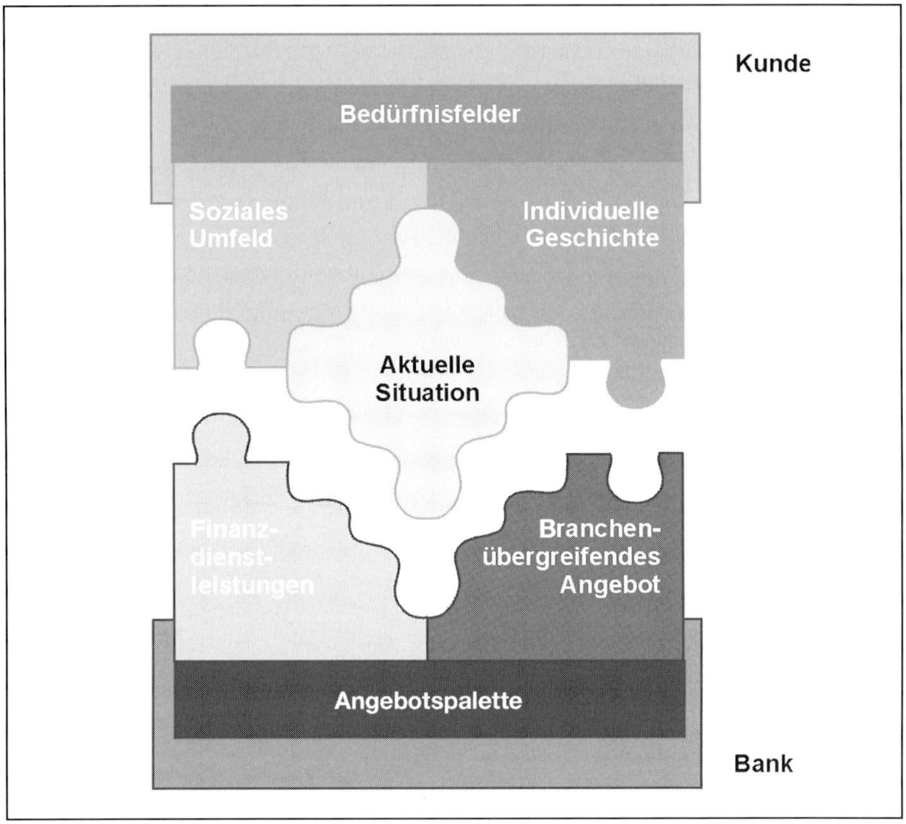


*Abbildung 1: Die Bedürfnisfelder des Kunden bestimmen die passgenaue Angebotspalette*

**Wirkung des sozialen Umfelds**

Wie schon in der Definition zitiert, spielt das soziale Umfeld eine wichtige Rolle bei der Handlungssteuerung. Das Wertesystem des sozialen Umfelds wirkt nachweislich homogenisierend auf das Verhalten unterschiedlicher Menschen. Umgangssprachlich ausgedrückt: Man tut, was in der Gruppe angesagt ist, zu der man sich zugehörig fühlt. Sind Beständigkeit und Sicherheitsdenken out, werden mehr Menschen zu risikoreichen Anlagen tendieren, die Spekulation mit Aktien wird wahrscheinlicher. An einer Stelle legt man Wert auf die zuvorkommende Behandlung durch den seit Jahren zuständigen und diskreten Betreuer des Privatbankhauses. Weniger Traditionelle nutzen dagegen vermehrt Online-Banking.

Werte und Normen wirken in hohem Maße verhaltenssteuernd, weil sie ein ganz wichtiges Bedürfnis aller Menschen ansprechen: die Suche nach Anerkennung, nach Zugehörigkeit, nach Liebe. Man versucht sich normgerecht zu verhalten, um positive Rückmeldung von anderen zu erhalten oder zumindest Sanktionen zu vermeiden. Was als Anerkennung wahrgenommen wird, wer berechtigt ist, sie zu verteilen, wessen Meinung zählt und wessen Meinung völlig egal ist, ist von Gruppe zu Gruppe und von Mensch zu Mensch unterschiedlich. Für Jugendliche ist es oft sogar erstrebenswert, den Ärger der Eltern(generation) zu provozieren, um dafür die Gunst der Freunde zu gewinnen. Gruppennormen und -werte, die in Abhängigkeit des Alters, der sozialen Schicht und anderer Parameter variieren, bieten hervorragende Erklärungs- und Ableitungsmöglichkeiten für bedürfnisgesteuerte Handlungen Einzelner. Bevorzugtes Interesse für Wellness-Urlaub, Konzerte von Boygroups oder eine Affinität zu Reihenhäusern lässt sich recht treffsicher bestimmten Gruppen zuordnen. Sie gehen auf Motive zurück, die sich im weitesten Sinne der „Suche nach sozialer Anerkennung“ zuordnen lassen.

Kennt man seine Zielgruppe und die dort vorherrschenden Werte und Verhaltensnormen, lassen sich bestimmte Vorlieben vorhersagen, die nicht nur für einzelne, sondern für viele Vertreter dieser Gruppe gelten.

**Regieanweisung aus dem persönlichen Drehbuch**

Eine weitere Determinante neben der Gruppennorm ist die einmalige, ganz persönliche Lebensgeschichte. Individuelle Unterschiede entstehen zum einen durch Erfahrungen, die der Mensch im Laufe seines Lebens, insbesondere in der Kindheit, macht, und zum anderen durch die genetische Ausstattung, die ihm mitgegeben ist.

Die individuelle Komponente ist ein wirksamer Steuerungsmechanismus, der in seinen Auswirkungen spürbar, nicht aber bewusst allen Entscheidungen zu Grunde gelegt wird. Sie ist für den Betreffenden selbst häufig eine große Unbekannte. Man spürt mehr Sympathie für das eine (Smart) oder das andere (BMW Z3) ohne sich selbst die Ursache dafür erklären zu können. Grundsätzliche Tendenzen wie Sicherheitsorientierung, Leistungsorientierung oder Zutrauen in eigene Fähigkeiten werden in einer Art persönlichem Lebensdrehbuch manifestiert, das Entscheidungen beeinflusst. So steht für einige Menschen das Bedürfnis nach Sicherheit ganz oben, andere werden vom Gedanken beseelt sein, Zeit zu sparen.

Diese individuelle Komponente ist für Außenstehende schwer kalkulierbar. Man stößt auch schnell an die Grenzen der Intimität, wo der Einzelne nicht unbedingt

Preis gibt, welche Vorlieben er pflegt und weshalb. Niemand wird gerne zugeben, dass er bei Entscheidungen grundsätzlich unsicher ist und deshalb im Vorfeld seiner Kaufentscheidung möglichst viele Testberichte und Referenzen zu Rate ziehen will. Er wird vor seiner Umwelt und vielleicht vor sich selbst andere Motive („Man möchte als Verbraucher doch umfassend informiert sein ...“) für sein Verhalten verantwortlich machen.

Bedürfnisse, die aus der individuellen Lebensgeschichte jedes Menschen resultieren, sind überdauernder Natur und steuern das Verhalten aus dem Hintergrund. Sie sind von außen schwer einzuschätzen und für die betreffende Person mehr in ihren Auswirkungen spürbar, als dass sie sie verbal benennen kann.

**Einfluss der aktuellen Situation**

Die dritte Komponente ist die aktuelle Situation. Heute fühlt man sich hiervon angezogen (Pizza?), an anderen Tagen davon (Pasta!). Ist ein Bedürfnis gerade gesättigt, wird die Aufmerksamkeit für Anreize geringer als wenn sich latent ein Mangelzustand aufgebaut hat. So steigt die Aufmerksamkeit für Autowerbung an, wenn das derzeitige Fortbewegungsmittel des Öfteren den Dienst versagt hat und geht langfristig wieder zurück, wenn die Kaufentscheidung für den neuen Wagen getroffen wurde.

Situationsabhängig steigt die Empfänglichkeit für bestimmte Reize oder sinkt ab, ohne dass man im Einzelfall immer nachvollziehen könnte, weshalb. Der Auslöser für eine Handlung ist also ein irgendwie gearteter Reiz, ein Einfluss, dem man ausgesetzt ist, und der eine Reaktion hervorruft, die im Minimum aus Hinwendung oder Aufmerksamkeit besteht. Der Reiz kann ein innerer (Magenknurren, Müdigkeit, Unruhe, Überhitzung) sein oder ein äußerer, der über die Sinnesorgane aufgenommen wird, weil er in irgendeiner Form Bedeutung für das Individuum und seine Bedürfnisse hat.

Innere Reize streben die Beseitigung eines Defizits an und suchen das Gleichgewicht. Dazu gehören solche, die zur Erhaltung des Lebens notwendig sind: Hunger, Durst, Luft, Schlaf etc. Sie funktionieren nach dem einfachen Mechanismus: Defizit → Handlungsplanung → Handlung → Balance. Auch hier gibt es Ausnahmen wie Trinken in Gesellschaft, Hungerstreik, Esssucht usw. Andere Bedürfnisse werden niemals wirklich gesättigt sein und unterliegen somit nicht dem einfachen Balance-Mechanismus. Beispiel: Machtstreben → Karriereplanung → Aufstieg → Wunsch nach noch mehr Macht → Karriereplanung etc. Auch Besitzstreben oder die Suche nach Anerkennung durch besondere Leistungen fällt in diese Kategorie.

Äußere Anreize lösen eine Hinwendung aus, sofern sie ein aktuelles Defizit ansprechen oder wahrnehmbar zur Erfüllung persönlicher Bedürfnisse und Wünsche beitragen. Für einige Reize sind wir besonders empfänglich, weil sie z.B. biologisch Sinn machen. Dazu gehören sexuelle Reize und Nahrungsmittel, wobei ein gewisser Mangelzustand die Aufmerksamkeit erhöht. Reizvoll ist grundsätzlich, was man vermisst. Wenn in unserer Welt Ignoranz und Desinteresse vorherrschend sind, werden Menschen dankbar und empfänglich für Gesten des Interesses und der Aufmerksamkeit. Fühlen sich Menschen verloren in der Flut unstrukturierter Informationen, ist das Angebot von „Ordnung" und „Vorselektion" attraktiv. Gibt man Menschen, was ihnen am meisten fehlt, kann man sie positiv für sich einnehmen.

Die **aktuelle Situation, das soziale Umfeld und die persönliche Lebensgeschichte** bestimmen die persönliche Bedürfnislage eines Menschen zu einem bestimmten Zeitpunkt. Sie wirkt als Auslöser und steuert entsprechende Aktivitäten, die daraufhin eingeleitet werden.

## 2.3 Bedürfnisse als Input der Handlungssteuerung

Handlungen sind das Ergebnis eines Abwägungsprozesses: *Wie gut* eignet sich *was* zur Erfüllung der aktuellen Bedürfnisse? Menschen treffen also im Vorfeld einer Handlung permanent Entscheidungen. Die Entscheidung für eine Handlungsalternative hängt davon ab, welche Chance man sieht, sein Bedürfnis durch dieses Verhalten befriedigen zu können. Im einfachsten Fall kann das heißen: „Nichts tun" wird besser für mich sein als „X tun" oder „Y ist der bessere Weg als Z". Die Entscheidung für die Wahl einer Handlungsalternative kann als Ergebnis einer internen Rechenoperation angesehen werden, die als Ergebnis den **subjektiven Nutzen** ausweist. Diese Denkschritte nehmen Menschen natürlich nicht immer bei vollem Verstand vor. Sie laufen quasi automatisch ab, sind aber grundsätzlich dem Bewusstsein zugänglich. Die Formel beinhaltet im Minimum folgende Komponenten:

- Was bringt mir das? (persönlicher Nutzen in Bezug auf die Bedürfnisse)
- Wie wichtig ist mir das? (persönliche Bedeutung in Bezug auf die aktuelle Situation)
- Wie wahrscheinlich ist es, dass ich mit dieser Handlung zum erwünschten Ziel komme? (Voraussagen über die Zukunft)

Es siegt die Alternative, die mit höchster Wahrscheinlichkeit das attraktivste Ergebnis bringt. Der persönliche Nutzen ist dabei sehr weit gefasst. Es kann die Freude des anderen sein, wenn ich zu seinen Gunsten auf etwas verzichtet habe, das mir mehr wert ist als der Besitz des Objektes selbst. Menschen können außerdem die aktuelle Bedürfnisbefriedigung (Kekse!) zugunsten langfristiger oder höherer Bedürfnisse (attraktiv und schlank sein) zurückstellen. Diese komplexen Abwägungsprozesse führen zu Entscheidungen, die nie bis ins Letzte vorhersagbar sind. Überraschungen resultieren aus minimalen Änderungen der Inputvariablen, wie vermutlich jeder schon erfahren hat.

Obwohl Bedürfnisse weder von außen steuerbar noch Handlungen im Detail vorhersehbar sind, gibt es doch wiederkehrende und personenübergreifende Verhaltenstendenzen, die man sich als Anbieter von Produkten und Serviceleistungen zu Nutze machen kann.

# 3 Die Gestaltung einer bedürfnisorientierten Angebotspalette

## 3.1 Das Geheimnis der Kundenbedürfnisse

Angenommen, ein Berater hat beschlossen, sich künftig strikt an den Bedürfnissen seiner Kunden auszurichten. Er macht sich daran, für jeden seiner Kunden eine Matrix zu erstellen, in der er vermerkt, welchem Bedürfnis welches Angebot gegenüber zu stellen ist. So einfach die Idee, so hoffnungslos das Unterfangen. Die Menge und Komplexität, die sich aus der Vielzahl gleichzeitiger, wechselnder und sogar konkurrierender Bedürfnisse ergibt, geht gegen unendlich. Erschwerend kommt hinzu, dass es in der Natur der Bedürfnisse liegt, sich selbst ihrem Besitzer nicht vollständig zu erschließen.

Bei der Entwicklung des Smart hat man versucht, im Vorfeld erhobene Bedürfnisse von Stadtmenschen wie Platzangebot, Wirtschaftlichkeit und Individualität möglichst angemessen zu berücksichtigen. Das Ergebnis brachte nicht die erwünschten Absatzzahlen. Angenommen, alle befragten potenziellen Käufer hätten nach bestem Wissen ihre Ansprüche an einen Kleinwagen formuliert, kann das Ergebnis doch am Käuferwunsch vorbeigehen. Aus scheinbar völlig irrationalen Gründen entscheidet sich der Kunde für ein Modell, das seinen eingangs formulierten Kriterien nicht annähernd entspricht („Aber hat er nicht eine tolle Farbe?!“).

Man möchte dem Kunden Leistungen anbieten, die seinen Bedürfnissen entsprechen. Er soll zu (Kauf-)Handlungen veranlasst werden, die er (in Abhängigkeit vom Artikel) möglichst oft wiederholt. Dahinter steckt die Modellannahme, dass ein Verhalten, das zu einem guten Ausgang geführt hat – der Mensch hat erreicht, was er wollte –, in Zukunft tendenziell häufiger auftritt und Handlungen, die nicht die erwünschte Wirkung brachten, unwahrscheinlicher werden.

Ziel ist es, mit dem Angebot eine möglichst hohe Passgenauigkeit zur Bedürfniswelt des Kunden herstellen, um bei einer (Kauf-)Entscheidung der Anbieter seiner Wahl zu werden.

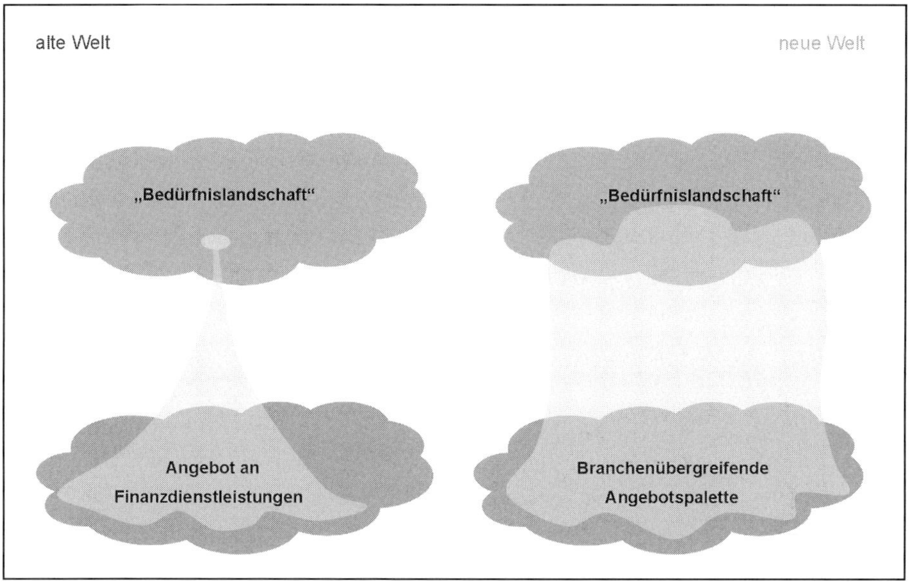


*Abbildung 2: Das branchenübergreifende Angebot deckt eine Vielzahl bestehender Bedürfnisse der Kunden ab*

Doch wie soll die Bank Bedürfnisse des Kunden kennen, die der Kunden unter Umständen selbst nicht kennt? Die Zauberformel heißt **Selbstsegmentierung**. Jeder handelt seinen Bedürfnissen entsprechend, selbst wenn er sie nicht verbal formulieren kann. Voraussetzung für die (Kauf-)Entscheidung ist also eine Palette von Angeboten, aus denen der Kunde wählen kann. Die Leistungen müssen – aus Kundensicht betrachtet – eine Relevanz oder Bedeutung für seine wesentlichen Bedürfnisse haben. Sie müssen zur aktuellen Situation, zu ihm persönlich und zu seiner Gruppe passen, also grundsätzlich zielgruppenbezogen sein. Ob dann eher die Anfrage eines Leistungsvergleichs günstiger Versicherungstarife oder die Reise ins Berner Oberland der Favorit des Tages wird, entscheidet der Kunde aktuell. Der Kunde segmentiert sich selbst gemäß seiner augenblicklichen Bedürfnislage. Er löst die (Kauf-) Handlung aus, indem er die Wahl aus einem vorselektierten Angebot trifft, das grundsätzlich mögliche und wahrscheinliche Bedürfnisse abdeckt. Der Kunde spürt keinen Verkaufsdruck von Anbieterseite, was allgemein als angenehm empfunden wird.

Es besteht keine Notwendigkeit, die Bedürfnisse jedes Kunden zu jeder Zeit *genau* zu kennen. Eine Auswahl an bedürfnisrelevanten Leistungen zu haben, die hinsichtlich des Wertegefüges der Zielgruppe eine hohe Attraktivität und deshalb einen nachvollziehbar hohen persönlichen Nutzen für die Kunden haben, reicht aus.

Für den Kunden muss transparent werden, was genau er erhält, welches Versprechen, welcher Vorteil für ihn damit verbunden ist. Nur dann kann er in Eigenregie aktiv werden. Die Leistungen müssen für die Zielgruppe von Bedeutung sein (keine Kurkonzertkarten für Berufsstarter, keine Ausbildungsversicherung für Rentner) und die Variationsbreite über den gesamten **Lebenszyklus** der Kundschaft abdecken. Für den Kunden muss außer Zweifel stehen, dass er genau hier und nicht anderswo auf bestem Wege die Leistung erhält, die seine Wünsche zufrieden stellt.

## 3.2 Schlafende Bedürfnisse wecken

Die konsequente Ausrichtung auf menschliche Bedürfnisse setzt den dauerhaften Perspektivenwechsel von der Anbieter- auf die Kundenseite voraus. Die Bedürfnislage des Kunden wird zum Maßstab für das Angebot. Auf Verkäuferseite stellt sich nun die Frage: Biete ich aktiv an oder warte ich, bis ein bedürftiger Käufer meinen Weg kreuzt?

Wie erwähnt, muss der Zusammenhang zwischen Bedürfnis und seiner Befriedigung durch eine Produkt aus der Angebotspalette für den Kunden transparent sein, um in die Berechnung seines Entscheidungsprozesses als subjektiver Nutzen einfließen zu können. Diese Regel gilt, wenn der Mensch von sich aus bereits einen Mangelzustand wahrgenommen hat. Doch man kann noch einen Schritt weitergehen: Der Kunde kann dazu angeregt werden, ein latent vorhandenes Bedürfnis überhaupt erst wahrzunehmen und sich somit einen (insgeheim gehegten) Wunsch zu erfüllen. Würde ein Anbieter von Joop!-Krawatten darauf warten, bis ein Bedürfnis danach entsteht, hätte er schon manche Kollektion im Altkleidersack versenkt. Da es Grundbedürfnisse gibt, die quasi permanent wirken, freut er sich stattdessen an satten Gewinnen, indem er sich das Bedürfnis nach sozialer Anerkennung zu Nutze macht. Krawatten haben keinen echten funktionalen Wert, sondern einen sozialen – durch das Tragen des besagten Mode-Accessoires unterscheidet sich der Business-Mann vom Lagerarbeiter und durch die Marke zusätzlich der Wohlsituierte vom Durchschnittsverdiener. Das Versprechen positiver Rückmeldung durch das soziale Umfeld (Anerkennung guten Geschmacks, Neid der Besitzlosen, Zugehörigkeit zu einer ausgewählten Gruppe) wird mit dem Produkt frei Haus mitgeliefert und steigert somit seine Kaufwahrscheinlichkeit.

Interessant sind deshalb insbesondere auch Angebote, die anregend auf nicht bewusste Bedürfnisse wirken und somit ein Haben-haben-Gefühl auslösen können.

## 3.3 Angebote mit Anziehungskraft

Unabhängig vom Produkt sind für viele Menschen Angebote von Interesse, die ihnen folgende Vorteile verschaffen:

- Sie wissen mehr als andere.
- Sie haben etwas schneller als andere.
- Sie haben etwas, was andere nicht haben.
- Sie haben etwas, was nur wenige oder ganz bestimmte Menschen haben.
- Sie sparen Zeit, das heißt, sie können etwas bequem erreichen, was sonst viel Zeit gekostet hätte.
- Sie können sich auf Informationen verlassen, das heißt, sie müssen sich nicht selbst um Faktensammlung bemühen, sondern greifen auf Expertenwissen zurück.
- Sie bekommen ein Geschenk, das heißt etwas umsonst, günstiger, einen Rabatt.

Dahinter stehen Motive wie beispielsweise Anerkennung durch andere zu erreichen, Niederlagen zu vermeiden, auf neue Erfolge zu hoffen, Sicherheit zu haben, Unabhängigkeit und Freiheit zu haben, Orientierung zu bekommen, neue Erfahrungen zu machen, perfekt sein zu wollen, Gewinn zu maximieren, Sinn zu suchen, Status und Einfluss zu erhöhen, sich mit anderen verbunden zu fühlen usw.

Waren und Leistungen, die lediglich dem täglichen Überleben dienen, sind meist wenig emotional und werfen auch kein strahlendes Licht auf den Verkäufer. Es sei denn, sie können auf diesem Kaufweg besonders bequem, angenehm, zeitsparend etc. erworben werden. Spannend, weil mit positiven Ich-komme-wieder-Gefühlen behaftet, sind Dinge, die dem Besitzer Freude machen, also angenehme Gefühle bei ihm auslösen, beispielsweise:

- Urlaubsreisen
- Sportartikel
- Luxusartikel
- Rund-um-Services

Weniger geeignet sind dagegen Angebote mit

- niedriger emotionaler Ladung des Produkts (Zahncreme, Heizgas),
- negativer emotionaler Besetzung (Mülltonnen, Insektenvernichtungsmittel).

Niemand sollte als Anbieter den Anspruch an sich stellen, *alle* Bedürfnisse seiner Kunden zufrieden stellen zu wollen. Es empfiehlt sich, der Entscheidung, welche Leistungen in das Portfolio aufgenommen werden sollen, eine zweite Komponente zu Grunde zu legen: Was ist für den Kunden attraktiv (siehe oben) und was ist für die Bank Gewinn versprechend.

## 3.4 Die Bank – ein Gemischtwarenladen mit Sozialtouch?

Bedürfnisorientierung des Angebots ist kein Ausdruck einer plötzlichen humanitären Anwandlung. Sie ist auch kein Notnagel, an den man sich hängen sollte, wenn neuerdings aufgeklärte Kunden die Konditionen diktieren wollen. Keinesfalls soll das Image eines Universalanbieters aufgebaut werden, der mit dem Katalogversand in Konkurrenz tritt.

Es geht um eine wirtschaftlich sinnvolle Erweiterung des Angebots. Durch die Aufhebung einer Branchenbeschränkung muss kein Unternehmen mehr neidisch auf Vertreter anderer Marktsegmente schielen, die ihr Geld (scheinbar) noch leichter verdienen. Wenn es um die Partizipation an Erträgen geht, eignen sich manche Produkte aus wirtschaftlicher Sicht besser als andere zur Erweiterung der Angebotspalette. Folgende Überlegungen sollten der Auswahl vorausgehen:

- **Hohe erreichbare Gewinnspanne**
  Nur Services und Produkte, die mit einer entsprechenden Gewinnspanne versehen sind, lohnen den Mehraufwand. Verdienen schon die ureigenen Anbieter damit kein Geld, kann höchstens noch die Menge ein Argument sein, das Geschäftsfeld zu besetzen.

- **Mengeneffekte**
  Trotz Individualität sollte die Leistung in großer Menge absetzbar sein, da sonst der Einführungs-, Werbe- und Qualifizierungsaufwand für die Mitarbeiter den potenziellen Ertrag übersteigen kann.

- **Popularität, hoher Bekanntheitsgrad**
  Markteinführung und Marketing sind teure Investitionen. Empfehlenswert ist, auf einen fahrenden Zug aufzuspringen, wenn die Nachfrage durch andere bereits geweckt wurde.

- **Einmaligkeit des Angebots**
  Angebote, die eine gewisse Einmaligkeit haben und damit keinem Preisvergleich standhalten müssen, haben Vorteile. Zusätzlich sind sie für die Kunden attraktiv, da sie hier und nur hier zu haben sind.

- **Zielgruppenrelevanz für Kunden in verschiedenen Lebensphasen**
  Nicht nur Kunden, die heute in der Premium-Kategorie rangieren, sind spannend. Es kann interessant sein, den Nachwuchs durch attraktive Angebote an die Bank zu binden oder auch die ältere Generation mit zielgruppengerechten Leistungsangeboten zu versorgen. Jedes Lebensalter bringt andere Bedürfnisse in den Vordergrund, die durch attraktive Zusatzleistungen abgedeckt werden können.

- **Kooperationspartner**
  Bei der Auswahl von branchenfremden Kooperationspartnern sollte die Bank darauf achten, ob sie gegebenenfalls unter strategischen Gesichtspunkten Vorteile mit sich bringen. Manche Unternehmen sind in einen größeren Verbund eingebunden (Payback etc.), was weitere spannende Möglichkeiten eröffnen kann.

Wichtig ist, bei der Auswahl nicht ausschließlich nach wirtschaftlichen Gesichtspunkten vorzugehen, sondern parallel die Kundenbedürfnisse im Auge zu halten. Die Schnittmenge aus beidem stellt eine sinnvolle Grundgesamtheit dar, die unter Machbarkeitsgesichtspunkten einer weiteren Auswahl unterzogen werden kann.

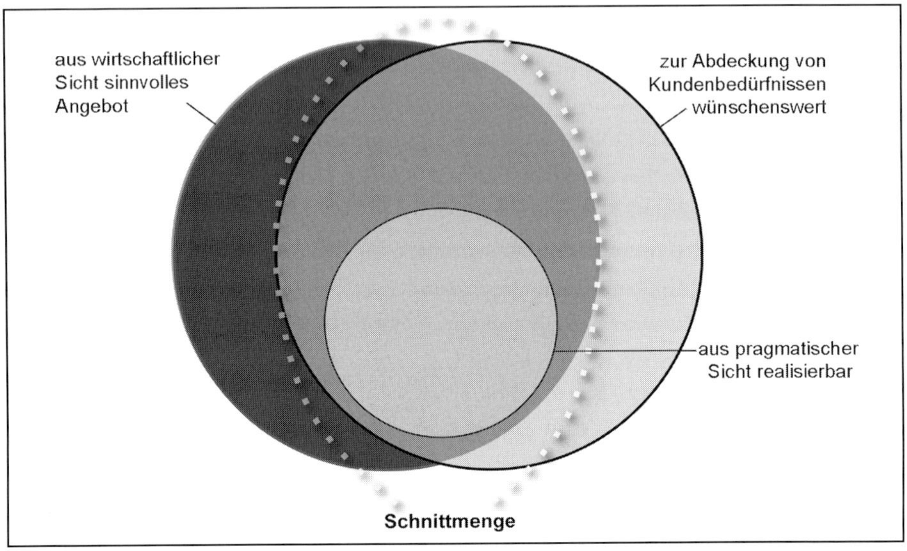


*Abbildung 3: Die Zusammenstellung der Angebotspalette ist aus Kundensicht, aus wirtschaftlicher und aus pragmatischer Sicht zu entscheiden*

# 4 Fazit

Nur wer es schaffen kann, Kunden zu begeistern, statt sie zufrieden zu stellen, wird langfristig zu den erfolgreichen „Goldgräbern“ gehören. Erwartungen zu erfüllen, reicht nicht aus. Kundenbedürfnisse zum Maßstab des eigenen Angebots zu machen, ist der berühmte Schritt zur Seite, der den Weg an die Spitze ermöglicht: den Kunden positiv überraschen und ganz neue Facetten in der Geschäftsbeziehung entdecken.

**Menschliche Bedürfnisse steuern Verhalten**

Wer auf menschliches Verhalten Einfluss nehmen möchte, sollte an den Bedürfnissen ansetzen. Sie sind der Motor und Richtungsgeber für Entscheidungen. Bedürfnisse sind permanent vorhanden, auch wenn sie nicht immer artikulierbar oder konkret wahrnehmbar sind. Sie werden durch soziale und persönliche Faktoren bestimmt und variieren in Abhängigkeit von der Situation, in der sich der Mensch aktuell befindet. Möchte man die (Kauf-)Entscheidungen von Menschen beeinflussen, sollte man die Spannbreite der Bedürfnisse seiner Kunden in den Mittelpunkt seiner Strategie stellen.

**Das Angebotsspektrum ausweiten**

Statt ausschließlich Energie in die Entwicklung immer ausgefeilterer Finanzdienstleistungsprodukte zu stecken, ist ein Perspektivenwechsel angesagt. Das Spektrum menschlicher Bedürfnisse bietet viele Chancen, Leistungen an Kunden zu vermitteln, die diese bisher anderswo in Anspruch genommen haben. Zusatz**angebote** werden gerne angenommen, weil sie dem Kunden im Vergleich zu Zusatz**verkäufen** die Freiheit lassen, in Abhängigkeit seiner individuellen Vorlieben und Bedürfnisse jeden Tag aufs Neue zu wählen. Dabei kann das Vertrauensverhältnis zur Bank und zum persönlichen Berater eine solide Basis bilden, um branchenübergreifend zum favorisierten Anbieter zu werden.

**Selbstsegmentierung ermöglichen**

Bedürfnisse sind für Dritte nur schwer einzuschätzen und nicht als Daten auslesbar. Sie besitzen keine zeitliche Stabilität und sind sogar für ihre Besitzer häufig eher fühl- als benennbar. Der Kunde selektiert (sich) selbst, wenn er erkennen kann, welcher Nutzen für ihn mit welchem Service und welchem Produkt der Angebotspalette verbunden ist. Ein bedürfnisorientiertes Angebot lässt dem Kunden die Freiheit, aus einem Sortiment mit grundsätzlich hoher Passgenauigkeit, das für ihn Infragekommende zu wählen. Ein vorselektiertes, zielgruppenorientiertes Leistungsspektrum, das auch unter wirtschaftlichen Gesichtspunkten attraktiv ist, bietet dem Kunden die Möglichkeit individueller flexibler Kaufentscheidungen.

**Lebenszyklus abdecken**

Sind Bedürfnisse auch individuell, variieren sie doch u.a. in Abhängigkeit des Lebensalters. Um bei einer gewissen Standardisierung eine hohe Abdeckung der Bedürfnispalette zu erreichen, kann man die Wünsche und Vorlieben, die im Allgemeinen mit bestimmten Altersgruppen verbunden sind, als Orientierungslinie verwenden. Ob der Einzelne dann früher oder später darauf zugreift, eher für sein Alter typische oder exotische Wünsche hat, spielt bei der Selbstselektion eine untergeordnete Rolle.

**Kaufphasen von der Anregung bis zum After-Sales-Service abdecken**

Bedürfnisse können aktiv angesprochen werden. Nicht erst, wenn die grundsätzliche Entscheidung für einen Kauf gefallen ist, kann auf einen Beschaffungsprozess Einfluss genommen werden. Die Anregung und die geweckte Aufmerksamkeit steuern das latent vorhandene Interesse in eine bestimmte Richtung. Dem liegen Bedürfnisse zu Grunde, die keinem Sättigungsprinzip folgen. Ebenso kann die Nachbetreuung nach einem Kauf ein gutes Gefühl (Wunsch nach Bestätigung oder Betreuung) beim Kunden hinterlassen und den Anbieter für weitere Käufe empfehlen.

So mancher Goldgräber tat gut daran, ab und zu die Schaufel aus der Hand zu legen und den Blick schweifen zu lassen – aus dem tiefen Graben in die Weite der Landschaft. Manche Lösungen liegen ganz nah, wenn nicht in der vertikalen so in der horizontalen Richtung. Der Kunde mit seinen Bedürfnissen wird zum aktiven Mitgestalter des neuen Weges, bei dem es nur Gewinner geben kann.

## Quellen

*Chase, Richard B.*: Wie erlebt der Kunde Ihren Service?, in: Harvard Business Manager, Heft 6 [2001], S. 88.

*Godin, S.*: Permission Marketing, München [2001].

*Heckhausen, H.*: Motivation und Handeln, 2. Aufl., Berlin [1989].

*Herstatt, Cornelius; Lüthje, Christian; Lettl, Christopher*: Wie fortschrittliche Kunden zu Innovationen stimulieren, in: Harvard Business Manager, Heft 1 [2002], S. 60.

*Lay, Gunter; Schneider, Robert*: Wenn Hersteller zu Serviceleistern werden, in: Harvard Business Manager, Heft 2 [2001], S. 16.

*Mead, George; Herbert, Mind*: Self + Society, University of Chicago [1963].

*Meyer, W.-U.; Schützwohl, A.; Reisenzein, R.*: Emotionspsychologie, Band I und II, Bern [1993], [1997].

*Montada, L.; Reusse, K.; Steiner, G.* (Hrsg.): Kognition und Handeln, Stuttgart [1983].

*Weiner, B.*: Motivationspsychologie, 3. Aufl., Weinheim [1994].

# Wie beeinflussen Emotionen den Kunde-Bank-Dialog?

*Miriam Baumann*

Bankkunden steht eine Vielfalt an Medien zur Verfügung, über die sie Produktinformationen abrufen können. Mit besserem Produkt-Know-how ausgestattet, sind diese mündiger in ihren Entscheidungsfindungen und bestimmen selbst den Grad der Beratungsleistung, den sie in Anspruch nehmen wollen. Die Kunden treffen Entscheidungen zunehmend eigenständig und beanspruchen unterstützende Beratung auf Abruf. Sie wollen stets als kompetenter Gesprächspartner behandelt werden und sind es von anderen Branchen gewohnt, Leistungen auch branchenübergreifend aus einer Hand zu empfangen. Neben dieser Gruppe moderner Bankkunden existiert die klassische Kundengruppe, die engen Kontakt zur Hausbank hält und bei Entscheidungen auf den Berater der Bank vertraut.

Die Bank steht trotz heterogenem Anspruchsverhalten vor der Herausforderung, die Produkt- und Leistungsgestaltung an den Interessen der Kunden auszurichten und die der Angebotsvielfalt nachgelagerten Serviceprozesse kundenorientiert abzuwickeln. Doch wie können Banken dem Anspruch, den Kunden in den Mittelpunkt der Beziehung zu stellen genügen, ohne in Versuchung zu geraten, ihm ein vom Cross-Selling-Gedanken dominiertes Verkaufgespräch aufzuzwingen oder für jeden Kunden einen individuellen Interaktionsprozess aufzusetzen?

Der vorliegende Beitrag beleuchtet das emotionale Auslösezentrum und den Mechanismus, der unser Denken und Handeln steuert. Untersuchungsgegenstand ist eine der ältesten Gehirnregionen des Menschen – das limbische System. Aus der Gefühlswelt des Kunden wird abgeleitet, nach welchem Mechanismus die Wahrnehmung und Einstellungsbildung abläuft. Auf Basis dieser Erkenntnisse erfolgt die Definition von Prinzipien zur Gestaltung des Kunde-Bank-Dialoges, die Ansatzpunkte zur Standardisierung der Interaktionsprozesse ermöglichen und gleichzeitig den branchenübergreifenden Leistungsempfang aus einer Hand abdecken.

# 1 Die Relevanz des limbischen Systems im Kunde-Bank-Dialog

Das Gehirn des Menschen besteht aus den Regionen des Groß-, des Zwischen-, des Mittel- und des Kleinhirns. Zunächst werden die Funktionalitäten dieser Regionen betrachtet, um danach auf die Bedeutung des im Großhirn liegenden limbischen Systems einzugehen.[1]

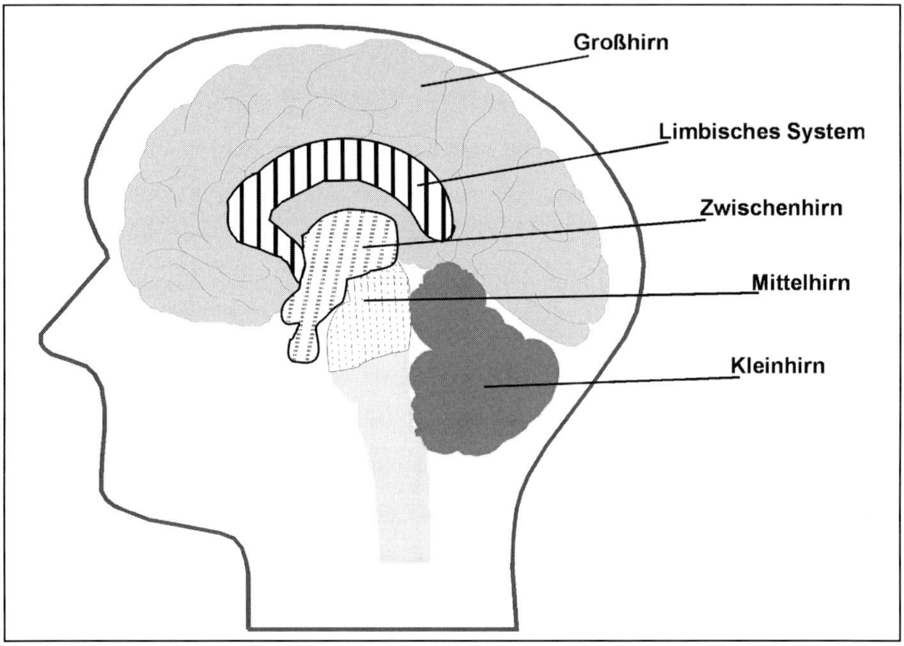


*Abbildung 1: Die Lage des limbischen Systems*

Das Großhirn ist Sitz des Verstandes, des Gedächtnisses, des Bewusstseins und Sitz von Funktionszentren, wie dem Sprach- und Lesezentrum, dem Zentrum für die Steuerung von Bewegungen der Skelettmuskulatur, dem Kurzzeitgedächtnis, von Handlungsplanung und Sprachverständnis.

Der Thalamus, eine Region des Zwischenhirns, ist das Zentrum für Sinneswahrnehmung, das heißt, hier gehen Sinneswahrnehmungen ein und werden mit Gefühlen wie Freude, Angst, Lust und Schmerz ausgestattet. Lachen und Weinen wird vom Thalamus dirigiert. Im Hypothalamus entstehen Gefühle wie Hunger und Durst oder findet die Regelung der Körpertemperatur statt.

Das Kleinhirn koordiniert Muskelbewegungen. Nachrichten aus den Sinnesorganen und Befehle der Großhirnrinde an die Muskeln laufen über das Kleinhirn und werden dort einander zugeordnet. Das Ergebnis wird an die Muskulatur weitergeleitet. Dieser Ablauf ermöglicht uns, dass wir einen Bleistift halten und in präzisen Bewegungen über ein Blatt Papier führen können.[2]

Zentrale Funktionen wie Atmung, Herzschlag und Blutkreislauf werden vom Mittelhirn gesteuert. In diesem Bereich des Gehirns liegen verschiedene Nervenzentren, die Informationen durch Hören, Sehen, Tasten etc. aufnehmen und an andere Gehirnregionen weiterleiten.[3]

Auf den Menschen einströmende äußere Reize und Informationen werden zunächst vom Mittelhirn aufgenommen, um sie an entsprechende Gehirnregionen weiterzuleiten. Das Mittelhirn meldet die Information an das Kleinhirn, um eine Bewegung auszulösen, an das Zwischenhirn, um auf eine Information ein Gefühl wie z.B. Freude folgen zu lassen, oder an das Großhirn, welches eine verbale Reaktion auslöst.

Aus der Beschreibung dieser Abläufe geht noch nicht hervor, an welcher Stelle eine Entscheidung getroffen, in welcher Art und Weise die Reaktion erfolgen wird. Die Beschreibung erklärt nicht, wie das Kleinhirn entscheidet, ob die Bewegung wütend oder zögerlich ausgeführt wird, warum das Zwischenhirn die Situation als freudige Situation beurteilt oder warum sich das Großhirn für eine verbale Reaktion entscheidet.

Hierfür existiert eine Region, die Reize und Informationen emotional und unbewusst bewertet – das limbische System. Es wird in der Gehirnforschung als der Ort bezeichnet, der die Gefühle des Gehirns beheimatet. Aus ihm hat sich das Großhirn als Sitz des Bewusstseins entwickelt. Das limbische System wurde jedoch nicht abgelöst, sondern gilt weiterhin als der emotionale Filter von Reizen und Informationen, die danach durch den mit Verstand angereicherten Filter des Großhirns zusätzlich bewertet werden.[4] Das System lässt sich jedoch nicht auf seine Funktion als emotionaler Filter reduzieren, sondern alle einströmenden Reize und Informationen werden vom limbischen System auf ihre Bedeutung hin analysiert. Erst durch diese Bewertung erhält alles, was wir Menschen wahrnehmen, eine Bedeutung.[5]

Banken sollten diesen Aspekten Beachtung schenken, wenn sie ernsthaft anstreben, den Kunden in den Mittelpunkt ihres Interesses zu stellen. Denn nur, wenn der Kunde einer Situation oder einer Sache eine Bedeutung beimisst, kann langfristig seine

Aufmerksamkeit geweckt werden. Und nur, wenn die Bank die Aufmerksamkeit des Kunden erlangt, kann sie die Interaktion intensivieren. Dadurch erhält sie Zugang zu Informationen vom und über den Kunden, auf deren Basis gezielt Kundenbindungsmaßnahmen aufgebaut werden können.

# 2 Die limbischen Instruktionen als Orientierungshilfe im Beratungsgespräch

Das limbische System wird durch die **Balance-**, die **Dominanz-** und die **Stimulanz-Instruktion** gesteuert, das heißt, eingehende Reize und Informationen werden durch die drei Kräfte bewertet, um eine Gegenreaktion auszulösen.

Die Hauptaufgabe der **Balance-Instruktion** besteht darin, ein Höchstmaß an Sicherheit, Stabilität und Konstanz in unserer Lebensumwelt, in unserem Denken und in unserem Körper zu erreichen und zu erhalten. Sämtliche Reize und Informationen, die aus Situationen bzw. Handlungen resultieren und auf eine Person einströmen, werden mittels Balance-Instruktion beurteilt. Die Instruktion überprüft, ob eine Situation oder Handlung alten Gewohnheiten entspricht oder diese stört. Störungen lösen negative Emotionen aus. In diesem Falle wird eine Anweisung erteilt, um die Situation wieder ins Gleichgewicht zu bringen und negative Gefühle zu beseitigen. Die Balance-Instruktion stärkt das Bedürfnis des Menschen nach sozialer Sicherheit, fördert den Drang, die soziale Zugehörigkeit nicht zu verlieren und an Gewohnheiten festzuhalten.

Die **Dominanz-Instruktion** zielt im Kern auf die Verdrängung von Konkurrenten, die Stärkung des Durchsetzungsvermögens, die Machterweiterung, das Autonomiestreben und die Kontrolle. Führt eine Situation oder Handlung dazu, dass diese Ziele gehemmt werden, dann veranlasst die Dominanz-Instruktion Handlungsanweisungen zur Durchsetzung der Ziele.

Die Suche nach unbekannten Reizen und Abwechslung resultiert aus der **Stimulanz-Instruktion**. Sie zielt darauf ab, Langeweile zu vermeiden. Dadurch ist sie die treibende Kraft für Innovationen und führt dazu, dass sich Menschen neuen Herausforderungen stellen und bewusst Risiken eingehen.

Jede Instruktion verfolgt für sich genommen ein bestimmtes Ziel. Die auf die Person einströmenden Reize und Informationen werden jedoch mittels aller Instruktionen analysiert und bewertet. Die Instruktionen stehen miteinander in Wechselbeziehung und bilden einen Zielkorridor. Liegt die Kundenzufriedenheitskurve, die den Gemütszustand des Kunden anzeigt, innerhalb des Zielkorridors, dann steht die derzeitige Situation in Einklang mit den limbischen Instruktionen – die Person befindet sich in einem Gemütszustand der Zufriedenheit. Lösen Reize und Informationen Abweichungen aus, übertritt die Kundenzufriedenheitskurve den Zielkorridor und die Instruktionen analysieren, welche Handlungsanweisung ausgelöst werden muss, um die Situation wieder auf den Kurs des Zielkorridors zu bringen. An dieser Stelle entsteht Handlungsbedarf für die Bank; sie kann durch korrigierende Maßnahmen den Kunden bei der Erfüllung seiner limbischen Instruktionen unterstützen.

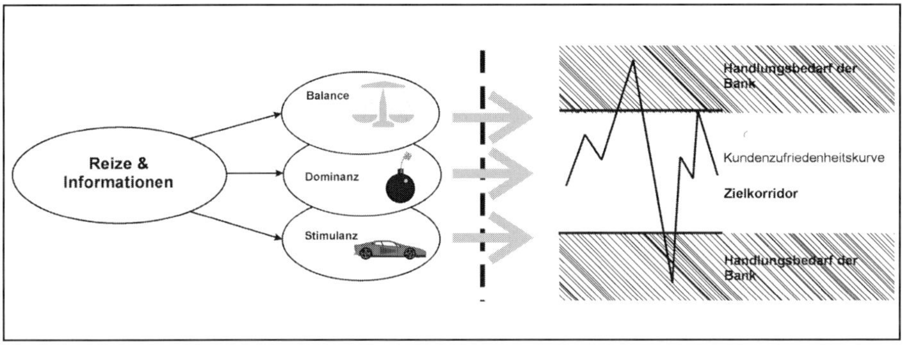


*Abbildung 2: Kundenzufriedenheitskurve und Handlungsbedarf der Bank*

Stehen Instruktionen bei der Beurteilung einer Situation zueinander im Widerspruch, zielt die Auswertung auf die Ermittlung der stärkeren Kraft ab. Die Persönlichkeitsstruktur des Einzelnen bestimmt, welche Instruktion die stärkere ist. Häufig treten auch Situationen auf, in denen die Entscheidung, etwas zu tun oder nicht zu tun, besonders schwer fällt. In diesem Falle lässt sich die stärkere Instruktion nicht auf Anhieb ermitteln. Die Patt-Situation kann in der Praxis beispielsweise durch Hinzuziehung des Rates einer anderen Person gelöst werden.[6]

Die Aufgabe der Bank besteht daher darin, die Persönlichkeitsstruktur ihrer Kunden zu analysieren, ein Feingefühl für die unterschiedlichen Persönlichkeiten zu entwickeln und daran angepasst eine möglichst individuelle Behandlung und Beratung anzubieten. Kennt die Bank die Persönlichkeitsstruktur ihrer Kunden, dann kann sie gezielt Bedürfnisse wecken und ist in der Lage, nicht nur passende Bank- und banknahe Produkte, sondern auch branchenübergreifende Leistungen anzubieten.

# 3 Stör- und Förderfaktoren als Steuerungstool der Bank

Welche Erkenntnisse liefert die Theorie der limbischen Systeme für die Interaktion zwischen Kunde und Bank?

Die drei Kräfte Balance, Dominanz und Stimulanz formen unbewusst unser Denken, steuern unsere Entscheidungen und prägen unser Verhalten. Grundsätzlich funktioniert der Mechanismus bei allen Menschen gleich und liefert damit Ansatzpunkte zur Standardisierung der Prozesse im Kunde-Bank-Dialog.

Die folgenden Situationen beschreiben die Wirkungsweise der Kräfte am konkreten Beispiel:

- Ein kundenorientiertes Anlagegespräch soll die Phasen Kontakt-, Informations-, Präsentations- und Abschlussphase durchlaufen. Die Bedürfnisse des Kunden stehen im Vordergrund, der Kunde bestimmt, in welchem Tempo die Gesprächsphasen durchlaufen werden sollen.[7] Hat der Kunde das Bedürfnis, in einer ausgedehnten Kontaktphase Vertrauen zum Anlageberater aufzubauen, dann wird ihn eine verfrühte Überleitung zur Informationsphase verstören. Im weiteren Gesprächsverlauf ist er weniger auskunftsbereit und der Berater erhält nicht die nötigen Informationen, um eine gute Anlageentscheidung für den Kunden zu erarbeiten. Der Verlauf dieses Gespräches steht nicht im Einklang mit der ausgeprägten Balance-Instruktion des Kundenprofils. Der Kunde verliert das Gleichgewicht und fühlt sich in seinem Streben nach Sicherheit gestört. Zur Wiedererlangung des Gleichgewichts zieht er sich emotional zurück und im Extremfall löst er sich ganz vom Berater. Weitere Bemühungen des Beraters verlaufen dann ergebnislos.

- Ein Kunde greift zum Telefon und möchte sich bei einer Bank eine Produktinformation einholen. Er wird zu einem Fachberater durchgestellt, bleibt jedoch in der Warteschlange hängen. Je länger er warten muss, desto ungeduldiger wird er. Mit der Zeit steigt der Unmut. Nach langem Warten legt er den Hörer auf oder bekundet seinen Unmut durch entsprechend heftige Reaktion gegenüber dem Berater, der das Gespräch entgegennimmt. Diese Alltagssituation ist auf eine Störung der Dominanz-Instruktion zurückzuführen. Der Kunde wird in einer zielgerichteten Aktion, Einholen einer Information, unterbrochen und gerät dadurch aus dem Gleichgewicht. Eine entsprechend heftige Reaktion bestätigt ihn in seinem Streben nach Steuerungsmacht und bringt seinen Gemütszustand in eine neue Gleichgewichtssituation.

- Im Onlinebereich trifft man zunehmend auf Figuren mit menschlichen Zügen und Charaktereigenschaften, so genannte Avatare. Der Bausparfuchs steht auf der Website der Bausparkasse Schwäbisch Hall als Bausparberater Rede und Antwort, Julia begleitet bei der Advance Bank die Kunden in der Funktion einer virtuellen Assistentin, LIAM@Loewe stellt neue Produkte der Firma Loewe vor. Virtuelle Berater schaffen per Internet im Kunde-Bank-Dialog eine Erlebniswelt und sprechen damit die Stimulanz-Instruktion des Benutzers an.

Die Beispiele zeigen, dass Reize und Informationen, die den limbischen Instruktionen entgegenlaufen, bei Kunden negative Emotionen auslösen. Sie werden Maßnahmen ergreifen, um ihre Gefühlswelt wieder ins Gleichgewicht zu bringen. Die den limbischen Instruktionen entgegenlaufenden Reize und Informationen sollten folglich im Geschäftsablauf vermieden werden. Reize, die positive Wirkungen auslösen, weil sie die limbischen Funktionen stimulieren, sollten dagegen gezielt eingesetzt werden. Erst wenn sich Banken dieser hausinternen Stör- und Förderfaktoren bewusst sind, können neue oder Änderungen bestehender Abläufe Erfolg versprechend aufgesetzt werden.

Stör- und Förderfaktoren können humaner, kultureller, technischer oder unternehmensinterner Natur sein. Die folgende Abbildung zeigt Beispiele:

| Human-faktoren | Kulturelle Faktoren | Technische Faktoren | Unternehmens-interne Faktoren |
|---|---|---|---|
| · Sprache der Mitarbeiter (Stimme, Aussprache, Lautstärke etc.)<br>· Schriftverkehr (Schreibstil, Layout etc.) | · Verhalten der Mitarbeiter (Gestik, Mimik, Körperhaltung etc.)<br>· Innere Einstellung (Servicebewusstsein) | · Systeme zur Gewährleistung von Datensicherheit<br>· Releasewechsel<br>· Datenqualität<br>· Bedienerfreundlichkeit<br>· Stabilität von Systemen (Störanfälligkeit) | · Öffnungszeiten<br>· Ausgestaltung der Entlohnungssysteme (z.B. Provisionssystem)<br>· Anzahl der Filialen<br>· Anzahl der Mitarbeiter<br>· Gestaltung der Serviceprozesse (Rituale erfinden, Geschäftsabschluss inszinieren, schlechte Erfahrungen vergessen machen etc.)[8] |

*Abbildung 3: Übersicht Stör- und Förderfaktoren der Interaktion*

Hierbei ist zu beachten, dass die Faktoren nur dann adäquat berücksichtigt werden, wenn die an der Interaktion beteiligte Zielgruppe in die Betrachtung einbezogen wird, beispielsweise zur Beurteilung des technischen Faktors Bedienerfreundlichkeit. Technikaffine Menschen werden eine komplizierte Bedienung einer Internet-Anwendung, die zusätzliche Funktionalitäten bietet, weniger als Störfaktoren betrachten als technikaverse Menschen, die lediglich Grundfunktionen wie z.B. „Überweisungen durchführen" und „Kontostand abfragen" auf bequeme Weise ausüben möchten. Die Funktionalitätentiefe wird von einer Zielgruppe als Störfaktor, von einer anderen als Förderfaktor betrachtet. Die Bank kann Stör- und Förderfaktoren gezielt einsetzen, um den Anspruch der Strategie, den Kunden in den Mittelpunkt der Geschäftsbeziehung zu stellen, zu erfüllen. Stör- und Förderfaktoren sind das Steuerungstool der Interaktion im Kunde-Bank-Dialog, um das Leistungsangebot an den Bedürfnissen der Kunden auszurichten und ihm auf Wunsch ein branchenübergreifendes Leistungspaket anzubieten.

# 4 Prinzipien der Interaktionsgestaltung

Aus der Theorie der Stör- und Förderfaktoren lassen sich Grundprinzipien der Interaktionsgestaltung der Kunde-Bank-Beziehung ableiten, die Ansatzpunkte zur Standardisierung der Interaktionsprozesse ermöglichen und gleichzeitig den kundengesteuerten und branchenübergreifenden Leistungsempfang fördern:

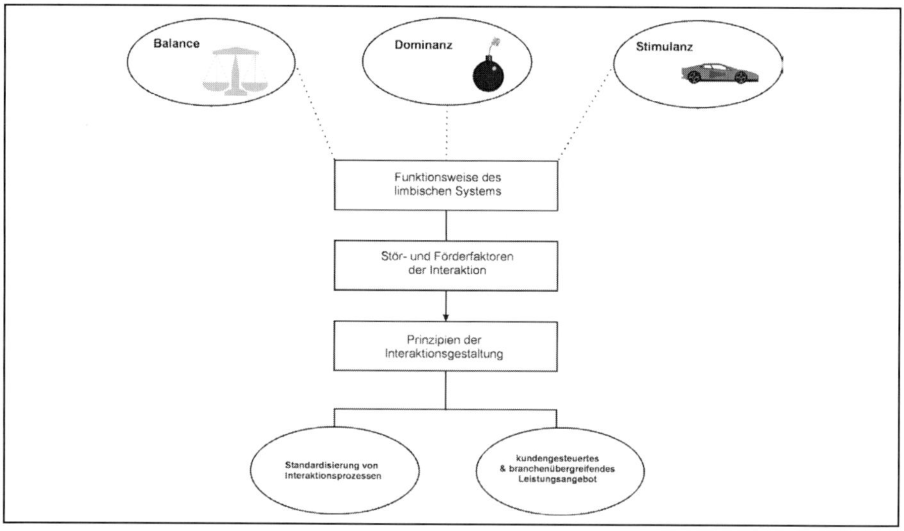


*Abbildung 4: Ableitung der Prinzipien der Interaktionsgestaltung*

**Prinzip 1: Von Banken initiierte Handlungen müssen stets im Einklang mit den limbischen Instruktionen des Kunden stehen.**
Die Bank kann damit verhindern, dass im Interaktionsprozess negative Emotionen beim Kunden entstehen. Das Prinzip unterstützt den harmonischen Ablauf des Kunde-Bank-Dialoges.

**Prinzip 2: Verlässt der Gemütszustand des Kunden für den Berater erkennbar den Zielkorridor, muss die Bank umgehend korrigierende Maßnahmen einleiten, um die Situation wieder auf den Kurs des Zielkorridors zu lenken.**
Der Berater einer Bank muss das Verhalten des Kunden stets beobachten, um Signale des Unmuts sofort empfangen zu können. Kunden senden verbale und nonverbale Signale, um die Bank auf Unstimmigkeiten aufmerksam zu machen. Insbesondere die nonverbalen Signale, die sich im Verhalten des Kunden ausdrücken, erfordern eine gute Menschenkenntnis und Beobachtungsgabe vom Bankberater. Umso mehr ist diese gefordert, wenn es sich z.B. um einen telefonischen Kontakt handelt. Spricht der Kunde seine Verärgerung nicht direkt an, dann kann diese vom Berater lediglich über Stimmlage und Ausdrucksweise des Kunden erahnt werden.

**Prinzip 3: Bei der Konzeption von Abläufen sind bewusst Förderfaktoren zu pflegen und Störfaktoren zu vermeiden.**
Dies baut auf Prinzip 1 auf und geht in seiner Bedeutung einen Schritt weiter. Handlungen im zwischenmenschlichen Bereich sind intuitiv gesteuert und können unbewusst das Ziel verfolgen, z.B. eine Kommunikation harmonisch zu gestalten. Das Prinzip verweist auf den bewussten Einsatz und damit die Verankerung in den Prozessen, um zu gewährleisten, dass alle Bankberater eines Hauses das gleiche Feingefühl im Umgang mit dem Kunden entwickeln.

**Prinzip 4: Bevorstehende Ereignisse, die Störfaktoren verursachen können, müssen vorausschauend in die Planung einbezogen werden und dem Kunden offen kommuniziert werden.**
Steht einer Bank z.B. ein Releasewechsel bevor und könnten daraus Störungen resultieren, sollte der Kunden im Vorfeld informiert werden. Er kann sich auf eventuelle Störungen einstellen, was er mit Verständnis bei tatsächlich auftretenden Schwierigkeiten danken wird.

**Prinzip 5: Die Interaktion ist so zu gestalten, dass die Bank jederzeit schnell und flexibel individuelle Kundenwünsche aufnehmen und ein cross-buying-orientiertes Leistungsangebot erstellen kann.**

Während die Prinzipien 1 bis 4 die Standardisierung der Prozesse verfolgen, dient Prinzip 5 zum einen dazu, Stimmungsschwankungen des Kunden, die durch tatsächlich auftretende Störungen verursacht werden, abzufangen. Hierzu sind im Prozessablauf Platzhalter einzubauen, die bei Bedarf individuelle Maßnahmen zulassen. Darüber hinaus fördert das Prinzip die Aufnahmen von Informationen, um ein kundengesteuertes und branchenübergreifendes Leistungsangebot zu erstellen und dem Kunden, wie er es aus anderen Branchen kennt, ein Ausleben der Cross-Buying-Bedürfnisse zu ermöglichen. Dem Kunden werden keine Grenzen gesetzt, Wünsche zu artikulieren. Das Leistungsangebot kann sich aus Bank-, banknahen oder branchenübergreifenden Produkten zusammensetzen.

# 5 Fazit

Will eine Bank Kundenorientierung fest in ihren Prozessen verankern, dann muss sie ihre Kunden verstehen lernen. Aus der Theorie der limbischen Systeme lässt sich ableiten, wie die Mechanismen Balance, Dominanz und Stimulanz das Verhalten der Kunden emotional steuern. Die Bank analysiert ihre Vertriebsstruktur und ihren Kundenkreis und ermittelt auf dieser Basis, welche Stör- und Förderfaktoren berücksichtigt werden müssen. Unter Einbeziehung der Prinzipien der Interaktionsgestaltung kann die Bank ihre Prozesse standardisieren und ermöglicht gleichzeitig ihren Kunden das Ausleben der Cross-Buying-Bedürfnisse, indem sie ein kundengesteuertes und branchenübergreifendes Leistungspaket aus einer Hand anbietet. In einem weiteren Schritt sollte die Bank einen Maßnahmenkatalog erstellen, um die Ansätze in ihren Geschäftsprozessen zu manifestieren.

## Quellen und Anmerkungen

1 Das limbische System wird auch als Reptilienhirn bezeichnet, da es in der Evolution der Tiere zum ersten Mal bei den Reptilien auftritt.

2 Vgl. *Vester, Frederic*: Denken, Lernen, Vergessen, München [2001], S. 23–27.

3 Vgl. *Häusel, Hans-Georg*: Think Limbic!, Planegg [2000], S. 35–36.

4 Vgl. hierzu *Vester, Frederic*: Denken, Lernen, Vergessen, München [2001], S. 18 ff.

[5] Vgl. *Häusel, Hans-Georg*: Think Limbic!, Planegg [2000], S. 42–43.

[6] Vgl. *Häusel, Hans-Georg*: Think Limbic!, Planegg [2000], S. 53–92.

[7] Vgl. *Jacob, Hans-Reinhard; Winkelmann, Bettina*: 1x1 der Kundenorientierung, in: Die Bank, Heft 9 [1999], S. 590–597.

[8] Vgl. *Chase, R. B.; Dasu S.*: Wie erlebt der Kunde Ihren Service?, in: Harvard Business Manager Heft 6 [2001], S. 88–94.

# Bewegliche Bankkunden als Herausforderung für das Customer Relationship Management

*Hans-Reinhard Jacob, Peter Klenk**

Der direkte Zusammenhang zwischen einer hohen Kundenzufriedenheit und einer daraus resultierenden Kundenbindung gilt auf wettbewerbsintensiven Märkten wie dem Private- und Retail-Banking nur eingeschränkt. Angesichts der hohen Wechselbereitschaft seitens der Kunden ändern sich auch die Anforderungen an Erfolg versprechende Kundenbindungsmaßnahmen – die vorherrschende, oft nur auf eine Erhöhung der Kundenzufriedenheit abzielende Kundenbindung stellt keine zweckmäßige Reaktion auf diesen Tatbestand dar. Doch welches sind die neuen Anforderungen sind dies und woraus ergeben sie sich im Einzelnen? Und welche Vorgehensweise resultiert daraus für die Ableitung von Kundenbindungsmaßnahmen?

Der vorliegende Beitrag setzt zur Beantwortung dieser Fragen an den Störfaktoren an, die den gewünschten Zusammenhang zwischen einer hohen Kundenzufriedenheit und einer daraus resultierenden Kundenbindung unterbrechen. Gezeigt wird, dass besonders die Markenwechselneigung der Bankkunden, die Unterdrückung kognitiver Dissonanzen und das Vorliegen niedriger ökonomischer und nicht-ökonomischer Wechselbarrieren berücksichtigt werden müssen. Darauf aufbauend wird als weiteres Ergebnis ein Vorgehensmodell für die Ableitung Erfolg versprechender Kundenbindungsmaßnahmen auf wettbewerbsintensiven Märkten entwickelt.

# 1 Der Zusammenhang von Kundenzufriedenheit und Kundenbindung auf wettbewerbsintensiven Märkten

Nach den Ergebnissen einer aktuellen Studie besitzt heute ein Kunde im Durchschnitt fünfzehn Verträge bei sieben verschiedenen Finanzdienstleistern.[1] Die wachsende Erfahrung der Kunden im Umgang mit Finanzdienstleistern hat vielfältige Gründe: So sehen Kunden u.a. Banken immer weniger als hoheitliche Institute an, sondern als Dienstleister, die ihr Leben vereinfachen sollen. Daran wird deutlich, dass die ganzheitliche Betrachtung der Kundenbeziehung den oft einzigen Wettbewerbsvorteil darstellt. Die Pflege einer Geschäftsbeziehung und die Konzentration auf Gesichtspunkte über die einzelne Transaktion hinaus stellen die zentralen Ansatzpunkte für die Erreichung einer stabilen Kundenbindung dar. Der positive Zusammenhang zwischen einer auf Vertrauen basierenden Kunde-Bank-Beziehung und ökonomischen Zielgrößen[2] erscheint dabei intuitiv einleuchtend.

Neben situativen, vertraglichen und ökonomischen Bindungsursachen sind es vor allem psychologische Gründe, die einen Kunden an eine Bank binden. Zu diesen zählen die Erfüllung persönlicher, zwischenmenschlicher Erwartungen des Kunden und vor allem dessen Zufriedenheit mit den Leistungen der Bank; sie ist die dominante Voraussetzung einer emotionalen Bindung. Kundenzufriedenheit verringert die Wahrscheinlichkeit eines Wechsels aufgrund persönlicher Präferenzen und reflektiert die „Zwecktauglichkeit (Bedürfnisadäquanz) der angebotenen Leistung“[3]. Damit lässt sich die Qualität der Abdeckung der Kundenbedürfnisse nach Transaktionsabwicklung und Liquiditätssicherung, nach Geld- und Sachvermögensbildung sowie nach Risikoabsicherung durch einen bestimmten Produkt- und Dienstleistungskatalog aus Sicht des Kunden messen und analysieren. Die hohe Bedeutung der Kundenzufriedenheit für eine stabile Kundenbindung wird daran deutlich.

Der direkte Zusammenhang zwischen Kundenzufriedenheit und Kundenbindung gilt auf wettbewerbsintensiven Märkten jedoch nur eingeschränkt.[4] Aus Sicht des Kunden zeichnen sich wettbewerbsintensive Märkte durch eine große Anzahl von konkurrierenden Marktteilnehmern aus, die im Hinblick auf das abzudeckende Kundenbedürfnis geeignete Produkte oder Dienstleistungen anbieten. Zufriedene Kunden können daher zumindest Teile der Geschäftsbeziehung hin zu besseren Konkurrenzangeboten verlagern und den erhofften Automatismus des genannten Zusammenhangs durchbrechen; die in Abbildung 1 dargestellte Wirkungskette gilt dann nicht mehr. Eine hohe Wechselbereitschaft ist gegenwärtig besonders im wettbewerbsintensiven Bereich des Private- und Retailgeschäfts zu beobachten – derzeit gelten rund zwei Drittel der Kunden von Großbanken als schwankend bis wechselbereit.[5] Die oft nur auf eine Erhöhung der Kundenzufriedenheit abzielenden Kundenbindungsmaßnahmen stellen daher keine zweckmäßige Reaktion auf diesen Tatbestand dar.

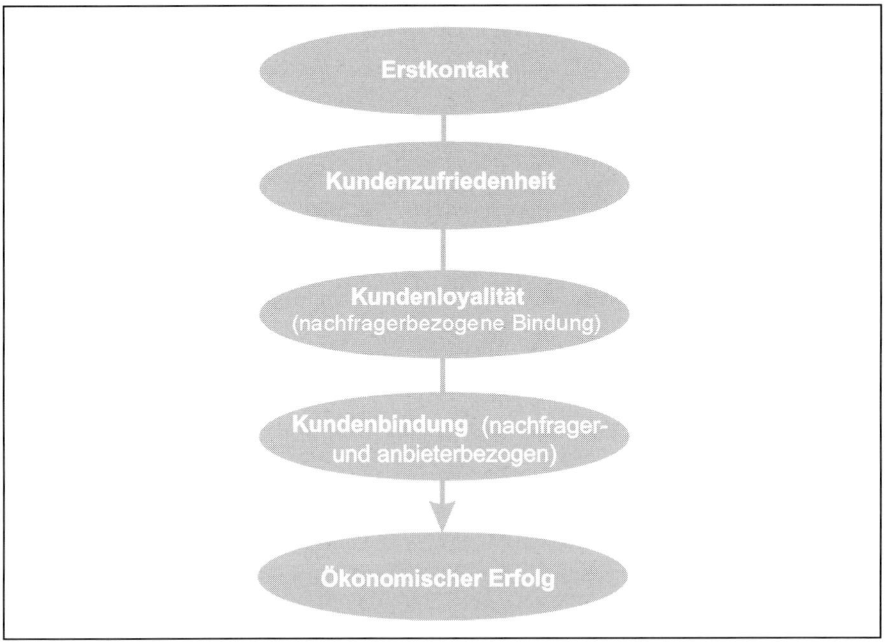


*Abbildung 1: Klassische Wirkungskette der Kundenbindung*

Für das Phänomen, dass auf wettbewerbsintensiven Märkten die Kundenbindung trotz artikulierter Kundenzufriedenheit nachlassen kann, kommen grundsätzlich eine Vielzahl von Ursachen in Betracht. Der vorliegende Beitrag fokussiert auf

- Markenwechselneigungen,
- resignative bzw. Pseudo-Kundenzufriedenheit und
- (zu) geringe Wechselbarrieren

als den wesentlichen Störfaktoren, da diese im Rahmen eines Customer Relationship Managements direkt aufgegriffen werden können.[6] Im nächsten Kapitel werden zunächst die Grundlagen der Kundenzufriedenheit dargestellt – sie gilt als notwendige Voraussetzung für eine stabile Kundenbindung auf wettbewerbsintensiven

Märkten. Darauf aufbauend werden die genannten Störfaktoren ausführlicher diskutiert, da deren Verständnis von großer Relevanz für die Ableitung wirkungsvoller Kundenbindungsmaßnahmen ist.

# 2 Grundlagen der Kundenzufriedenheit

Ausgangspunkt der Kundenzufriedenheit ist der nachträgliche Abgleich der jeweiligen Leistungserwartungen des Bankkunden mit den tatsächlich erbrachten Leistungen der Bank. Zufriedenheit wird hierbei zwischen der sich nicht bestätigenden Erwartung und der Beschwerde bzw. dem Kompliment eingebunden.[7] Als wesentliche Einflussgröße für das Empfinden von Zufriedenheit oder Unzufriedenheit wird die so genannte Nicht-Bestätigung angesehen. Die Nicht-Bestätigung bezeichnet die subjektiv wahrgenommene Diskrepanz bei einem Vergleich der Erwartungen mit der tatsächlichen Leistung und kann die Ausprägungen

- positive Nicht-Bestätigung (Ist-Leistung übertrifft die erwartete Leistung),
- Bestätigung (Ist-Leistung entspricht in etwa der erwarteten Leistung) und
- negative Nicht-Bestätigung (Ist-Leistung unterschreitet die erwartete Leistung)

annehmen. Die Nicht-Bestätigung stellt eine Art latentes Zwischenergebnis dar, welches in Verbindung mit weiteren Faktoren zu Zufriedenheit oder Unzufriedenheit führt. Zu diesen Faktoren zählen die Attribution als der subjektiven Ursachenzuweisung für eine Nicht-Bestätigung zu fremd- oder selbstbewirkten Gründen, die allgemeine Lebenszufriedenheit und die Zeitdauer zwischen Zufriedenheitsentstehung und ihrer Messung.

Das zugrunde gelegte Verständnis bezüglich der Erwartung ist maßgeblich für die Ausprägung der Zufriedenheit. So können ideale, realistische, angemessene oder auch erfahrungsgestützte Erwartungen unterschieden werden. Die Operationalisierung der Erwartungskomponente ist problematisch, da diese für gewöhnlich erst nach dem Kontakt mit der tatsächlichen Ist-Leistung erfasst wird. Ferner können auch mehrere der genannten Erwartungsausprägungen gleichzeitig in die Beurteilung mit eingehen. Schwierigkeiten bei der Messung sind darüber hinaus dadurch gegeben, dass nicht nur die Differenz zwischen Erwartung und tatsächlicher Leistung als Nicht-Bestätigung die Zufriedenheit beeinflusst. Sowohl die Erwartung als auch die tatsächliche Leistung selbst determinieren direkt die Zufriedenheit.

Die Vielzahl der Einflussfaktoren der Zufriedenheit hat dazu geführt, dass die direkte Erhebung von Zufriedenheitsgraden ohne eine separate Messung von Erwartungen als die valideste Form der Erhebung angesehen wird.[8] Konkret werden zum Monitoring von Zufriedenheit merkmalsorientierte oder ereignisorientierte Verfahren empfohlen, die jedoch auf erfragten Werten basieren und durch subjektive Wahrnehmungen verzerrt werden können. Mit merkmalsorientierten Verfahren versucht man, die Zufriedenheit durch den Einsatz von Ratingskalen global oder attributspezifisch zu erfassen. Ereignisorientierte Verfahren können ergänzend zur Berücksichtigung des Dienstleistungscharakters bankbetrieblichen Handelns herangezogen werden. Damit lassen sich besondere Vorfälle in der Interaktion zwischen den Kunden und der Leistungserstellung in den Bankprozessen abbilden. Diese besonderen Vorfälle können Kundenzufriedenheit auch kumulativ entstehen lassen. Bei der Informationserfassung von Zufriedenheitsgraden ist u.a. auf Einheitlichkeit und Konstanz der Messung, auf Verlässlichkeit der Erhebungsmethoden sowie auf Zeitnähe zu achten.

# 3 Ursachen des Wechselverhaltens

Nach den Grundlagen der Kundenzufriedenheit werden in den Kapiteln die eingangs genannten Störfaktoren dargestellt – diese können auf wettbewerbsintensiven Märkten die klassische Wirkungskette der Kundenbindung durchbrechen.

## 3.1 Markenwechselneigungen

Bemühungen um langfristige Kundenbeziehungen müssen auf wettbewerbsintensiven Märkten Neigungen der Kunden nach Abwechslung berücksichtigen.[9] Das Verständnis für Markenwechselneigungen lässt sich verbessern, wenn man gedanklich die Sichtweise des Kunden auf alle ihm bekannte Bankprodukte und -dienstleistungen einnimmt.

Im Hinblick auf das abzudeckende Kundenbedürfnis bildet die Menge der ihm bekannten Bankprodukte und -dienstleistungen das so genannte Consideration Set des Kunden. Unmittelbar vor der Entscheidung über den Produktkauf oder die Inanspruchnahme einer Dienstleistung bezeichnet man das Consideration Set als Choice Set, aus dem der Kunde mit einer bestimmten Wahrscheinlichkeit eine Marke auswählt.[10] In diesem Kontext kann beispielsweise eine Direktbank mit einer Marke gleichgesetzt werden. Die Wahrscheinlichkeit lässt sich formal als Quotient aus dem Nutzen der Marke für den Kunden im Verhältnis zu der Summe der Nutzenwerte aller Marken im Choice Set bestimmen. Der Einfluss des Markennutzens wird von einer Vielzahl von produktbezogenen und kundenbezogenen Merkmalen bestimmt und kann entsprechend modelliert werden. Zu beachten ist bei Bankprodukten oder -dienstleistungen die Langfristigkeit der aus der Kaufentscheidung resultierenden Vertragsbindung. Diese kann die direkte Übertragbarkeit von Erkenntnissen, die im Rahmen des transaktionsorientierten Konsumgütermarketings gewonnen wurden, einschränken.

Markenwechselneigung kommt formal in veränderten Kaufwahrscheinlichkeiten zu Gunsten alternativer Produkte oder alternativer Anbieter im Choice Set zum Ausdruck. Die Suche nach neuen Alternativen kann sich schließlich in Markenwechselverhalten äußern, wobei der mit dem Wechsel verbundene Nutzen zu einem beträchtlichen Teil aus dem Nutzen der Abwechslung resultiert. Die Markenwechselneigung kann unabhängig von einer formalen Darstellung auch direkt über ausgewählte Kriterien („Ich probiere gerne mal etwas Neues aus", „Ich versuche ständig, mich über neue Entwicklungen im Leben allgemein zu informieren" usw.) auf einer Ratingskala erfasst werden.

Für weitergehende Analysen erscheinen Kundensegmentierungen nach hoher, mittlerer und niedriger Wechselneigung zweckmäßig, um Erkenntnisse im Zusammenhang mit Merkmalen der Kundenzufriedenheit zu gewinnen. Beispielsweise sind für Kunden mit hoher Wechselneigung und ersten Anzeichen von nachlassender Zufriedenheit alternative Bankprodukte oder -dienstleistungen in hohem Maße attraktiv. Der Identifikation dieser Kunden kommt daher eine hohe Bedeutung zu. Das Markenwahlverhalten kann erst auf Basis dieser Informationen erklärt und effektiv in Richtung der bankspezifischen Marketingziele beeinflusst werden.

## 3.2 Resignative bzw. Pseudo-Kundenzufriedenheit

Für eine geringe Bereitschaft, ein Bankprodukt oder eine Bankdienstleistung (wiederholt) nachzufragen, kommen neben der aufgezeigten Markenwechselneigung auch Verzerrungen zwischen artikulierter und tatsächlicher Zufriedenheit in Betracht. Negative Konsequenzen für die Loyalität gegenüber einer Bank können sich bei sehr hohen Anteilen formal zufriedener Kunden ergeben, wenn erhobene Verhaltensabsichten nur noch sehr eingeschränkt das tatsächliche Nutzungsverhalten repräsentieren. Dies ist besonders dann der Fall, wenn die Erwartungen an eine Bankleistung nicht erfüllt werden: Der Kunde reagiert hierauf im Rahmen der Unterdrückung kognitiver Dissonanzen mit einer Anspruchsniveausenkung oder einer Wahrnehmungsverzerrung.[11]

Senkt der Kunde sein Anspruchsniveau an die Bankleistung, so entsteht eine resignative Kundenzufriedenheit u.a. mit der Folge einer geringeren Bereitschaft zu positiver Mund-zu-Mund-Werbung. Die Anfälligkeit für Pseudo-Kundenzufriedenheit resultiert vornehmlich aus einer zunehmenden Informationsüberflutung in Bezug auf die betrachteten Bankprodukte oder -dienstleistungen, beispielsweise durch die übertriebene Kommunikation kaufbestätigender Informationen. Hier wird Unzufriedenheit nach einer Produktnutzung oder nach Inanspruchnahme einer Dienstleistung im Rahmen kognitiver Verfälschungsprozesse in eine Pseudo-Kundenzufriedenheit transformiert. In beiden Fällen kann die eigentlich vorliegende (latente) Unzufriedenheit nur schwer erfasst werden, da sich der Bankkunde der Anspruchsniveausenkung oder der Wahrnehmungsverzerrung nicht bewusst ist.

Die Bildung resignativer bzw. Pseudo-Kundenzufriedenheit wird gefördert, wenn die Produktwahl mit einer hohen persönlichen Involviertheit verknüpft ist und die Nichtbestätigung der Erwartungen Ursachen zugeschrieben wird, die vermeintlich in der Verantwortung des Kunden liegen. Im Rahmen einer notwendigen Mitwirkung des Kunden bei der Dienstleistungserstellung ist diese Ursachenzuschreibung besonders nahe liegend. Daher erscheinen vor allem Beratungsansätze, die in hohem Maße auf die Auskunftsbereitschaft des Kunden setzen, anfällig für eine Wahrnehmungsverzerrung. Der Bankkunde kann sich für die Nichtbestätigung der Erwartungen selbst verantwortlich fühlen.

Die Gefahr für die Kundenbindung resultiert zum einen daraus, dass zum Zeitpunkt der Erhebung der Kundenzufriedenheit zwar noch eine Absicht zu einer Nutzung besteht, jedoch mit nahendem Zeitpunkt einer wiederholten Inanspruchnahme ein Markenwechsel als Möglichkeit der Dissonanzreduktion wahrgenommen wird. Zum anderen kann durch resignative bzw. Pseudo-Kundenzufriedenheit aus Sicht der Bank wünschenswertes Beschwerdeverhalten der Kunden unterdrückt werden. Dies hat zur Folge, dass beispielsweise aufgrund von Kundenbeschwerden initiierte Verbesserungen der Produkt- oder Dienstleistungsqualität wegen vermeintlicher Kundenzufriedenheit unterbleiben.

## 3.3 Niedrige Wechselbarrieren

Wechselbarrieren umfassen alle ökonomischen und nicht-ökonomischen Hemmnisse, mit denen ein wechselwilliger Bankkunde konfrontiert wird. Ökonomische Wechselbarrieren beinhalten alle Aufwendungen, die mit einer Abwanderung zu einer konkurrierenden Bank verbunden sind. Dazu zählen beispielsweise Suchkosten, Kosten der Informationsbereitstellung, Einarbeitungsaufwand in neue Modalitäten oder bei einem Wechsel nicht mehr eingeräumte Zugeständnisse im Hinblick auf die Gestaltung von Konditionen. Nicht-ökonomische Wechselbarrieren sind generell juristischer, sozialer oder psychischer Natur.[12] Juristische Hemmnisse resultieren aus der jeweiligen Vertragsgestaltung. Alle auf Vertrauen basierenden zwischenmenschlichen Kontakte können im Falle eines anvisierten Wechsels den sozialen Hemmnissen zugerechnet werden. Psychische Hemmnisse umfassen, über das durch positive und zufrieden stellende Erfahrungen gebildete Vertrauen hinaus, auch ritualisierte Kommunikations- und Verhaltensmuster bis hin zu gemeinsamen Wertvorstellungen. Das Image der Bank im Vergleich zu Wettbewerbern kann ebenfalls den psychischen Wechselbarrieren zugeordnet werden.

Sind die Wechselbarrieren in einer Kunde-Bank-Beziehung nicht stark genug ausgeprägt, so besteht die Gefahr, dass der Bankkunde die Geschäftsverbindung trotz einer hohen Kundenzufriedenheit nicht weiter aufrechterhält. Dies gilt umso mehr, je weniger Produkte bei dem entsprechenden Institut in Anspruch genommen werden.[13] Daher erscheint es notwendig, dass bei der Ableitung von Kundenbindungsmaßnahmen Ansatzpunkte in der Preis-, Produkt- und Kommunikationspolitik genutzt werden, die die Wechselbarrieren merklich erhöhen. Gemeinsam muss diesen Bemühungen sein, dass zum einen der Kunde die Problemlösungsfähigkeit seiner Bank durch ein auf seinen Problemlösungsbedarf zugeschnittenes Angebot von Bankprodukten und -dienstleistungen weiterhin erkennen kann. Zum anderen darf Wettbewerbern auch keine unnötige Angriffsfläche durch zu geringe Wechselbarrieren geboten werden, da sonst von diesen eventuell notwendige Aufwendungen leicht übernommen werden könnten.

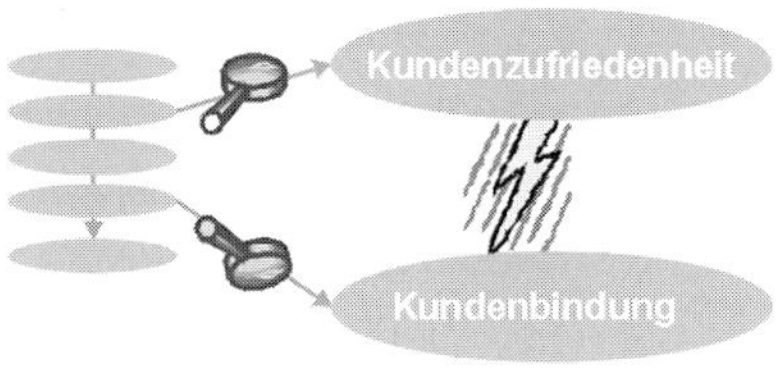


**(1) Transparenz über Störfaktoren gewinnen**

- **Markenwechselneigung**
  (Neigung der Bankkunden nach Abwechslung)
- **Geringe Wechselbarrieren**
  (Ökonomische und nicht-ökonomische Hemmnisse)
- **Resignative-bzw. Pseudo-Kundenzufriedenheit**
  (Unterdrückung kognitiver Dissonanzen)

**Kundenbindungsmaßnahmen ableiten in Abhängigkeit von Ergebnissen der**

**(2) Tauglichkeitsprüfung hinsichtlich der Erhöhung der Kundenzufriedenheit**

**(3) Tauglichkeitsprüfung hinsichtlich der Berücksichtigung der identifizierten Störfaktoren**

**(4) Wirtschaftlichkeitsprüfung**

**(5) Konkurrenzanalyse**

*Abbildung 2: Störungen in der klassischen Wirkungskette identifizieren (1) und bei der Ableitung von Kundenbindungsmaßnahmen berücksichtigen (2) – (5)*

# 4 Konsequenzen für das Customer Relationship Management

Markenwechselneigungen, resignative bzw. Pseudo-Kundenzufriedenheit sowie niedrige Wechselbarrieren können auf wettbewerbsintensiven Märkten die klassische Wirkungskette hin zu einer stabilen Kundenbeziehung unterbrechen. Ein Management der Kundenbindung muss daher diesen Einflussgrößen ebenfalls Beachtung schenken. Abbildung 2 versucht, die aufgezeigten Zusammenhänge grafisch zu veranschaulichen. Nur durch die Berücksichtigung aller Aspekte werden die aus einer stabilen Kundenbindung hervorgehenden positiven Effekte wie beispielsweise Vertrauen, Treueverhalten oder die Erhöhung kundenbezogener Deckungsbeiträge erreicht. Für die Ableitung Erfolg versprechender Kundenbindungsmaßnahmen lässt sich den aufgezeigten Zusammenhängen folgende Vorgehensweise identifizieren:

(1) Schaffen einer adäquaten Datenbasis, das heißt, Messen und Abbilden der Kundenbeziehung in all ihren Facetten in einem Informationssystem

(2) Prüfen, ob die geplanten Kundenbindungsmaßnahmen die Kundenzufriedenheit erhöhen

(3) Prüfen, ob die geplanten Kundenbindungsmaßnahmen der Abwechslungsneigung der Bankkunden Rechnung tragen, die Unterdrückung kognitiver Dissonanzen verhindern und Wechselbarrieren zumindest aufrecht erhalten können

(4) Prüfen der Wirtschaftlichkeit der geplanten Kundenbindungsmaßnahmen

(5) Sicherstellen eines relativen Wettbewerbsvorteils gegenüber (geplanten) Konkurrenzmaßnahmen

Die einzelnen Schritte (1) – (5) zur Ableitung von Erfolg versprechenden Kundenbindungsmaßnahmen werden in den folgenden Kapiteln näher beleuchtet.

**(1) Adäquate Datenbasis zur Abbildung der Kundenbeziehung**

Bemühungen um langfristige Kundenbeziehungen setzen eine hohe Qualität der Abbildung der Kunde-Bank-Beziehung voraus. Ist diese nicht gegeben, so kann keine zielorientierte Verknüpfung mit Variablen des Marketing-Instrumentariums stattfinden, um individuell ausgerichtete Kundenbindungsmaßnahmen zu verwirklichen. Voraussetzung für ein Erfolg versprechendes Kundenbindungsmanagement ist daher, dass das bisherige Kundenverhalten bekannt ist und dessen zukünftige Veränderungen und damit einhergehende wirtschaftliche Auswirkungen antizipierbar sind.[14] Erst dann lassen sich auf Basis der Kundendaten geeignete Kundenbindungsmaßnahmen planen.

Ein investitionsschonender Ansatz zur Erfassung der Kundenbindungsintensität kann darin gesehen werden, die Verhaltensabsichten mit den Indikatoren der Kundenzufriedenheitsmessung zu quantifizieren. Somit können die Wiedernutzungs- und Weiterempfehlungsabsichten direkt über gebräuchliche Formulierungen sowohl global als Kundenloyalitätsindex als auch auf einer detaillierteren Ebene erfasst werden.[15] Auf einer detaillierten Ebene beleuchtet man dann beispielsweise den Leistungsparameter „Kundenbetreuung" mit den Leistungskriterien „Freundlichkeit", „Seriosität", „Fachkompetenz" oder „Reklamationsbehandlung".

Neue Ansätze der Operationalisierung der Kundenbindung versuchen, den inneren Bindungszustand der Kunden anhand der Dimensionen „Verbundenheit" und „Gebundenheit" direkt zu erfassen.[16] Statt über das Erfragen von Verhaltensabsichten wird hier über Indikatoren auf das Vorliegen einer Kundenbindung geschlossen. Konkret kann die Verbundenheit mit der Zustimmung zu Statements wie „Ich fühle mich in der Geschäftsbeziehung mit der Bank zur Fairness verpflichtet" oder „Ich empfinde es als angenehm, mit der Bank zusammenzuarbeiten" gemessen werden; die weniger emotionale Gebundenheit lässt sich über die Zustimmung zu Statements wie beispielsweise „In gewisser Weise bindet mich der für einen Wechsel benötigte Zeitaufwand an die Bank" bestimmen.

Grundsätzlich sollte auch eine bestehende Kundendatenbank zu Zwecken der Kundenbindungsanalyse herangezogen werden, indem beispielsweise die Abwanderungsquote von neu akquirierten Kunden oder die Anzahl der Kundenbeschwerden gemessen wird. Dies setzt voraus, dass jeder Kundenkontakt und dessen Inhalt zeitnah und vollständig festgehalten und bei zukünftigen Kundenkontakten ausgewertet werden kann. CRM-Lösungen umfassen standardmäßig derartige Funktionalitäten. Im Hinblick auf bislang unbekannte Zusammenhänge sind Erkenntnisse auf der Basis einer Kundendatenbank mit den Ergebnissen der Kundenbefragungen zusammenzuführen.

Markenwechselneigung, resignative bzw. Pseudo-Kundenzufriedenheit sowie niedrige Wechselbarrieren sind ebenfalls bei der Interpretation der generierten Kennzahlen zu berücksichtigen. Während die Markenwechselneigung relativ unproblematisch über die oben genannten Statements erfasst werden kann, erscheint die direkte Messung der resignativen bzw. Pseudo-Kundenzufriedenheit und der ökonomischen und nicht-ökonomischen Wechselbarrieren schwierig. So muss man zu ihrer Erfassung auf Ersatzgrößen wie „Anzahl der in Anspruch genommenen Bankprodukte", „Anzahl der Kontaktpersonen", „erteilte Preiszugeständnisse", „Ausmaß der Anbindung an Datenübertragungswege" usw. zurückgreifen. Hiermit lässt sich der bei einem Wechsel der Bankbeziehung (erneut) notwendige Einarbeitungsaufwand seitens des Kunden abschätzen. Die Unterdrückung kognitiver Dissonanzen kann allenfalls über die zukünftigen Verhaltensabsichten transparent gemacht werden.

Kundenbindungskennzahlen können ein bisher auf Transaktions- bzw. Kaufverhaltensgrößen konzipiertes Informationssystem zweckmäßig ergänzen. Dieses setzt zwar den Schwerpunkt auf zeitreihenbezogene Daten wie Kauf bzw. Leistungsinanspruchnahme, kundenbezogenes Geschäftsvolumen und Nutzungszeitpunkt; es schenkt jedoch den psychografischen Kundenmerkmalen, die den Kaufverhaltensgrößen vorgelagert sind und zu denen auch Merkmale der Loyalität gegenüber der Bank zählen, keine Beachtung. Ohne ihre Kenntnis erscheint aber weder eine Unterstützung bei kunden(gruppen)spezifischen Bindungsmaßnahmen möglich noch lassen sich deren positive oder negative Auswirkungen auf Kaufverhaltensgrößen interpretieren.

### (2) Tauglichkeit hinsichtlich der Erhöhung der Kundenzufriedenheit

Notwendige Voraussetzung für die Wirksamkeit einer Kundenbindungsmaßnahme ist, dass diese die Kundenzufriedenheit günstig beeinflusst. Falls Maßnahmen direkt auf die Kundenbindung abzielen, besteht immer die Gefahr, dass die Kundenzufriedenheit nicht zunimmt. Wenn beispielsweise durch aggressive Cross-Selling-Aktivitäten die Anzahl der in Anspruch genommenen Produkte (nicht selten in Richtung Risiko- oder Altersvorsorge) erhöht und somit Wechselbarrieren aufgebaut werden, kann die Kundenzufriedenheit sogar abnehmen, sofern Produkte an den jeweiligen Bedürfnissen vorbei verkauft werden.

Dies verdeutlicht auch die Notwendigkeit, Kundenbindungsmaßnahmen mit Aspekten einstellungsorientierter Kundensegmentierungen abzustimmen. So kann etwa davon ausgegangen werden, dass sich im Hinblick auf die Einstellung zu modernen Technologien generierte Kundensegmente keineswegs homogen bezüglich der Zufriedenheitswirkung von Kundenbindungsmaßnahmen verhalten. Im Ergebnis muss für jede einzelne Kundenbindungsmaßnahme nachgewiesen sein, dass diese sich zur Erhöhung der Zufriedenheit der Kunden im entsprechenden Segment eignet. Dies gilt tendenziell für alle Maßnahmen, die die Leistungsinanspruchnahme seitens der Kunden erleichtern und mit einem positiven Erlebnis verknüpfen.

### (3) Tauglichkeit hinsichtlich der Berücksichtigung der identifizierten Störfaktoren

Kundenbindungsmaßnahmen können generell sehr unterschiedlich und auf den gewünschten Zweck hin ausgestaltet werden. So lässt sich die Forderung nach Aufrechterhaltung bestehender Wechselbarrieren ohne größere Schwierigkeiten einlösen. In Abhängigkeit vom Transaktionsverhalten des Kunden kann beispielsweise kostengünstiges Interaktionsverhalten honoriert, die Vorteile der Beratungsleistung und die eigene Beratungskompetenz herausgestellt oder im Rahmen von ganzheitlichen Servicekonzepten das Angebot von Leistungsbündeln vorangetrieben werden.[17] Im letztgenannten Fall kann das Angebot von so genannten Value-Added Services eine mögliche Handlungsoption darstellen. Value-Added Services stellen in Kombination mit (materiellen) Primärleistungen solche Leistungsbündel dar, die auf Seiten des Kunden einen Zusatznutzen generieren sollen.[18]

Sofern diese Sekundärleistungen eine mittlere bis hohe inhaltliche Affinität zur Primärleistung aufweisen, können sie sowohl die in (2) geforderte Zufriedenheit mit der Primärleistung in die gewünschte Richtung lenken als auch eine Profilierungswirkung durch einen eventuellen Überraschungseffekt erzielen. Handlungsleitend sollte dabei die Frage sein, wie Primärleistungen (exemplarisch die Vergabe eines Kredites für den Autokauf oder die Änderung von Freistellungsaufträgen) schneller, sicherer, komfortabler oder individueller erbracht werden können (etwa durch die Übernahme aller Zulassungsmodalitäten oder durch einen Freistellungsauftragsservice, der die bestmögliche Ausschöpfung der Freibeträge zum Ziel hat). Eine klare Differenzierung gegenüber dem Wettbewerbsumfeld sichert die Aufrechterhaltung oder Erhöhung bestehender Wechselbarrieren.

Resignativer Kundenzufriedenheit als Folge einer Anspruchsniveausenkung kann man dadurch begegnen, dass bei der Durchführung einer Kundenbindungsmaßnahme die Kommunikation überhöhter Ansprüche an die Bankprodukte oder Bankdienstleistungen von vornherein eingeschränkt wird. Schwieriger gestaltet sich die Integration der Abwechslungsneigung der Bankkunden in die Ableitung von Kundenbindungsmaßnahmen. Der Einsatz von individuell auf den Kunden zugeschnittenen Finanzplanungsmodulen, von Bonusprogrammen oder die Schaffung von Kundenclubs trägt diesem Motiv nur bedingt Rechnung. Zentral erscheint, dass zumindest den in (1) mit einer hohen Wechslungsneigung identifizierten Kunden nicht der Eindruck der Unbeweglichkeit oder Innovationsarmut vermittelt wird. Die Vermittlung eines positiven Erlebnisses ist gerade hier wichtig. Auch die verstärkte Integration der Bankkunden in die Geschäftsprozesse der Bank, beispielsweise durch Anreize zur Beteiligung am Eigenkapital,[19] ist vor diesem Hintergrund zusehen.

### (4) Wirtschaftlichkeit der Kundenbindungsmaßnahmen

Fragen der Wirtschaftlichkeit von Kundenbindungsmaßnahmen, welche Markenwechselneigungen, resignative bzw. Pseudo-Kundenzufriedenheit und niedrige Wechselbarrieren aufgreifen, sind grundsätzlich für jede einzelne Maßnahme zu beantworten. Die Integration einer Prozesskostenrechnung in die Erfassung des kundenbezogenen Nutzens von Qualitätsmanagementmaßnahmen kann als erster praxiserprobter Schritt in diese Richtung wertvolle Hilfestellung geben.[20]

Der Ansatzpunkt hierbei ist, dass Änderungen von Nutzenkategorien unmittelbare Auswirkungen auf die Größe des Kundenstamms haben. Der Profitabilität eines Kunden kommt dabei eine zentrale Bedeutung als monetäre Bewertungsgröße zu. So können aufgrund der Maßnahme erwartete zahlenmäßige Veränderungen des Kundenstamms (Mengenkomponente) mit der entsprechenden kundenspezifischen Profitabilität (Wertkomponente) aus der aktuellen Einzelkundenkalkulation multipliziert werden. Dabei sind Vereinfachungen dahingehend denkbar, dass die Wertkomponente kundengruppenspezifisch als Durchschnittsgröße eines Segments ermittelt wird. Die erwartete Profitabilität entspricht in dynamischer Betrachtung dem Kundenwert einer langfristigen Kundenbeziehung. Der Kundenwert ist der aus der Kundenbeziehung realisierbare, erwartete diskontierte Nettozahlungsstrom,[21] welcher die Beurteilung von Kundenbindungsmaßnahmen nach ihrem Einfluss auf diese Größe ermöglicht.

Schließlich sind den erwarteten Ergebnisbeiträgen die erwarteten Aufwendungen für die Durchführung der Kundenbindungsmaßnahmen gegenüberzustellen. Durch die Verknüpfung von Kundenbindungskennzahlen mit Erkenntnissen aus der Analyse kundenspezifischer Profitabilitäten ist sichergestellt, dass sich Bemühungen um hohe Kundenbindungsintensitäten auf die Kunden konzentrieren, die aufgrund ihrer bisherigen Loyalität und ihres erwarteten Kundenwertes aus Sicht der Bank als sehr ergiebig erscheinen.

### (5) Wettbewerbsvorteil gegenüber Konkurrenzmaßnahmen

Die Wirksamkeit von Kundenbindungsmaßnahmen hängt nicht zuletzt von der Tauglichkeit von Konkurrenzaktivitäten zur Erhöhung der Kundenbindung ab. Entscheidend ist hierbei ein möglicher relativer Wettbewerbsvorteil gegenüber den (geplanten) Konkurrenzmaßnahmen. Als schwierig kann sich die Informationsgewinnung gestalten, da Konkurrenzmaßnahmen in der Regel erst bei tatsächlicher Durchführung erkennbar sind. Ein eventueller Wettbewerbsvorteil ist daher eng mit der eigenen Flexibilität verbunden, zeitnah und in angemessener Weise auf Konkurrenzaktivitäten zu reagieren.

# 5 Fazit

Viele Finanzdienstleister investieren sehr hohe Summen in das Customer Relationship Management, um den gestiegenen Kundenerwartungen Rechnung zu tragen. Der Aufbau und die Pflege einer Kundenbeziehung wird hierbei durch eine Vielzahl von Einflussfaktoren unterstützt. So kann neben der Freundlichkeit, Seriosität und Fachkompetenz des Kundenberaters besonders die zielgerichtete Auswertung der kundenbezogenen Datenbasis zur Ableitung von Kundenbindungsmaßnahmen ausschlaggebend dafür sein, dass sich der Bankkunde individuell behandelt fühlt. Die im Private- und Retailgeschäft zu beobachtende hohe Wechselbereitschaft führt dazu, dass bei der Ableitung Erfolg versprechender Kundenbindungsmaßnahmen

- die Markenwechselneigung der Kunden,
- die Unterdrückung kognitiver Dissonanzen mit der Folge von resignativer bzw. Pseudo-Kundenzufriedenheit und
- das Vorliegen niedriger ökonomischer und nicht-ökonomischer Wechselbarrieren

berücksichtigt werden müssen. Das Befolgen der aufgezeigten Schritte (1) – (5) kann hierbei wegweisend für den Erfolg von Kundenbindungsmaßnahmen sein und deren Durchführung rechtfertigen. Eine Schwierigkeit in der Umsetzung stellt eine nichtadäquate Datenbasis dar, die die notwendige Transparenz über Einfluss- und Zielgrößen nicht bereitstellt.

## Quellen und Anmerkungen

* Erschienen in: zfo – Zeitschrift für Führung und Organisation, Heft 3 [2002], S. 141–149.

1 Die Ergebnisse der Studie der Gesellschaft für Konsumforschung (GfK) „Treu oder nicht? – Hopping und Loyalität im Finanzdienstleistungssektor“ vom Januar 2000 basieren auf Daten des 20.000 Haushalte umfassenden GfK-Finanzmarktpanels; zu einem vergleichbaren Befund kommt *Szallies, Rüdiger*: Kundenverhalten im Retail Banking, in: Bank und Markt, Heft 4 [2000], S. 38, wonach gegenwärtig im Neugeschäft bereits die Hälfte der Bankkunden zur Konkurrenz wechselt.

2 Beispielsweise kundenbezogene Deckungsbeiträge oder der Kundenwert einer Geschäftsverbindung.

3 *Herrmann, Andreas; Johnson, Michael D.*: Kundenzufriedenheit als Bestimmungsfaktor, in: ZfbF, Heft 6 [1999], S. 582. Fehlende Bedürfnisadäquanz bietet attraktiven Konkurrenzanbietern die Möglichkeit, die Selektionsbereitschaft kompetenter Kunden direkt anzusprechen, vgl. *Szallies, Rüdiger*: Vagabundierendes Finanzverhalten, in: Betsch, Oskar; van Hooven, Eckart; Krupp, Georg (Hrsg.): Handbuch Privatkundengeschäft, Frankfurt am Main [1998], S. 283.

[4] Vgl. *Homburg, Christian; Faßnacht, Martin; Werner, Harald*: Operationalisierung von Kundenzufriedenheit und Kundenbindung, in: Bruhn, Manfred; Homburg, Christian (Hrsg.): Handbuch Kundenbindungsmanagement, Wiesbaden [1998], S. 391.

[5] Vgl. *Keller, Bernhard; Lerch, Sabine; Matzke, Sandro*: Umfrage: Kundenbindung und Wechselbereitschaft, in: Die Bank, Heft 6 [2000], S. 378.

[6] Dies gilt für Störfaktoren, die beispielsweise in der konkreten Marktstruktur oder einer unzureichenden Mitarbeiterzufriedenheit begründet sind, nur sehr eingeschränkt.

[7] Vgl. zum Folgenden *Gierl, Heribert*: Marketing, Stuttgart [1995], S. 233–239 und *Stauss, Bernd*: Kundenzufriedenheit, in: Marketing ZFP, Heft 1 [1999], S. 8.

[8] Vgl. *Homburg, Christian; Faßnacht, Martin; Werner, Harald*: Operationalisierung von Kundenzufriedenheit und Kundenbindung, in: Bruhn, Manfred; Homburg, Christian (Hrsg.): Handbuch Kundenbindungsmanagement, Wiesbaden [1998], S. 395; *Stauss, Bernd*: Kundenzufriedenheit, in: Marketing ZFP, Heft 1 [1999], S. 13, oder auch *Richter-Mundani, Stefan*: Kundenbindungssysteme für Kreditinstitute, Wiesbaden [1999], S. 71.

[9] Vgl. *Herrmann, Andreas; Seilheimer, Christian; Sharif, Mariam*: Kundenzufriedenheit und Markenwechselneigung als Determinanten des Markenwechselverhaltens, in: Jahrbuch der Absatz- und Verbrauchsforschung, Heft 3 [1998], S. 336–341. Die Kommunikationsfunktion von Marken (kognitive Entlastung, verringerter Suchaufwand, Wiedererkennungshilfe, garantierte Qualität usw.) kann durchaus der Bank selbst als Eigentümerin der Marke zugeschrieben werden, da sich Bankprodukte und -dienstleistungen oft nur geringfügig von denen einer anderen Bank unterscheiden.

[10] Vgl. *Hruschka, Harald*: Marketing-Entscheidungen, München [1996], S. 37 und S. 41–42.

[11] Vgl. zum Folgenden die Ausführungen von *Hansen, Ursula; Emmerich, Astrid*: Sind zufriedene Kunden wirklich zufrieden?, in: Jahrbuch der Absatz- und Verbrauchsforschung, Heft 3 [1998], S. 224–234.

[12] Vgl. *Herrmann, Andreas; Johnson, Michael D.*: Kundenzufriedenheit als Bestimmungsfaktor, in: ZfbF, Heft 6 [1999], S. 586–587.

[13] Vgl. *Keller, Bernhard; Lerch, Sabine; Matzke, Sandro*: Umfrage: Kundenbindung und Wechselbereitschaft, in: Die Bank, Heft 6 [2000], S. 378.

[14] Der Aufbau einer derartigen Informationsbasis kann sich an der Entwicklung einer CIF-Datei (Customer Information File) orientieren; vgl. *Glazer, Rashi*: Vom Wissen der Kunden profitieren, in: Harvard Business Manager, Heft 5 [2000], S. 34–35. Die Zusammenführung des oft in unterschiedlichen Systemen vorgehaltenen Datenmaterials in ein herkunftsunabhängiges und integratives Data Warehouse stellt eine nicht zu unterschätzende Herausforderung dar.

[15] Vgl. *Homburg, Christian; Faßnacht, Martin; Werner, Harald*: Operationalisierung von Kundenzufriedenheit und Kundenbindung, in: Bruhn, Manfred; Homburg, Christian (Hrsg.): Handbuch Kundenbindungsmanagement, Wiesbaden [1998], S. 392 und S. 397–400, oder auch *Richter-Mundani, Stefan*: Kundenbindungssysteme für Kreditinstitute, Wiesbaden [1999], S. 240; kritischer zur Prognosevalidität geäußerter Verhaltensabsichten *Stauss, Bernd*: Kundenzufriedenheit, in: Marketing ZFP, Heft 1 [1999], S. 17.

[16] Vgl. *Eggert, Andreas*: Konzeptualisierung und Operationalisierung der Kundenbindung aus Kundensicht, in: Marketing ZFP, Heft 2 [2000], S. 127–128.

[17] Vgl. zu einer Auflistung von segmentspezifischen Kundenbindungsmaßnahmen *Richter-Mundani, Stefan*: Kundenbindungssysteme für Kreditinstitute, Wiesbaden [1999], S. 223–238.

[18] Vgl. zum Folgenden *Meffert, Heribert; Burmann, Christoph*: Value-Added-Services, in: Betsch, Oskar; van Hooven, Eckart; Krupp, Georg (Hrsg.): Handbuch Privatkundengeschäft, Frankfurt am Main [1998], S. 388 und S. 392–393.

[19] Der Wahrnehmung einer Doppelrolle als Kunde und Aktionär wird generell ein hohes Bindungspotenzial zugeschrieben.

[20] Vgl. zu den einzelnen Nutzenkategorien und zu einer Modellrechnung am Beispiel der Vereins- und Westbank AG *Bruhn, Manfred; Georgi, Dominik*: Kundenbezogene Wirtschaftlichkeitsanalyse des Qualitätsmanagements für Dienstleistungen, in: Marketing ZFP, Heft 2 [1998], S. 99–106.

[21] Vgl. beispielsweise *Glazer, Rashi*: Vom Wissen der Kunden profitieren, in: Harvard Business Manager, Heft 5 [2000], S. 35. Die Frage nach dem „richtigen“ Diskontierungszinssatz stellt sich nach *Richter-Mundani, Stefan*: Kundenbindungssysteme für Kreditinstitute, Wiesbaden [1999], S. 24–25, nicht, da nur Veränderungen des Erwartungswertes für den Kundenwert interessieren.

# Vertrauen setzt Datenschutz voraus

*Ulrich Pöttgens, Hans-Jürgen Horlacher, Peter Klenk**

Mit dem Ausbau ihrer Finanzportale wollen die Banken auch im Internet ihre Klientel persönlich ansprechen und dort stärker als bisher auf individuelle Bedürfnisse eingehen. Die Personalisierung setzt jedoch eine umfangreiche Auswertung personenbezogener Daten voraus, besonders wenn Finanzdienstleister individuelle Webangebote offerieren wollen. Doch gerade bei Onlinegeldgeschäften muss der Datenschutz großgeschrieben werden – derartige Vorhaben müssen im Einklang mit den deutschen Datenschutzgesetzen stehen. Der Vertrauensvorschuss der Kreditinstitute wäre sonst schnell verspielt. Daher haben Datenschützer bei Banken ein wachsames Auge auf diese Art des Sammelns von Informationen. Ohne Einwilligung des Kunden dürfen schützenswerte Informationen nicht zur Angebotsgestaltung herangezogen werden. Die Banken wären andernfalls ohnehin schlecht beraten, würden sie doch durch schludrigen Datenschutz schnell die Gunst nicht nur ihrer Onlinekunden verlieren. Der vorliegende Beitrag skizziert den datenschutzrechtlichen Rahmen.

# 1 Explizite vs. implizite Personalisierung

Mit dem Ausbau ihrer Finanzportale wollen die Banken auch im Internet eine persönliche Ansprache ihrer Kunden erreichen und dort viel stärker als bisher auf individuelle Bedürfnisse eingehen. Hier kann man beispielsweise den registrierten Usern neben einem umfangreichen Informations- und Transaktionsangebot auch die Möglichkeit bieten, persönliche Seiten anzulegen. Hat der User sich eine solche Private Sites angelegt, wird ihm nach erfolgtem Login direkt eine individuelle Homepage angezeigt. Derartige Portale sind in der Regel keine Stand-Alone-Lösungen, sondern Teil eines Multikanalansatzes, der einen gemeinsamen Datenbestand als Grundlage für die persönliche Beratung in den Geschäftsstellen, den Service über das Callcenter und die Internet-Dienste vorsieht. Personalisierung ist für keinen der Beteiligten ein Selbstzweck. Kunden und Interessenten erhoffen sich von einem personalisierten Bankportal individuelle und höherwertige Informationen sowie bessere Serviceleistungen. Demgegenüber erwarten die Banken:

- ein höheres Geschäftsvolumen durch den Absatz individuell zugeschnittener und ergänzender Produkte sowie Neugeschäft auch mit bisherigen Nichtkunden

- Kosteneinsparungen beispielsweise durch die Verringerung von Streuverlusten bei Marketingkampagnen sowie bei der Transaktionsabwicklung und die damit verbundene Entlastung der Berater von Standardaufgaben[1]

- eine längere Verweildauer auf der Website bei gleichzeitiger Erhöhung der Besuchsfrequenz

- nicht zuletzt eine Stärkung der emotionalen Komponente der Kundenbindung, da der Vertrieb austauschbarer, körperloser Finanzprodukte über ein anonymes Medium wie das Internet ein hohes Maß an Vertrauen voraussetzt

Bei der Gestaltung von Websites zur individuellen Kundenansprache stehen Anbietern zwei Verfahren zur Auswahl: explizite und implizite Personalisierung. In beiden Fällen können die Daten zur Erstellung von Content in Form von Informationstexten und Teasern verwendet werden. Wissen über Kunden ist hierbei die Basis für die Individualisierung von Leistungen.[2] Grundlage dieser Vorgehensweise ist jedoch immer das Vertrauen der Kunden in den verantwortungsvollen Umgang der Bank mit ihren bewusst oder unbewusst preisgegebenen Daten.

Die explizite Personalisierung erhebt über entsprechende Fragenkomplexe soziodemografische Merkmale (Geburtsdatum, Beruf, Nettoeinkommen usw.) sowie Interessengebiete (etwa Familien- und Altersvorsorge, Steuerersparnis und anderes). Darüber hinaus hat der User die Möglichkeit, sich seinen Bedürfnissen entsprechend Seiten mit Hilfe von Auswahlboxen selbst zusammenzustellen, beispielsweise zu den Themen „Home", „Konto" und „Brokerage". Zu den selektierbaren Elementen können beispielsweise Newsrubriken, Watchlists, Marktindizes, Konto- und Depotstandsanzeigen und dergleichen mehr gehören. Die implizite Personalisierung setzt dagegen ein User Tracking voraus. Dieses betrifft die Aufzeichnung von Sitzungen nach vordefinierten Regeln, wobei zwischen Interessenten und Kunden zu unterscheiden ist.

Bei Interessenten ist es aus Sicht der Bank zum Beispiel sinnvoll, Events auf der Oberfläche des Portals als Basis personalisierter Inhalte heranzuziehen. Beispielsweise könnte bei einem tracking-gesteuerten Vorgehen das wiederholte Aufrufen der Übersicht „Kapitalmarkt-Indizes" während einer Session oder in mehreren aufeinanderfolgenden Sessions dazu führen, dass die Site dem Nutzer allgemeine Informationen zu bestimmten Märkten bereitstellt. Genauso wäre die Bank in der Lage, dem Onlineuser ein Depot anzubieten, wenn er sich die Funktion Watchlist zur Beobachtung von Wertpapieren einrichtet. In beiden Fällen wird aus diesen Events auf das Vorliegen eines Attributs (allgemeines Interesse an Märkten und an Wertpapieren) geschlossen, welches die Basis für die Zusteuerung personalisierter Inhalte darstellt.

Ist der Nutzer bereits Kunde, können zusätzlich transaktionsbasierte Informationen für die implizierte Personalisierung herangezogen werden. Ein Beispiel wäre das Anbieten geeigneter Konditionen für besonders hohe Anlagevolumina, wenn der Klient über einen hohen Depotbestand verfügt. Ebenso könnte das Geldinstitut ihm ein spezielles Depot vorschlagen, wenn im Orderbuch eine Vielzahl von Transaktionen verzeichnet sind.

# 2 Datenschutzrechtliche Aspekte

Bei den genannten Formen der Informationsgewinnung und -verarbeitung spielt der Schutz personenbezogener Daten eine zentrale Rolle. Generell ist in allen Datenschutzregelungen das Prinzip der informationellen Selbstbestimmung verankert. Die Nutzung der Daten basiert nicht nur auf dem Vertragsverhältnis zwischen Kunden und Bank. Auch das Teledienstegesetz mit den bereichsspezifischen Datenschutzregelungen kommt hier zur Anwendung, zum Beispiel beim Anlegen von Profilen. Der

Onlineanbieter bewegt sich im Spannungsfeld zwischen seinem wirtschaftlichen Interesse und der Rechtssprechung in Sachen personenbezogener Datennutzungen. Dabei spielt es aus juristischer Sicht keine Rolle, ob die Informationen zum Nutzen der Bank und/oder des Kunden aufbereitet werden. Gefragt sind daher Leitlinien zum fairen Umgang mit personenbezogenen Daten, die auf den Prinzipien „Freiwilligkeit", „Interessenwahrung" und „Vertraulichkeit" basieren.

Erhebung und Verarbeitung personenbezogener Daten sind im Bundesdatenschutzgesetz (BDSG) und in bereichsspezifischen Vorschriften festgehalten. Hierzu zählt auch das Teledienstedatenschutzgesetz (TDDSG), welches seit dem 14. Dezember 2001 mit der Einführung des Elektronischen Geschäftsverkehr-Gesetzes (EEG) in überarbeiteter Fassung vorliegt.[3] Personenbezogene Daten sind Einzelangaben über persönliche oder sachliche Verhältnisse einer bestimmten oder bestimmbaren natürlichen Person (Betroffener), beispielsweise demografische Angaben, die E-Mail-Adresse oder auch eine IP-Adresse, sofern diese fest vergeben worden ist und damit den Weg zu einer bestimmten Person aufzeigen kann. Oft weisen Experten darauf hin, dass gerade im Internet personenbezogene Informationen automatisch aus den Browsern ausgelesen und als Logfiles auf den Webservern der Unternehmen gespeichert werden, so zum Beispiel die IP-Adresse, das Datum und die Uhrzeit des Site-Besuchs, gesetzte Cookies sowie angeforderte und vorher besuchte Websites.

Personenbezogene Daten bei Telediensten, auch beim Angebot von Dienstleistungen über Internet, dürfen nur streng zweckgebunden verarbeitet werden. Das heißt, wenn gesetzliche Vorschriften dies zulassen oder der Betroffene ausdrücklich eingewilligt hat. Da gesetzliche Erlaubnisse zur Datenverarbeitung nur dann vorliegen, wenn die personenbezogenen Daten zu einer Begründung und inhaltlichen Ausgestaltung eines Vertragsverhältnisses (so genannte Bestandsdaten nach § 5 Abs. 1 TDDSG), für den technischen Übermittlungsvorgang (so genannte Verbindungsdaten) oder zur Abrechnung des Verbindungsentgeltes erforderlich sind (so genannte Abrechnungsdaten nach § 6 Abs. 4 TDDSG), bedürfen die meisten heute im Internet erhobenen Daten der ausdrücklichen, schriftlichen Einwilligung durch den Betroffenen, will der Onlineanbieter solche Daten zu anderen Zwecken nutzen (vgl. Abbildung 1).

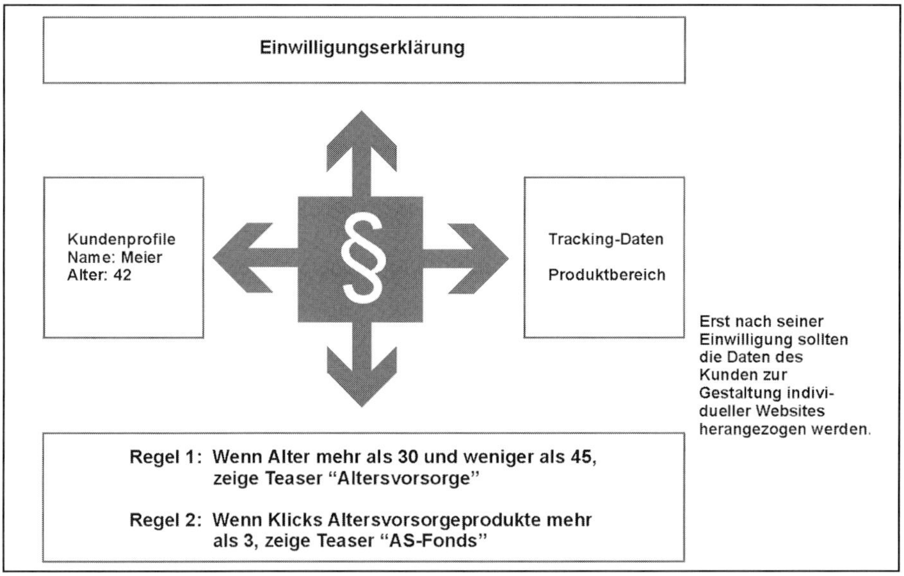


*Abbildung 1: Datenschutz bei personalisierten Websites*

Nach gängiger Meinung ist diese Einwilligung schon vor der ersten Verarbeitung der personenbezogenen Daten, beispielsweise dem Speichern auf dem Webserver des Unternehmens, einzuholen. Die Willenserklärung ist nur wirksam, wenn der Nutzer über die Tragweite des Verfahrens informiert wurde. Er muss wissen, welche Angaben zu welchem Zweck in welcher Form gespeichert und verarbeitet werden. Zudem darf der Anbieter die Einwilligung nicht in anderen Erklärungen verstecken. Nach § 3 Abs. 7 TDDSG a.F. war eine elektronische Einwilligungserklärung möglich, sofern der Diensteanbieter sicherstellt,

- dass sie nur durch eine eindeutige und bewusste Handlung des Nutzers erfolgen kann, etwa durch Klick auf einen Button,
- sie sich nicht unerkennbar verändern lässt,
- ihr Urheber durch Speicherung der Nutzerdaten zusammen mit dem Einwilligungstext erkennbar ist,
- die Einwilligung protokolliert wird und

- der Nutzer den Inhalt der Einwilligung jederzeit abrufen kann, beispielsweise mittels Passwort über eine personalisierte Website.

Der Gesetzgeber hatte diese Anforderungen wegen der besonderen Risiken, denen elektronische Erklärungen mangels Verkörperung und mangels biometrischer Kennzeichen ausgesetzt sind, aufgestellt. Da besonders die Anforderung im Hinblick auf die Erkennbarkeit des Urhebers der Einwilligungserklärung hohe Hürden für die praktische Umsetzung dieser Anforderungen setzte (digitale Signatur), verzichtet mittlerweile § 4 Abs. 2 TDDSG auf eine derartige restriktive Vorgabe. Die Rechtslage hat sich daher für Telediensteanbieter erheblich entspannt: Sie stehen nicht mehr vor dem Dilemma, entweder auf jede Form der gesetzlich erlaubten Datennutzung zu verzichten (und damit Wettbewerbsnachteile in Kauf zu nehmen) oder mit teils gewagten rechtlichen Konstruktionen die Anforderungen einer digitalen Signatur zu umgehen und dennoch Daten für sich zu verwenden.[4] Eine Einwilligung kann dann praxisnah durch E-Mail oder Onlineklick erteilt werden, sofern sichergestellt ist, dass sie auf eine eindeutige, bewusste Handlung des Nutzers zurückgeht, protokolliert wird und ihr Inhalt jederzeit abgerufen werden kann. Jedoch gilt auch weiterhin, dass der Diensteanbieter den Nutzer vor Erklärung seiner Einwilligung auf sein Recht auf jederzeitigen Widerruf mit Wirkung für die Zukunft hinzuweisen hat.

# 3 Vertrauen als Schlüssel

Neben ökonomischen Gründen zwingen auch die genannten rechtlichen Restriktionen die Banken dazu, die Interessen ihrer Kunden in den Mittelpunkt zu stellen. Bereits das Einholen einer Einwilligungserklärung sollte als Chance verstanden werden, die Kundenbeziehung von vornherein auf eine solide Vertrauensbasis zu stellen. Im Einwilligungstext legt der Anbieter die mit der Datennutzung verfolgten Zwecke gegenüber den Usern dar und stellt auch den Nutzen für die zukünftige Zusammenarbeit klar heraus. Im Ergebnis haben Interessenten und Kunden eines personalisierten Finanzportals die Sicherheit, dass mit ihren personenbezogenen Daten im Sinne des Datenschutzes vertraulich umgegangen wird. Denn gegenseitiges Vertrauen ist der Schlüssel, der die ertragsorientierten Bankinteressen mit den berechtigten Interessen jedes Einzelnen hinsichtlich des Schutzes seiner Privatsphäre in Einklang bringt. Die Kunden und Interessenten werden ihre Daten nur dann weiterreichen, wenn sie erwarten können, dass die Bank diesen Vertrauensvorschuss durch konsequente Einhaltung der Datenschutzregelungen und ein individuell zugeschnittenes Leistungsangebot rechtfertigt.

## Quellen

* Überarbeitete Fassung des Beitrags in: Computerwoche, Heft 20 [2001], S. 84.

1 Vgl. auch *Klenk, Peter; Turturica, Willi*: Wie erfolgreich ist Ihr Webauftritt?, in: geldinstitute, Heft 10 [2000], S. 26.

2 Vgl. *Reiß, Michael; Koser, Martin*: Individualisierungspotenziale des E-Business, in: zfo, Heft 3 [2001], S. 137.

3 Vgl. Artikel 3 des Gesetzes über rechtliche Rahmenbedingungen für den elektronischen Geschäftsverkehr (EEG) vom 14. Dezember 2001.

4 Vgl. *Löffler, Severin; Schmitz, Florian*: Datenschutz behindert den E-Commerce, in: FAZ vom 23.05.2001, S. 31.

# II. Von der Cross-Buying-Kultur zur Cross-Buying-Struktur

In diesem Kapitel soll aufgezeigt werden, wie sich die grundlegenden Erkenntnisse zum Cross Buying gewinnbringend in die Bankpraxis übertragen lassen. Der einführende Beitrag erläutert, wie durch die konsequente Einnahme der Kundenperspektive Produkt- und Dienstleistungsinnovationen marktorientiert geplant werden können. Anschließend wird das Agent-/Begleiter-Prinzip zur Unterstützung eines Cross Buying vorgestellt und gezeigt, wie die Energieversorgungsbranche als Anbieter eines Commodity-Produkts diese Thematik angeht. In der Folge plädieren Überlegungen zum Kaufwegemanagement für eine umfassende Abdeckung des Customer Buying Cycle, um Entscheidungsprozesse auf der Kundenseite besser zu unterstützen.

Flankiert werden muss dies mit innovativen Organisationsformen, die Kunden bei der Bewältigung der wahrgenommenen Komplexität helfen und sie in die Lage versetzen, ihre Cross-Buying-Bedürfnisse auszuleben. Wie eine solche Cross-Buying-Struktur aussehen könnte, zeigt der Beitrag „Cross Buying erfordert innovative Organisationsformen“. Mit dem Cross Buying Ratio Analyzer® (C-BRA®) werden diese eher abstrakten Gedanken greifbar und messbar gemacht. Denn jede Bank, jede vertriebsorientierte Geschäftseinheit einer Bank, jedes Finanzportal usw. hat eine individuelle Cross-Buying-Orientierung, die man abschätzen und gezielt verbessern kann. Ergänzend wird dargelegt, inwieweit die so genannte Monte-Carlo-Simulation in diesem Kontext hilfreiche Dienste liefert. Das Kapitel beschließen Hinweise zur Umsetzung einer Cross-Buying-Strategie in das operative Geschäft. Gezeigt wird, wie die Balanced Scorecard unterstützend eingesetzt werden kann.

# Produkt- und Dienstleistungsinnovationen konsequent marktorientiert planen

*Hans-Reinhard Jacob, Peter Klenk**

Die gegenwärtig diskutierten Änderungen von steuer- und rentengesetzlichen Rahmenbedingungen können Bedürfnisse seitens der Bankkunden wecken, die nur durch eine innovative Gestaltung von Produkten oder Dienstleistungen befriedigt werden können. Die Erstellung einer innovativen Dienstleistung oder eines neuen Anlage- bzw. Kreditprodukts wird dabei im Allgemeinen unter Gewinnzielaspekten betrieben. Eine fehlende Marktakzeptanz stellt unter diesen Zielsetzungen eine äußerst ungünstige Konstellation dar, da den Investitions- und Kommunikationskosten keine ausreichenden Erlöse gegenüberstehen. Der hohe Entwicklungs- und Kommunikationsaufwand zahlt sich nur aus, wenn die Innovationen profitabel vermarktet werden können. Fragen der kundenbezogenen Prognose des Geschäftsvolumens oder der Produktnutzung kommen vor diesem Hintergrund eine hohe Bedeutung zu. Der vorliegende Beitrag soll Produktentwicklern und -managern helfen, eine fehlende Marktakzeptanz von Produkt- oder Dienstleistungsinnovationen durch die Fokussierung auf die wesentlichen Einflussgrößen frühzeitig zu erkennen.

# 1 Was zeichnet Produkt- und Dienstleistungsinnovationen aus?

Es liegt auf der Hand, dass Urteile von (potenziellen) Kunden eine wesentliche Rolle bereits bei der Entscheidung über die Einführung neuer Angebote spielen sollten – anders gesagt ist sehr mutig, wer ohne eine präzise Prognose der Kundenakzeptanz eine Angebotsinnovation beispielsweise für das Produktfeld „Altersvorsorge" lanciert. Vergleicht man jedoch die oft enormen Investitions- und Kommunikationskosten in Banken mit den tatsächlichen Bemühungen, die Einschätzung der Kunden bei der Planung von Produkt- und Dienstleistungsinnovationen zu berücksichtigen, so zeigt sich die Notwendigkeit eines Perspektivenwechsels – ansonsten bleiben kostendeckende Erlöse zufällig. Noch weiter gehen diese Überlegungen, wenn die Kunden bei der Entwicklung von Angebotsinnovationen direkt mit einbezogen werden, beispielsweise durch die Möglichkeit, modulare Produktbausteine den eigenen Wünschen entsprechend zu konfigurieren. Aus Kundensicht ist hierbei entscheidend, welche Basismotive (anlegen, finanzieren, Risiko absichern usw.) mit der Bündelung von Produktbausteinen erfüllt werden sollen.

Der Begriff Innovation wird bei der Markteinführung neuer Produkte oder Dienstleistungen gerne verwendet. Doch nur neuartige, bisher auf dem Markt noch nicht angebotene oder wesentlich verbesserte vorhandene Produkte oder Dienstleistungen können als Innovationen im Private- und Retail-Banking charakterisiert werden. Die wesentlichen Unterschiede zu Innovationen aus dem Konsumgüterbereich sind der fehlende Patentschutz, die hohe Abstraktheit und der in der Regel geringe Spaßfaktor der Innovation sowie die oft gegebene Verbundenheit mit bereits bestehenden Produkten. Diese Besonderheiten sind bei der Interpretation der Prognose des Geschäftsvolumens oder der Produktnutzung zu beachten – der fehlende Patentschutz kann beispielsweise zu verstärkten Konkurrenzaktivitäten führen und eine schnelle Verbreitung der Produkt- oder Dienstleistungsinnovation nachhaltig behindern.

Ausschlaggebend für den Innovationsgrad ist die subjektive Wahrnehmung des Bankkunden, der das neue Produkt oder die neue Dienstleistung in Anspruch nimmt. Ein höherer Kundennutzen gegenüber bestehenden Produkten oder die Erklärungsbedürftigkeit einer Innovation können auch dann schon subjektiv wahrgenommen werden, wenn marginale Differenzierungen bestehender Produkte oder Dienstleistungen explizit herausgestellt werden. Der Grad der Innovation lässt sich durch die Dimensionen der Nähe oder Entferntheit zu einem wie auch immer gearteten Vorbild und dem Veränderungsgrad des Marktes als Folge der Produkteinführung beschreiben. Der Neuheitsgrad ist immer in Bezug auf die Gesamtheit der betrachteten

Bankkunden zu sehen; er wird mit zunehmender Verbreitung der Innovation eingebüßt. Im Folgenden werden Methoden vorgestellt, die eine Prognose der zunehmenden Verbreitung einer Innovation auf dem Markt unterstützen.

# 2 Methoden der Diffusionsforschung als Entscheidungshilfe

Zur Planung absatzpolitischer Maßnahmen bei der Markteinführung innovativer Produkte oder Dienstleistungen bietet sich der Rückgriff auf modellbasierte Entscheidungshilfen an, die in der so genannten Diffusionsforschung entwickelt und analysiert werden. Die Verbreitung einer Innovation auf einem Markt (Diffusion) resultiert aus der zeitlichen Folge von Diffusionsraten, welche die Zahl der Erstnutzer einer Innovation pro definierter Zeitperiode messen. Besonders die Verbreitung langlebiger Produkte oder Dienstleistungen lässt sich dementsprechend modellieren. Darunter fallen beispielsweise neue, an Nachsteuerrenditen orientierte Sparformen, innovative Gehaltskonten oder Altersvorsorgeberatungen, deren Ausbreitung auf einem Markt in erster Linie aus Erstnutzungen besteht.

Zeitabhängige Grundmodelle unterstellen häufig zwei maßgebende Einflussgrößen der Diffusion.[1] Zum einen ist dies der Innovationseffekt, der die Verbreitung eines neuen Produkts oder einer neuen Dienstleistung auf die Einwirkung von Massenmedien zurückführt, die potenzielle Abnehmer zur erstmaligen Inanspruchnahme veranlasst. Zum anderen wird die Diffusion durch den Imitationseffekt aus der bisherigen Verbreitung erklärt, beispielsweise aufgrund von Mund-zu-Mund-Werbung von Meinungsführern zu potenziellen Produktnutzern. Die Glaubwürdigkeit der Informationsquelle hat dabei eine zentrale Bedeutung für die Glaubwürdigkeit der Information.

Als Funktionen zur kundenbezogenen Geschäftsvolumen- oder Nutzungsprognose und zur Abschätzung des Marktpotenzials finden üblicherweise Differenzialgleichungen Verwendung. So wird im so genannten Mixed-Influence-Diffusionsmodell, welches sowohl den Innovationseffekt und den Imitationseffekt aufweist, der Zuwachs von Erstnutzern bei stetiger Zeitbetrachtung als Riccati-Differenzialgleichung modelliert.[2] Falls der Innovationseffekt dominiert, ergibt sich ein konkaver Diffusionsverlauf; falls jedoch der Imitationseffekt dominiert, resultiert ein S-förmiger Diffusionsverlauf. Für praktische Anwendungen wird in der Regel die folgende zeitdiskrete Darstellung gewählt, da bei Vorliegen konkreter Erstnutzungsdaten – mit (N) als der kumulierten Anzahl der Nutzer zum Zeitpunkt t bzw. t–1 – mit Hilfe der multiplen linearen Regressionsanalyse die Parameterwerte (a), (b) und besonders (M) als der letztlich gesuchten Größe des Nutzungspotenzials im betrachteten Markt ermittelt werden können.

(1) $$S_t = N_t - N_{t-1} = aM + (b - a)N_{t-1} - b / M \cdot N^2{}_{t-1}$$

mit

*S*: *Zuwachs von Erstnutzern (zum Zeitpunkt t)*
*N*: *kumulierte Anzahl von Erstnutzern (zum Zeitpunkt t bzw. t–1)*
*a*: *Innovationseffekt*
*b*: *Imitationseffekt*
*M*: *Marktpotenzial*

Zum Zeitpunkt der Produkteinführung steht man jedoch vor dem Problem fehlender (historischer Zeitreihen von) Nutzungsdaten, die für die Bestimmung des Innovations- und Imitationseffektes zwingend notwendig sind. Zur Parametrisierung wird vorgeschlagen, analog zu verwandten Produkten vorzugehen, deren Diffusionsverlauf weiter fortgeschritten ist. Deren Innovations- und Imitationseffekt wäre dahingehend anzupassen, dass neuere Entwicklungen hinsichtlich Marktstruktur, Nutzungsverhalten, Werbeeinsatz usw. Berücksichtigung finden. Eine weitere Möglichkeit stellen Expertenschätzungen dar, mit denen die Wirkungsparameter der Massen- und persönlichen Kommunikation hergeleitet werden können.

Da hierfür Kenntnisse über die Größe des Potenzials einer erstmaligen Inanspruchnahme und des maximalen (jährlichen) kundenbezogenen Geschäftsvolumens im Diffusionsprozess benötigt werden, stellt sich berechtigterweise die Frage, wozu man angesichts der konkreten Vorstellungen über den Diffusionsverlauf überhaupt noch ein Diffusionsmodell zur Prognose braucht. An dieser Problematik ändert auch die Erweiterung von restriktiven Eigenschaften des Mixed-Influence-Diffusionsmodells, beispielsweise durch die Verwendung eines variablen statt fixen Erstnutzerpotenzials, die Modellierung des Einflusses von Marketinginstrumenten auf die Parameter oder die Integration von Konkurrenzeffekten bei den im Private- und Retail-Banking oft leicht imitierbaren Produkt- oder Dienstleistungsinnovationen, nichts.

# 3 Kundenindividuelle Betrachtung anstreben

Die aufgezeigten Anwendungsschwierigkeiten sowie die umfangreichen, kundenbezogenen Datenbestände im Privatkunden- und Retailgeschäft legen es nahe, direkt an der individuellen erstmaligen Inanspruchnahme anzusetzen. Individuelle Erstnutzungen werden als abhängige Variablen betrachtet, deren Aggregation über alle Nutzer eines Marktes zur Diffusion führt. Unterstellt wird ein rationales Lern- und Entscheidungsverhalten des potenziellen Erstnutzers, der zwar über die Existenz des neuen Produkts oder der neuen Dienstleistung informiert ist, sich aber zum gegenwärtigen Zeitpunkt noch nicht zur Erstnutzung entschieden hat. Auch weiß er aufgrund einer unsicheren Produkt- oder Dienstleistungsqualität noch nicht, ob sich die Inanspruchnahme der Produkt- oder Dienstleistungsinnovation als Erfolg erweisen wird.[3]

Vor diesem Hintergrund erscheint die direkte Erfassung des individuellen Zeitpunktes der Erstnutzung nicht möglich. Zur indirekten Bestimmung des individuellen Zeitpunktes der Erstnutzung muss daher ersatzweise auf andere Parameter zurückgegriffen werden. Folgende Parameter mit Wertebereichen jeweils zwischen null (niedrigste Ausprägung des Parameters) und eins (höchste Ausprägung des Parameters) kommen hierfür in Betracht:

- Vom potenziellen Erstnutzer angesetzte Wahrscheinlichkeit (W) für eine gute Produkt- oder Dienstleistungsqualität, wenn er erstmals Kenntnis von dem neuen Produkt oder der neuen Dienstleistung erlangt (unter Qualität kann dabei vereinfachend die Eignung verstanden werden, die aus Änderungen von steuer- und rentengesetzlichen Rahmenbedingungen resultierenden Bedürfnisse des Kunden nach Liquiditätssicherung, Geld- und Sachvermögensbildung oder Risikoabsicherung abzudecken)

- Lernbereitschaft (L) des potenziellen Erstnutzers hinsichtlich der Einschätzung der Produkt- oder Dienstleistungsqualität

- Dem potenziellen Erstnutzer zuzuordnender Kaufwiderstand (K) (steigt mit zunehmendem Produkt- oder Dienstleistungspreis, sinkt mit zunehmender Zahlungsbereitschaft)

- Konstante Qualitätsinformation (I) über das neue Produkt oder der Dienstleistung, die dem potenziellen Erstnutzer von anderen Nutzern mitgeteilt wird

Für die Konstellation (I) > (K) > (W), das heißt, die konstante Qualitätsinformation ist größer als der kundenspezifische Kaufwiderstand und wiederum größer als die vom potenziellen Erstnutzer zunächst angesetzte Wahrscheinlichkeit für eine gute Produkt- oder Dienstleistungsqualität, kann der individuelle Zeitpunkt der Erstnutzung (t) in guter Näherung über die folgende Formel prognostiziert werden.

$$t = \frac{ln(I - K) - ln(I - W)}{ln(1 - L)} \qquad (2)$$

Die partiellen Ableitungen liefern durchweg plausible Ergebnisse. So verzögert sich der individuelle Zeitpunkt der Erstnutzung mit steigendem (K); mit steigendem (I), (W) und (L) verkürzt sich hingegen die Zeitspanne bis zur erstmaligen Nutzung des neuen Produkts oder der Inanspruchnahme der neuen Dienstleistung. Ein kundenbezogenes Informationssystem muss daher für Fragestellungen der Abschätzung des Marktpotenzials über die genannten Parameter in den benötigten Dimensionen Auskunft geben können. Die Informationsbeschaffung bzgl. der Parameter (W), (L), (K) und (I) erfolgt zweckmäßigerweise bereits im Vorfeld der Markteinführung bei einer repräsentativen Stichprobe der als Nutzer in Frage kommenden Bankkunden. Deren Urteile spielen somit eine wesentliche Rolle bei der Entscheidung über die Einführung neuer Produkte oder Dienstleistungen. Die hierbei identifizierten Zeitpunkte der Erstnutzung können anschließend auf den betrachteten Gesamtmarkt hochgerechnet werden.

Die dargestellten Parameter sind als Kennzahlen interpretierbar, die nicht nur erklären können, wie unterschiedliche Zeitpunkte der Erstnutzung zu Stande kommen, sie kommen auch als Orientierungsgrößen für das gesamte Marketing-Instrumentarium in Betracht, um dem neuen Produkt bzw. der neuen Dienstleistung zum Durchbruch zu verhelfen oder umgekehrt möglichst frühzeitig die Gefahr eines Flops zu erkennen. Die jeweiligen Handlungsvariablen bzgl. der einzelnen Parameter können, sofern quantifizierbar, ebenfalls als Einflussgrößen in ein Kennzahlensystem integriert werden.[4] Die resultierenden Zeitspannen bis zur Erstnutzung kommen als übergeordnete Kennzahlen in Betracht, die ihrerseits beispielsweise direkt mit Kennzahlen der produkt- oder dienstleistungsbezogenen Profitabilität als Ursache-Wirkungs-Zusammenhang verknüpft werden können.

Im Ergebnis zwingt die Entwicklung derartiger Kennzahlensysteme zu einer analytischen Denkweise: Über die Fragestellung hinaus, warum die Marktakzeptanz innovativer Produkte und Dienstleistungen für die Bank von praktischer Relevanz ist, werden auch mögliche Einflussgrößen und deren funktionale Beziehungen zu Zielgrößen berücksichtigt. Im Produktmanagement ist festzulegen, welche Indikatoren zur Messung der Parameter herangezogen werden und welche konkreten Handlungsempfehlungen die gewonnenen Erkenntnisse nach sich ziehen sollen. Ein solches Vorgehen ist einem intuitiven Entscheidungsverhalten überlegen, fördert das Verständnis der Zusammenhänge und nutzt vorliegende, meist umfangreiche Datenbestände durch die Beschränkung auf relevante und zukunftsorientierte Größen besser aus.

# 4 Fazit

Unter Gewinnzielaspekten ist es günstig, wenn eine fehlende Marktakzeptanz von Produkt- oder Dienstleistungsinnovationen frühzeitig erkannt wird. Die aufgezeigten Parameter ermöglichen hierfür eine Diffusionsprognose bereits bei Markteinführung des neuen Produkts oder der neuen Dienstleistung, ohne dass auf Analogie- oder Expertenschätzungen zurückgegriffen werden muss. Die Heterogenität der potenziellen Erstnutzer hinsichtlich der Parameter (W), (L), (K) und (I) kann vielmehr im Vorfeld der Markteinführung erhoben werden. Dann kann zum einen der Diffusionsprozess als Aggregation einer Vielzahl solcher Erstnutzungen abgebildet und zum anderen der Fokus auf die Determinanten der Akzeptanz und damit des wirtschaftlichen Erfolges gelenkt werden. Die zielgerichtete Beeinflussung des Markteinführungsprozesses wird damit möglich.

Sofern Zeitpunkte der Erstnutzung aufgrund ihrer Beeinflussbarkeit als marktorientierte Zielgrößen bei der Entscheidung über die Einführung neuer Produkt- oder Dienstleistungen Verwendung finden, sind diese Zielgrößen grundsätzlich zu minimieren.[5] Der wesentliche Nutzen einer das Marktpotenzial und die Einschätzungen der Kunden berücksichtigenden Planung von Produkt- und Dienstleistungsinnovationen liegt darin, dass den Investitions- und Kommunikationskosten der Produkt- oder Dienstleistungsinnovation (frühzeitig) ausreichende Erlöse gegenüberstehen.

## Quellen und Anmerkungen

* In leicht gekürzter Fassung erschienen in: Die Bank, Heft 1 [2001], S. 66–69.

1 Vgl. grundlegend beispielsweise *Hruschka, Harald*: Marketing-Entscheidungen, München [1996], S. 109–115.

2 Vgl. *Klophaus, Richard*: Anwendungsprobleme bei der Diffusionsprognose und -steuerung: Das Ende der klassischen Diffusionsmodellierung?, in: Marketing ZFP, Heft 2 [1995], S. 91–93.

3 Vgl. zum Folgenden *Klophaus, Richard*: Anwendungsprobleme bei der Diffusionsprognose und -steuerung: Das Ende der klassischen Diffusionsmodellierung?, in: Marketing ZFP, Heft 2 [1995], S. 95–97.

4 Vgl. zu grundsätzlichen Anforderungen an die Entwicklung von Kennzahlensystemen auch *Jacob, Hans-Reinhard; Kehr, Carl-Heinrich; Klenk, Peter*: Controlling der Kundenbeziehung mit Kennzahlen und Kennzahlensystemen, Wiesbaden [1999], S. 18–22.

5 Hierbei sei unterstellt, dass die Investitions- und Kommunikationskosten der Produkt- oder Dienstleistungsinnovation von den jeweiligen Zeitpunkten der Erstnutzung unabhängig sind.

# Der Agent kümmert sich um die Details

*Norbert Heydemann**

Agenten, die den Kunden im Kundenkaufzyklus begleiten, können den Vertrieb von Dienstleistungen von Grund auf revolutionieren. Der Kunde beauftragt einen Begleiter, Produkte und Services nach bestimmten Kriterien zu identifizieren und gegebenenfalls in einem vorher definierten Umfang Verträge abzuschließen. Dabei wird sich der Begleiter nach explizit vorgegebenen Anforderungen, aber auch nach situativen, segmentspezifischen oder erlernten Mustern richten. Das trotz aller Kundenorientierung noch immer grundlegende Vertriebskonzept des bankseitigen Pushs kann sich in das neue Paradigma des Pulls invertieren. Der Beitrag skizziert ein Szenario, in das Finanzdienstleister nicht unvorbereitet eintreten dürfen, und gibt einen Einblick, wie sich die Energieversorgungsbranche derzeit mit dieser Herausforderung auseinandersetzt.

# 1 Das Agent-Prinzip

Bereits heute beobachtet man erste Initiativen großer, eigenproduzierender Finanzdienstleister, den Vertrieb zu entkoppeln. Tritt eine Bank als quasi-unabhängiger Berater im Stile eines AWD oder MLP auf, so impliziert dies, nicht nur eigene, sondern auch von Dritten produzierte Produkte und Services anzubieten. Die HypoVereinsbank war mit ihrer Entscheidung, auch fremde Fondsprodukte aus Performance-Gesichtspunkten heraus zu vertreiben und zu empfehlen, sicherlich ein Vorreiter. Durch die Eingliederung der Dresdner Bank sowie die Gründung einer Financial Planning Entity implementiert die Allianz u.a. vor dem Hintergrund der Produktions- und Vertriebsmöglichkeiten eine analoge Strategie vor allem im Kontext der Rentenreform. Auf der anderen Seite haben sich eine fast inflationäre Anzahl unabhängiger oder zumindest neutral erscheinender Finanzberater und -portale – meist vor dem Hintergrund von Brokerage, jetzt aber neu auch im Zusammenhang mit der Rentenreform – in der Vergangenheit zu positionieren versucht. Allen diesen Vorgehensweisen ist die Abfolge Produktion → Vertrieb → Kundennutzen (**Push**) gemein.

Führt man die Grundidee der lebenslangen Betreuung (vgl. den Ansatz der Erste Bank in Österreich) mit dem Anspruch der Unabhängigkeit vor dem Hintergrund eines Service-Intermediärs weiter, gelangt man zu einem Szenario, in dem der Begleiter im Sinne eines **Agenten** eine herausragende Rolle spielt. Ausgehend vom Kundenbedarf erfolgt die Suche durch den Begleiter, schließlich folgen → Fremdproduktion und → Kontraktion. Bankseitig ist auf den ersten Blick der Vertrieb auf das Bereitstellen geeigneter Services und das Gelistetsein für den Suchzugriff des Begleiters beschränkt, die Initiative erfolgt durch Käufer und dessen Begleiter (**Pull**).

Der Begleiter nimmt dabei je nach Phase des Kundenkaufzyklus[1] entweder eher die Rolle des Advisors und damit die Funktion des Bedarfsermittlers und Detektors wahr oder er konzentriert sich auf Selektion und Nachkaufbetreuung in der Rolle des Experten. Dabei ist der sparten- und produktübergreifende Aspekt von besonderer Bedeutung, da dadurch für den Betreuten wirklicher Mehrwert generiert werden kann.

Die Idee, einen Begleiter (Agenten) mit besonderen Aufgaben zu betrauen, ist nicht neu. Schon immer wurden Personen beauftragt, die bestmögliche Alternative zu suchen und zu kontrahieren, da diese über bessere Kontakte, Expertise oder Erfahrung verfügen. Die Motivation, einen Intermediär hinzuzuziehen, liegt in einer Gesamtnutzenbetrachtung. Einen Intermediär beauftragt man, wenn der Nutzen abzüglich der Aufwendungen für den Begleiter (zeitlich und kostenmäßig) insgesamt höher liegt als in einer Situation ohne Begleiter. Das kann in einem besseren Resultat einerseits und andererseits in akkumuliert reduzierten Informations- und Transaktionskosten begründet liegen (vgl. Abbildung 1).

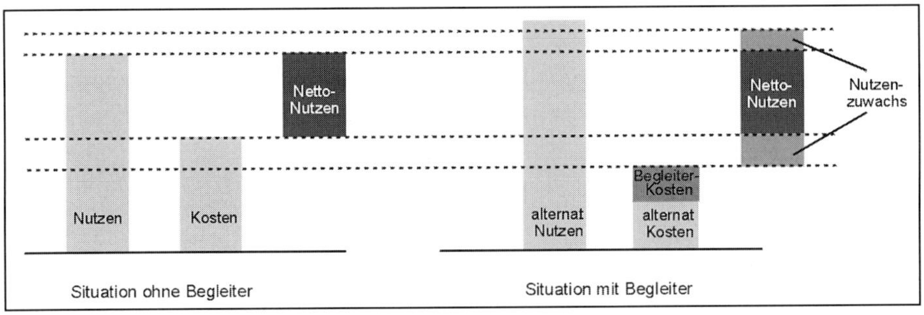


*Abbildung 1: Kosten-Nutzen-Betrachtung*

Auf Basis dieses Prinzips ist eine Entwicklung vorstellbar, in der ein Kunde durch einen Begleiter (oder eine Agentur mit einem Betreuer und mehreren Spezialisten) in allen relevanten Bereichen der persönlichen Finanzplanung unterstützt wird. Neutrale und personalisierte Vermögensverwaltung/Private-Banking, Versicherungen und Vorsorge sind ebenso vorstellbar wie auch Immobilien, steuerliche Optimierung und Gesundheitskosten-Management.

Im Folgenden wird aufgezeigt,

- in welchen **Ausprägungen** das Agent-/Begleiter-Prinzip realisiert werden kann,
- welche Eigenschaften ein Begleiter aufweisen muss, mit anderen Worten welche **kritischen Erfolgsfaktoren** zu beachten sind,
- inwieweit sich **Banken und Versicherungen** darauf einstellen müssen und
- wie die **Energieversorgungsbranche** dieses Thema angeht.

# 2 Ausprägungen

Hinsichtlich einer Reihe von Dimensionen sind verschiedene Ansätze rund um das Agent-/Begleiter-Prinzip vorstellbar, insbesondere in Bezug auf:

- **Neutralität**: Auftraggeber mit „bevorzugter, ausgewählter Longlist" (vgl. einen heutigen Versicherungsmakler oder Mehrfachagenten mit wenigen Anbietern), somit eher im Umfeld eines Produzenten von Finanzdienstleistungen angesiedelt, und durchgängig Neutrale mit „vollständiger Longlist" stellen die Ausprägungsformen dar.

- **Bezahlung**: Zeitbezogene (pro Monat), aktivitätsbezogene (pro Suche/Kontraktion), leistungsbezogene (je nach Ersparnis/Performance) und sogar zufriedenheitsbezogene Entgeltbestandteile sind vorstellbar.

- **Agententyp**: Hier sind reine internetgestützte Tools (vgl. „Bargain Finder" oder die im Web existierenden Financial Services Comparison Sites) oder integrierte persönliche Beratung durch Menschen möglich, Letzteres gegebenenfalls unterstützt durch elektronische Vertriebs- und Kommunikationskanäle.

- **Rechteumfang**: Das Spektrum geht von suggerierenden Beratern, die eine Problemlösung (generell, z.B. Investmentfondskauf, oder produktbezogen, z.B. Fondsprodukt X des Anbieters Y mit Sparplan des Typus Z) unterbreiten, über automatisch innerhalb zu definierender Grenzen kontrahierungsbevollmächtigte Begleiter bis hin zu Generalvollmachten.

- **Trigger**: Auslöser der Begleiteraktivität ist entweder die Anfrage seitens des Auftraggebers (passiver Begleiter), eine besondere Lebenssituation bzw. eine Änderung in der relevanten Umwelt (observierender Begleiter) oder eine Routinenachfrage durch den Begleiter (proaktiver Begleiter).

  - **Detektionsmechanismus**: Basismöglichkeit ist Action upon Request, wobei ein Spektrum von

  - **Produktfragen**
    („Ist eine fondsgebundene Lebensversicherung etwas für mich?"),

- **Problemfragen**
  („Ich brauche eine Vorsorgelösung für meine Familie, wenn mir etwas passiert?“) und

- **Situationsbeschreibung**
  („Wir haben ein Baby, was soll ich finanziell und krankenkassentechnisch beachten?“) bis hin zur

- Beschreibung von **Emotionen**
  („Ich glaube, nicht genug für später vorzusorgen.“)

vorstellbar ist.

Andererseits ist auf Veränderungen in der Umwelt (z.B. Gesetzesänderungen zu den bAV-Durchführungswegen oder ein neues Produkt am Markt erhältlich), im Umfeld (z.B. Kenntnis über Heirat) und in der Transaktionshistorie zu reagieren (wenn z.B. ein größerer Geldbetrag für einen Autokauf abgebucht ist, muss der aktive Begleiter nicht mehr über dessen Verwendung Vorschläge unterbreiten).

Daneben können aus Regeln und Präferenzen Aktivitäten abgeleitet werden. Diese Regeln wiederum können über generelle

- **Muster und Musterbrüche**
  („Wenn ein Kind kommt, schließen x % eine Ausbildungsversicherung ab.“),

- **Individuelle Muster**
  („Immer wenn eine Summe von mehr als x Euro auf dem Konto liegt, überkommen den Kunden Pläne, eine Immobilie zu erwerben.“) und

- **explizite Vorgaben**
  („Ich will, dass meine Familie im Todesfall mindestens eine Risiko-LV in Höhe meines zweifachen Jahresbrutto erhält.“)

erlernt und angepasst werden. Abbildung 2 fasst diese Vorgänge zusammen.

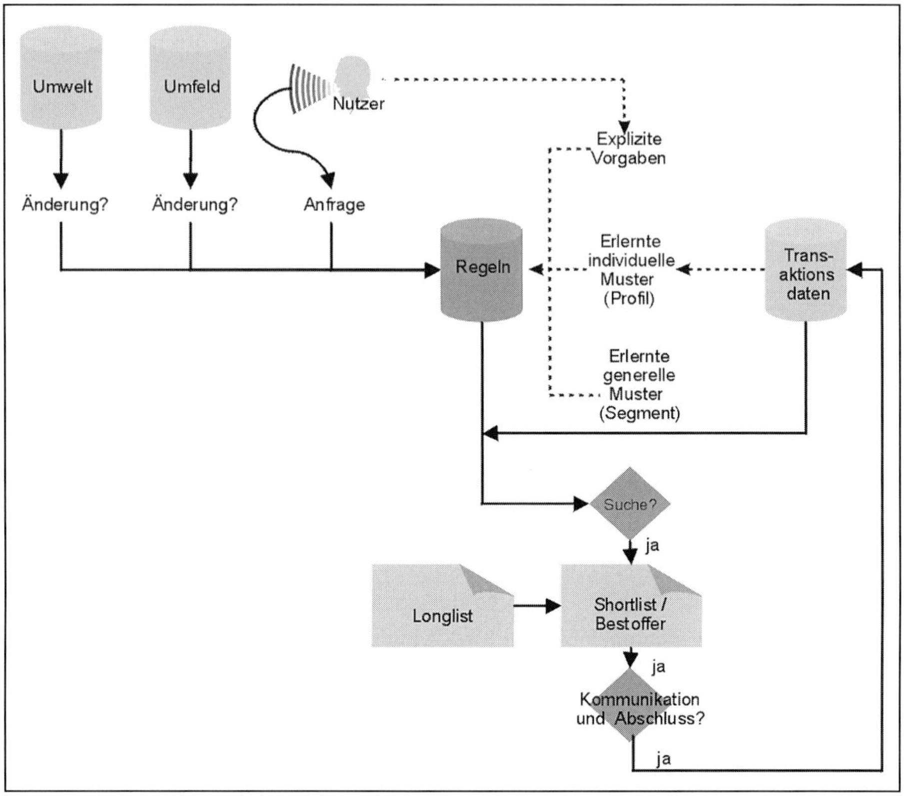


*Abbildung 2: Methodik des Begleiters*

Der Begleiter interpretiert sich selbst als Kompagnon, als Begleiter und in finanziellen Fragen erfahrener Geschäftspartner und Betreuer. Für seine Dienste und Leistungen erhält er ein Entgelt.

# 3 Kritische Erfolgsfaktoren

Es existieren noch keine Erfahrungswerte mit Finanz-Begleitern der neuen Generation, jedoch haben erste Überlegungen folgende selektiven Aspekte ergeben:

Ohne **Vertrauen** in die Leistungsfähigkeit wird jede Beratungsinitiative im Finanzbereich zum Scheitern verurteilt sein. Vertrauen kann man vor allem über positive Erfahrungen in einem zumindest mittelfristigen Zeitablauf erwerben. Auch **Neutralität** – z.B. dokumentiert über ein Zertifikat á la CFP[2] oder eine Beurteilung von

Trusted Third Parties (Stiftung Warentest) wird eine wichtige Rolle spielen. Vertrauen muss sich in drei Schichten entwickeln: grundsätzliches Vertrauen in die zur Anwendung gebrachten Technologien (z.B. Internetzugang) und zugrundeliegenden Mechanismen (Detektor und Regeln), Vertrauen in die dem Auftraggeber sichtbaren Organisationsteile und Prozesse und Vertrauen in den Begleiter selbst (Face to Face Trust) und gegebenenfalls dessen Unternehmen (Finanzkraft, Image, Unabhängigkeit etc.[3]).

- **Entscheidungsrelevanz, Mehrwert/Qualität und Transparenz**: Nur wer über intelligente Detektionsmechanismen (s.o.) und eine umfassende Longlist verfügt, die alle relevanten Probleme zu lösen imstande ist sowie gegenüber den Nutzern eine Vorgangs- und Ergebnistransparenz generiert, zeigt auf, dass die Begleitermeinung dem Auftraggeber einen Mehrwert erzeugt und somit wirklich relevante Entscheidungen gefällt werden. Damit verbunden sind Methodenkompetenz und strenge Verpflichtung zur Qualität seitens des Begleiters und Transparenz im Vorgehen gegenüber Produktlieferanten.

- **Persönliche Kompetenz**: Sind die Begleiter natürliche Personen, so müssen sie hohe Anforderungen erfüllen. Dazu gehören die Kommunikationsfähigkeit des Private-Banking verbunden mit der Fähigkeit zu Relationship-and-Trust-Building und -Management, daneben Analysefähigkeit, hohe Allgemeinbildung und up to date Umwelt- und Produktkenntnisse über weite Bereiche des Financial Planning, Neutralität sowie höchste Integrität und Nutzung verschiedenster Tools und Kommunikationskanäle.

- **IT- und Kanal-Kompetenz**: In Entwicklung und Betrieb ist sicherlich die Frage nach einem effektiven Data Warehouse und effizienten Data Mining zu stellen. Der Begleiter wird sich gegebenenfalls verschiedener Kanäle zur Kommunikation mit Nutzer und Lieferant bedienen.

- **Top-down-Prinzip**: In der nächsten Zeit werden mangels geeigneter Fachberater eher diejenigen Auftraggeber penetriert, die einen hohen und komplexen Beratungsbedarf aufweisen (Private-Banking-Kunde, A-Kunde). Fokussierung auf diese Ertragsbringer ist in der Roll-out-Phase Pflicht.

- **Verzahnung** mit den Lebensprozessen: Um der Kompagnon-Rolle gerecht zu werden, muss der Begleiter sein Dienstleistungsangebot mit den Lebensprozessen des Auftraggebers verzahnen. Dazu ist neben der **Personalisierung** und der möglichen Abdeckung verschiedener, relevanter **Lebensbereiche** (Bank, Versicherung, Vorsorge, Krankenkasse, Steuern, öffentliche Gebühren, Immobilie etc.) auch die **Integration** ins tägliche Leben und in seltenere, aber richtungsweisende Ereignisse entlang eines Lebenszyklus[4] notwendig. In Abbildung 3 sind diese Aspekte dargestellt.

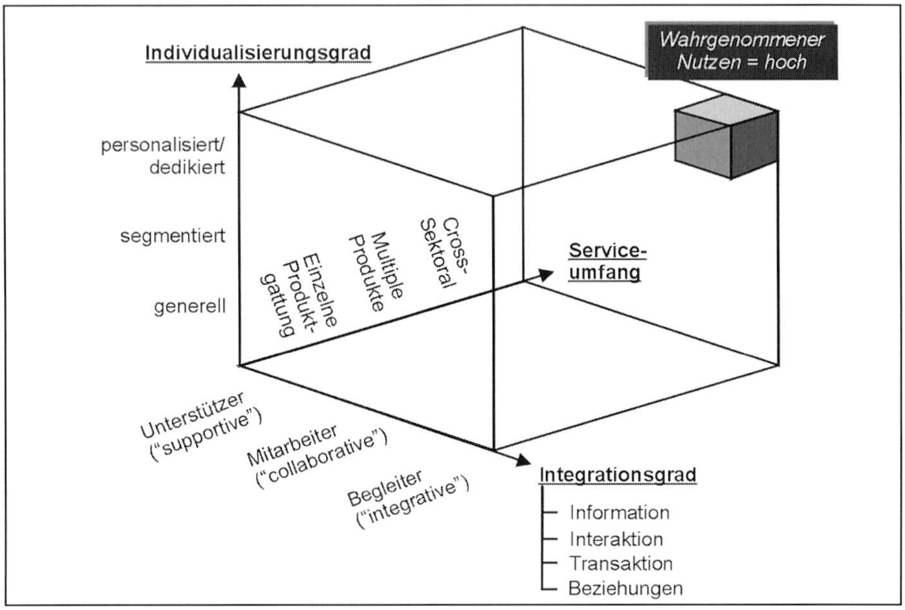


*Abbildung 3: Dimensionen der Verzahnungsmöglichkeiten*

# 4 Rolle der Banken und Versicherungen

Banken und Versicherungen werden ihre Produkte weiterhin anbieten und damit zusammenhängende Transaktionen abwickeln. Jedoch müssen sie darüber hinaus Sorge tragen, in den Longlists der Begleiter mit ihren Produkten und der Beschreibung von deren Anwendungsmöglichkeiten zu erscheinen.

Daneben ergeben sich bei Konzeption, Entwicklung, Schulung und Betrieb von Agenturen interessante Geschäftsmöglichkeiten. Immerhin sind Banken ebenso wie Versicherungen und Makler in der Lage, von ihrer Datenbasis zu profitieren. Große Finanzdienstleister haben seit Jahrzehnten Kundenschnittstellen und sollten diese Erfahrung nutzen, z.B. mittels integrierter Wissensmanagement- und CRM-Methoden. Ebenso haben sie Mensch-Maschine-Projekte großer Dimensionen realisiert.

Banken und Versicherungen haben die Option, eine Agentur selbst aufzubauen und zu betreiben. Ebenso sind Spezialisierung auf Entwicklungsleistungen, puren Betrieb oder Unterstützungsdiensten, bestehender Begleiter vorstellbar.

Bei allen Überlegungen sollte der Wirtschaftlichkeit Rechnung getragen werden. Ausgehend vom Nutzen und den Anforderungen des Kunden gilt es, die Attraktivität verschiedener Handlungsoptionen in Bezug auf Marktpotenzial, Wettbewerbsintensität und Profitabilität in Relation zu eigenen Kernkompetenzen zu setzen und somit einen nachhaltigen Business Case zu entwickeln.

# 5 Position der Energieversorgungsbranche

Die Energieversorgungsbranche steht als Bereitsteller eines Commodity-Produkts ebenfalls vor der Herausforderung, sich des Themenkomplexes Agenten/Begleiter in intelligenter Weise anzunehmen. Dabei sind die Versorgungsleistungen Strom, Wärme/Gas und Wasser jedoch hochgradig intangibel, weitgehend unemotional und austauschbar. Andererseits zeigen die Erfahrungen des liberalisierten Marktes, dass nur ein Bruchteil der Kunden die Komplexität des Anbieterwechsels auf sich nehmen und eine zumeist positiv gedämpfte Zufriedenheit (Toleranz) der Kunden mit dem bestehenden Versorger vorliegt. Wenn ein gewöhnlicher Kunde die Dienste eines Versorgungs-Begleiters in Anspruch nähme, so weniger wegen der hohen Wichtigkeit wie bei finanziellen Entscheidungen als vielmehr um eine lästige Sorge zu überwälzen – dies muss man stets berücksichtigen.

Bei positivem Kundenkontakt und sicheren, attraktiven Produktbündeln ist eine Erhöhung der Zufriedenheit über dieses Maß hinaus und damit erhöhte Bindung und Preisbereitschaft möglich. Kritische Erfolgsfaktoren der Branche sind insbesondere Verfügbarkeit der Produkte, hygienisches Preis-Leistungs-Verhältnis und exzellente Kommunikation, insbesondere in der Abrechnung. Im Rahmen des Multi-Utility-Ansatzes gehen Versorger zur Kombination von Leistungen und Erbringung wertsteigernder Dienste über.

Damit gilt für die Branche die Forderung nach doppelter Kompatibilität. Einerseits ist es möglich, dass sich Hochkomplex-Begleiter (z.B. der Finanzbranche) im Serviceumfang (vgl. Abbildung 3) auf weitere Lebensbereiche ausdehnen – vom Immobilienerwerb zum „Agenten rund ums Wohnen und Leben" ist nur ein kleiner Schritt. Die Branche ist darauf gut vorbereitet, stellen doch Wohnungsverwaltungsgesellschaften, Baugesellschaften (Baustellenversorgung) und verteilte Nutzer (z.B.

Bankfilialnetz) ein bestehendes Segment dar. Dabei ist interessant, dass auch regionale Anbieter bundesweit Lösungen bereitstellen können.[5]

Andererseits kann selbst der Versuch unternommen werden, Begleiter-Dienste anzubieten. Erfolgsfaktoren sind die Ermittlung der Kundenbedarfe und ein Partnernetzwerk sowie kostenoptimierte Eigenproduktion für die Bereitstellung der Dienste.

Es existieren relativ wenige Kontaktstellen zum Kunden, sei es direkt oder über den Begleiter. Dies sind die bestehenden und innovativen Produkte, die über kundenbezogene Prozesse auf Basis eines Geschäftsmodells transportiert werden. Umso wichtiger ist es, an diesen Kontaktstellen effektiv und effizient im Sinne des Kunden-Commitments vorzugehen. Ein Begleiter ist dabei eine wichtige neue Kontaktstelle. Die Versorgungsbranche wird mit der ihr eigenen Umsicht vermutlich partnerschaftliche Lösungen anstreben; der Aufbau von Agenten, die ihrerseits in die Lebensbereiche Finanzen, Gesundheit etc. eindringen, ist eher unwahrscheinlich.

# 6 Fazit und Ausblick

Selbstverständlich gibt es in verschiedenen Fragen offene Punkte: So sind auch für den Produzenten der Finanzdienstleistungen mehrere Eigenschaften des Endnutzers entscheidend für Design und Customizing bzw. Pricing des Produkts, wie z.B. bei einer begleitervermittelten Kreditvergabe. Neben hohen Herausforderungen an persönliche, methodische und technische Qualität des Begleiters spielen auch Datenschutz-Überlegungen, rechtliche Implikationen und Ethik eine wichtige Rolle. Begleiter können eine erhebliche Akkumulationsmacht entwickeln. Und auch Begleiter werden sich nur entwickeln können, wenn sie vom Kunden nachgefragt und seitens der Lieferanten akzeptiert werden.

Andererseits erscheint erstmals **wirkliche Allfinanz**- und rein kundenorientierte Beratungskompetenz möglich. Deshalb und durch die Möglichkeit neuer Intermediäre dürfen etablierte Banken bei der langfristigen Planung von Produktion und Distribution das Agent-/Begleiter-Prinzip nicht ignorieren.

Der Kunde steht nicht mehr nur als Ziel im Mittelpunkt, er wird über den Begleiter zum **Auslöser** von Transaktionen. Banken und andere Finanzdienstleister dürfen sich vor diesem Hintergrund nicht nur auf ihre Produktions- und Abwicklungskraft, also auf ihr Listing in der Longlist, verlassen. Vielmehr besteht die Gefahr, den

Kundenzugang zu verlieren. Eine Möglichkeit, dieser Drohung aktiv zu begegnen, ist es, die Einrichtung eigener Begleiter zu überprüfen.

Denn wenn zum einen der Push verloren gehen sollte und zum anderen nicht garantiert ist, dass ein Produkt im Pull gewählt wird, müssen die Banken dafür sorgen, selbst als Begleiter an der Suche profitabel zu partizipieren. Dabei sollten die Banken und Finanzdienstleister eine Verzahnung mit anderen Lebensbereichen wie dem der Versorgungsbranche nicht aus den Augen verlieren.

## Quellen und Anmerkungen

* Veröffentlicht in: Die Bank, Heft 12 [2001], S. 854–857.

1 Vgl. den Beitrag von *Jacob, Hans-Reinhard; Klenk, Peter; Monsberger Rodolfo*: Kaufwegemanagement: Beziehungen im Mittelpunkt, in Kapitel 2.3.

2 Certified Financial Planner, vgl. http://www.cfp-council.org/.

3 Vgl. *Kiefer; Heydemann* [2002]: Trustmediation, in Veröffentlichung.

4 Einmalige Ereignisse wie z.B. Geburt, Ausbildungsende, Familiengründung und richtungsweisende, möglicherweise häufigere Ereignisse wie z.B. Umzug, Arbeitgeberwechsel, Testamentsformulierung.

5 Ein Telekommunikationsunternehmen erhält z.B. aus einer Hand von über 150 Stadtwerken Versorgungsleistungen.

# Kaufwegemanagement: Beziehungen im Mittelpunkt

*Hans-Reinhard Jacob, Peter Klenk, Rodolfo Monsberger**

Die stürmische Ausbreitung des Internets stellt die bisherigen Machtverhältnisse in Kunde-Bank-Beziehungen quasi auf den Kopf. Dort verhilft eine höhere Markt- und Preistransparenz und die globale Verfügbarkeit des Angebots den Kunden zu einer bislang nicht gekannten Stärke gegenüber Anbietern – traditionelle Bankprodukte und -dienstleistungen werden zunehmend als austauschbar wahrgenommen. Auch sind Nutzer führender Finanzportale mehr und mehr gewohnt, dass der Portalanbieter als objektiver und gleichberechtigter Partner fungiert, der Kundeninteressen zu seinen eigenen macht, um ihnen einen hohen Grad an Vernetzung zu bieten. Diese Machtverlagerung hin zur Kundenseite unterstreicht die Notwendigkeit, die Entscheidungsprozesse auf Seite der Kunden stärker zu berücksichtigen und die Einbettung des Kunden in ein komplexes Wechselspiel mit seiner Umwelt ernst zu nehmen. Doch wird dieser Sichtweise bei den aktuellen Entwicklungen in der Gestaltung von Kunde-Bank-Beziehungen Rechnung getragen? Und wie gelangt man zu einer vernetzten Geschäftspartnerschaft, die zur Selbstverständlichkeit des Vorteilsempfindens auf beiden Seiten führt? Der vorliegende Beitrag geht diesen Fragen nach.

# 1 Kunde-Bank-Beziehungen als Elemente eines Netzwerks

Netzwerke sind die bestimmenden Faktoren wirtschaftlichen Handelns im 21. Jahrhundert; sie sind dynamisch, offen für neue Ideen und Handlungsweisen, kleine Fehler begrüßend, um große zu vermeiden. All dies sind Tendenzen, die auch vor Kunde-Bank-Beziehungen nicht halt machen, denn sowohl Kunden als auch Banken stehen in vielfältigen Beziehungen zu anderen Elementen eines Netzwerks. Dieses Netzwerk offenbart sich, wenn man Kunden und Banken im komplexen Wechselspiel mit ihrer Umwelt betrachtet.[1] Bei Kunden besteht dieses aus Beziehungen in ihrem sozialen Umfeld, zu ihren Arbeitgebern oder auch (zumindest in abgeschwächter Form) zu Konkurrenzanbietern ihrer Hausbank. Banken sehen sich zahlreichen Verflechtungen mit Kooperationspartnern, mit dem Kapital- und dem Arbeitsmarkt oder im Umgang mit gesellschaftlichen Strömungen gegenüber. Kunde und Bank sind damit in gleicher Weise Teile eines Netzwerks, in dem jeder Teil dem Ganzen verbunden ist und niemand unabhängig von seinen Beziehungen zu anderen existiert. Mit anderen Worten hat dieses Beziehungsgeflecht selbst direkt oder indirekt Auswirkung auf die Kunde-Bank-Beziehung.

Vor diesem Hintergrund überrascht es nicht, dass in dem Beziehungskreis zwischen Kunde und Bank recht verschiedenartige Prozesse aufeinander treffen. Kunden wollen beispielsweise durch entsprechende Aktivitäten Vermögen bilden, geschäftspolitisch aussichtsreiche Investitionen tätigen und gleichzeitig möglichst wenig personenbezogene Daten preisgeben. Auf der Seite der Bank besteht dagegen ein wirtschaftliches Interesse, Aktivitäten im Hinblick auf die Abwicklung der kundenbezogenen Kontenverwaltung oder der Altersvorsorge wahrzunehmen. Die Bankprozesse setzen daher allenfalls indirekt an den Kundenprozessen an; die einzelnen Prozessschritte des Kunden werden kaum unterstützt.[2] Noch viel zu selten spielt die konsequente Sicht auf diese Unterstützung von Kundenprozessen eine Rolle – betrachtet man beispielsweise die Prozessschritte vor und nach einem Autokauf (Suche, Kauf, Wartung, Service usw.) oder auf dem Weg zum Immobilienerwerb (Auswahl, Kaufvertrag, Gartengestaltung, Inneneinrichtung usw.), so tragen viele Aktivitäten auf Seiten der Bank kaum zur Vereinfachung bei.

Auch die Begegnungstiefe innerhalb des Kunde-Bank-Beziehungskreises kann recht unterschiedlich ausfallen: Sie reicht von Interaktionen, die weitgehend anonym ablaufen bis hin zu Geschäftsabschlüssen, die die Öffnung des wirtschaftlichen Intimlebens erfordern und damit den Intimkreis des Kunden betreffen (vgl. Abbildung 1). Da eine Bank aus wirtschaftlichen Gründen an bislang noch nicht offenbarten Kundenbedürfnissen, idealerweise an persönlichen Lebensplänen interessiert ist, kann sich der Kunde daher in gewisser Weise sozial bedroht fühlen und auf bestimmte Transaktionen verzichten – für beide Seiten keine befriedigende Situation. Doch wie lässt sich dieser mangelnden Vernetzung entgegenwirken, um zu einer partnerschaftlichen und kooperativen Kunde-Bank-Beziehung zu gelangen – also zu einer Geschäftspartnerschaft, die zur Selbstverständlichkeit des Vorteilsempfindens auf beiden Seiten führt und die Tiefe der Vernetzung verbessert?

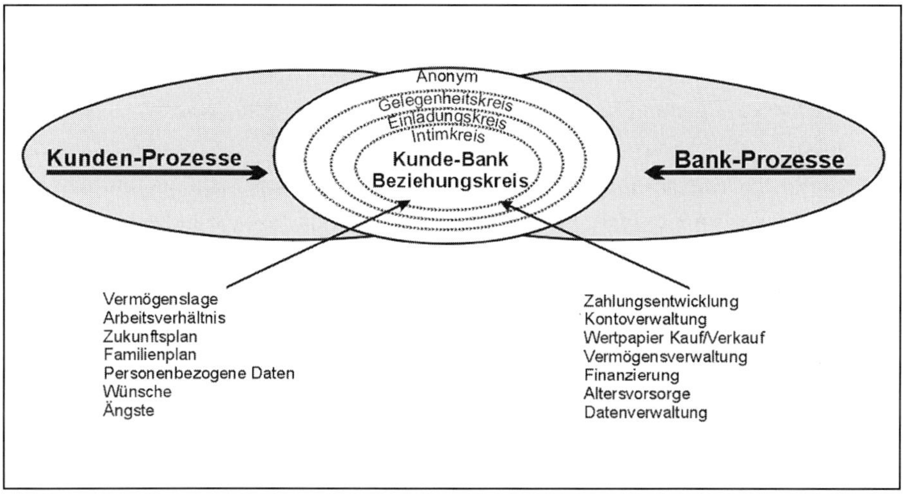


*Abbildung 1: Prozesse und Begegnungstiefen in einem Kunde-Bank-Beziehungskreis*

# 2 Der Customer Buying Cycle als Fundament eines Kaufwegemanagements

Bei der Gestaltung von Kunde-Bank-Beziehungen rückt gegenwärtig ein Weg verstärkt ins Blickfeld: das Multi-Channel-Banking. Da ist beispielsweise an Banken zu denken, die ihren Kunden über Filialen, Finanz Center, Finanzberater, Kundenterminals/GAA, Telefon-Banking (24 Stunden an sieben Tagen die Woche) und das Internet eine möglichst umfassende Palette an Produkten und Produktbündeln schmackhaft machen. Ein ähnliches Bild zeichnet sich bei den Discount-Brokern ab: Nach einer aktuellen Studie des Marktforschungsunternehmens Forrester Research werden in vier Jahren 70 Prozent der Kunden zur Führung ihres Wertpapierdepots gleichzeitig mehrere Zugangswege nutzen. Es verwundert daher nicht, dass die Integration der Zugangswege in einem Multi-Channel-Ansatz bei den aktuellen Projektplanungen in Banken eine herausragende Rolle spielt. Zu Recht wird in beiden Fällen betont, dass die Individualität der Kunden eine ganzheitliche und möglichst individuelle Bedürfnisbefriedigung seitens der Bank verlangt – das Multi-Channel-Banking bietet den Kunden in der Tat einen breiteren Vernetzungsgrad als in Zeiten, in denen Banken noch als hoheitliche Institutionen angesehen wurden.

Jedoch vernachlässigen diese Entwicklungen die Tiefe der Vernetzung in Kunde-Bank-Beziehungen. Einen höheren Grad an Vernetzung erreicht man nur, wenn man sich stärker in die Entscheidungsprozesse der Kunden einklinkt. Die Kernfrage aus Sicht der Bank heißt daher „Welchen Grad an Vernetzung kann ich Dir bieten, um Dein Leben zu erleichtern?“[3] Orientiert man sich hierfür an dem aus der Marketingwissenschaft bekannten Customer Buying Cycle, so lässt sich der Weg zum Kauf folgendermaßen systematisieren:

**Anregung:** In dieser Phase aktivieren innere Reize (kognitiv, balance-, macht- oder risikoinduziert), äußere Reize (Werbung, Produktgestaltung usw.) sowie bestehende Werte, Normen oder Modetrends über die Diskrepanz zwischen einem erlebten Ist- und einem erwünschten Soll-Zustand bestimmte Bedürfnisse (Motive). Diese können sich in Verbindung mit einer Objektorientierung zu einem konkreten Bedarf manifestieren.

**Evaluation:** Diese Phase kennzeichnet die Stufen der Informationssuche und Alternativenbewertung, also die bewusste Identifikation relevanter Produktalternativen, die Bildung von Wahrnehmungen und Präferenzen. Auch in dieser Phase spielen äußere Reize (Werbung, Bekanntheit usw.) eine besondere Rolle.

**Kauf:** In diese Phase fällt die tatsächliche Kaufentscheidung (Transaktion, Vertragsabschluss) auf der Basis der Evaluationsergebnisse.

**After Sales:** Die Nachkaufphase beinhaltet (aus Anbietersicht) den Umgang mit Zufriedenheit oder Dissonanz des Kunden (Dialog und Kundenservice in der Nutzungsphase) und die Vorbereitung einer erneuten Anregung.

Vergleicht man diese Phasen mit den bisherigen Vernetzungs-Bemühungen vieler Finanzdienstleister, so treten Anbieter in den Phasen der Anregung und Evaluation praktisch nicht in Erscheinung. Die Möglichkeit, aus Sicht des Anbieters bei der Bedarfsbildung aktiv mitzuwirken, wird kaum wahrgenommen. Auch fehlt es oft an gezielten Anreizen zur Bedürfnisbildung bis hin zum Produktkauf – diese Stufen eines Kundenprozesses werden bei den bereits genannten Beispielen Autokauf oder Immobilienerwerb von Finanzdienstleistern nur wenig unterstützt. Vergegenwärtigt man sich, dass Netzwerke auf horizontal gleichrangigen Beziehungen (als den

Hauptkomponenten eines Netzwerks) basieren, so ist ein Kunde nur dann bereit, in diesem Sinne zu kooperieren, wenn er sich gleichberechtigt fühlt – ein Gefühl, welches gerade in der Anregungs- und Evaluationsphase geweckt werden kann. Nur hier kann man das Vertrauen des Kunden gewinnen und den Vernetzungsgrad erhöhen.

Bei genauer Betrachtung offenbaren sich auch in der After-Sales-Phase Verbesserungsmöglichkeiten, denn eine Bankdienstleistung endet nicht mit dem Produktkauf (Abschluss eines Vertrages) – eher sollte gerade die Dienstleistungsorientierung einer Bank dadurch gekennzeichnet sein, den Vertragsabschluss als eigentlichen Beginn der Kunde-Bank-Beziehung anzusehen und sich in diesem Feld vom Wettbewerber zu differenzieren.[4] Die Orientierung am Customer Buying Cycle weist daher erheblichen Nachholbedarf auf (vgl. Abbildung 2).

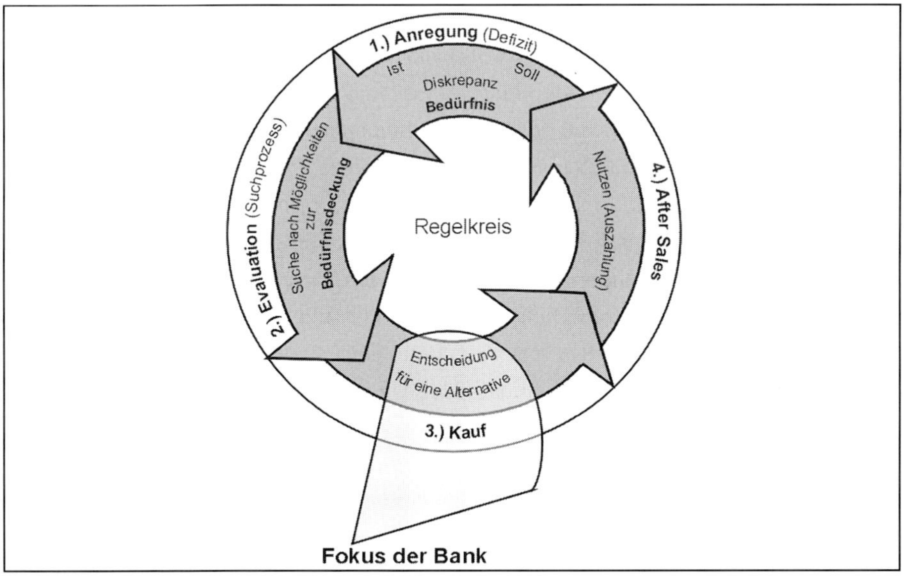


*Abbildung 2: Customer Buying Cycle und Fokus der Bank*

Folgt man diesen Betrachtungen, so lässt sich festhalten: Die zunehmende Machtverlagerung auf die Kundenseite erfordert eine Abkehr von der Fokussierung auf die (Produkt-)Kaufphase hin zu einer konsequenten Unterstützung der Kundenprozesse. Gefragt sind integrative Kaufwege, die die Begegnungstiefe dem Kunden überlassen und die direkt an den Kundenprozessen ansetzen und sie dadurch vereinfachen. Bei einer derartigen Vernetzung muss der Kunde die Möglichkeit haben, selbstbestimmt über die Öffnung seines wirtschaftlichen Intimlebens zu entscheiden. Dabei ist zu beachten, dass das Anbieten von Kaufwegen den gesamten Customer Buying Cycle abdeckt – von der Anregungsphase bis hin zur Differenzierung gegenüber Wettbewerbern in der After-Sales-Phase, die dem Kunden die Richtigkeit der Entscheidung bestätigt.

# 3 Unterstützung von Wunschformulierungen

Wie lassen sich diese Gedanken illustrieren? Zunächst bringt es die Erklärungsbedürftigkeit bestimmter Bankprodukte mit sich, dass der Informationsstand eines Kunden nicht ausreicht, um zu einer aus seiner Sicht befriedigenden Evaluation möglicher Alternativen zu gelangen. Daher sollte der Kunde je nach Informiertheit entlang des Customer Buying Cycle an die Hand genommen werden können. Das Kriterium „Informiertheit" beruht auf der Überlegung, dass „die Informationssammlung und -auswertung für einzelne Kundentypen mit unterschiedlichem Aufwand verbunden ist"[5] und diese daher unterschiedliche Kommunikationsmedien in ihrem Kaufweg wählen werden. Die Fähigkeit, den Kunden an die Hand zu nehmen und dennoch selbstständig entscheiden zu lassen, steht und fällt mit der tatsächlichen Interaktivität der Medien, die den Kommunikationsbedarf des Kunden über den gesamten Kaufweg quasi als Kommunikationsstraße abdecken (vgl. Abbildung 3) und durch unterschiedlichste Modelle einer intelligenten Dialogführung unterstützen.

Ein Aspekte der Kundenperspektive ist hierbei, dass die Kommunikation in einem Kaufweg immer über bestimmte Medien erfolgt, hinter denen sich einer oder auch mehrere der bekannten Absatzkanäle verbergen können. Folgende Medien sind aus Kundensicht relevant:[6]

- Persönlicher Kontakt (Kundenberater in der Filiale oder im Außendienst)

- Telefon

- Brief/Fax/E-Mail
- Webbrowser (via Laptop, Home-PC)
- Mobiltelefon (SMS, WAP), zunehmend verschmolzen mit
- Personal Digital Assistents (PDA)/Handhelds
- Geldausgabeautomat (ATM)/Multifunktions- und Kassenterminal (POS)/ Kontoauszugsdrucker zur Selbstbedienung
- zukünftig auch iTV (digitaler, interaktiver Fernseher)

Die Wahl eines dieser Kommunikationsmedien hängt von recht unterschiedlichen Faktoren ab, beispielsweise von der zeitlichen und örtlichen Verfügbarkeit. Ferner bestimmen Sicherheitsaspekte und die generelle Offenheit gegenüber technologischen Neuerungen die Wahl des gewünschten Mediums. Orientiert man sich für eine Systematisierung an Faktoren, die an konkreten Bedürfnissen der Kunden ansetzen, so spielt vor allem der Wunsch nach persönlicher Interaktion und nach Bequemlichkeit (convenience) eine große Rolle. Die Bequemlichkeit ist dabei immer relativ zur konkreten Situation zu verstehen: Je nach Ort und Zeit kann ein bestimmtes Medium gegenüber einem anderen präferiert werden. Die Interaktivität ist grundsätzlich bei allen Kommunikationsmedien zu gewährleisten, um die Bank- und Kundenprozesse besser zu verschmelzen.

Als Substitut für eine geringe Informiertheit dient primär das Vertrauen in einen Berater – die Beziehungsorientierung dieser Kunden ist daher deutlich ausgeprägter als bei Kunden mit einem höheren Informationsstand. Letztlich muss der potenzielle Kunde selbstbestimmt seinen Kommunikationsbedarf von der Anregungsphase bis hin zur After-Sales-Phase steuern können.

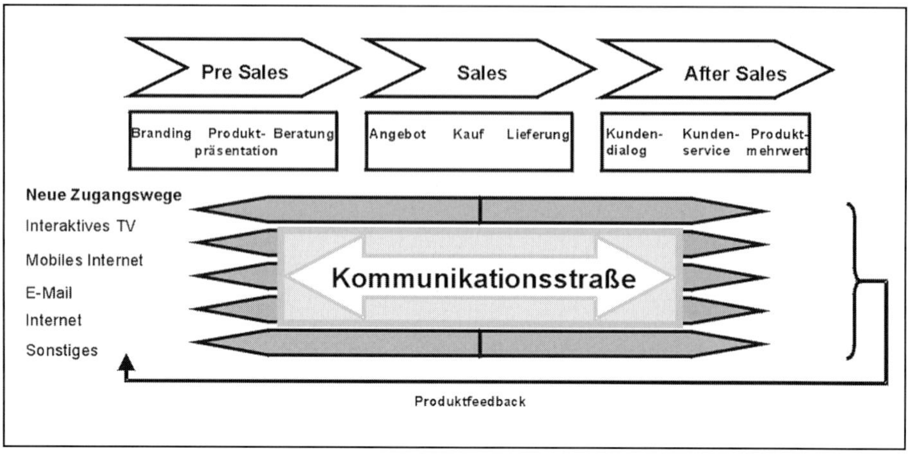


*Abbildung 3: Integrierter Kauf- und Kommunikationsprozess auf der Basis interaktiver Medien* [7]

Neben der selbstbestimmten Steuerung seines Kommunikationsbedarfs müssen Kaufwege einem (potenziellen) Kunden ermöglichen, in der von ihm gewünschten Form seine Wünsche zu artikulieren. Greifen wir zur Illustration einmal den Bereich der Immobilienfinanzierung im Internet heraus. Neueste empirische Untersuchungen zeigen deutlich, dass viele Anbieter hier noch erheblichen Nachholbedarf haben.[8] In den meisten Fällen werden keine gezielten Anreize gegeben, die es dem Kunden ermöglichen, seine Bedürfnisse zu erkennen („Was will ich überhaupt?") oder ihn selbstständig finden lassen, was er zusätzlich braucht. Viel zu sehr dominiert noch die Sichtweise eines Kreditsachbearbeiters, der sich seine benötigten Informationen zusammenstellt. Will ein Anbieter den Kunden hier einen echten Mehrwert bieten, so muss er Entscheidungshilfen entlang des gesamten Kaufweges anbieten, die dem Kunden seine eigene Willensbildung belassen, ohne dass dieser bedrängt wird. Und er muss ihm zusätzlich soviel Unterstützung geben, dass seine vagen Wunschvorstellungen zu harten Haben-Wollen-Entscheidungen reifen können. Die verbindliche Gewährung eines Bonitätsrahmens würde beispielsweise im genannten Geschäftsfeld einen Schritt in die richtige Richtung darstellen: Die Verhandlungsposition des Kunden verbessert sich und ermöglicht es ihm, gezielt Wünsche zu formulieren. Wer partnerschaftliche Kooperationen zwischen Kunden und Bank einleiten möchte, kommt an derartigen Maßnahmen nicht vorbei.

# 4 Kaufwege als Wahlangebote

In einem weiteren Schritt müssen Kaufwege im Hinblick auf die Kundenakzeptanz aktiv angeboten werden. Das heißt, sie müssen wie Produkte und Dienstleistungen beworben und dem Kunden zur Wahl gestellt werden. Dabei begreifen es Kunden zunehmend als Selbstverständlichkeit, dass die angebotenen Einstiegsmedien in einem Kaufweg synchronisiert werden. Über das jeweils gewählte Kommunikationsmedium sollte beispielsweise immer der aktuelle Stand des Finanzengagements abfragbar und die Nutzung der gesamten Leistungspalette möglich sein. Auch ist die Wahlfreiheit einzelner Kaufwege zu gewährleisten, denn heterogenes (hybrides) Nachfrageverhalten verlangt, dass alle Kaufwege prinzipiell allen Kunden offen gehalten werden.

Ein überzeugendes Beispiel gibt der Konsumgüterbereich: Schaut man in diese Branche, so ist das heutige Kundenverhalten dadurch geprägt, dass Kunden ihre täglichen Routinebedürfnisse im Supermarkt rasch und unabhängig von permanenter menschlicher Bedienung erfüllen wollen. Für weniger routinemäßige Bedürfnisse wird dagegen das Erlebnis-Kaufen (Boutique, Einkaufscenter usw.), oft in Verbindung mit dem Schnäppchen-Jagen, gesucht. Der Konsumgüterbereich hat sich mit attraktiven Points of Sales darauf eingestellt, die Entscheidungskriterien der Kunden detailliert analysiert und in das Leistungsangebot einfließen lassen. Auf diese Weise wird den Kunden ein Shopping-Around-Erlebnis ermöglicht. Wie lässt sich dies auf die Kaufwegegestaltung übertragen?

Denkbar ist, dass es dem Kunden überlassen bleiben sollte, ob je nach Bedarf an persönlicher Interaktion, Bequemlichkeit und Erlebniswünschen eher Supermarkt- oder eher Boutique-Aspekte auf seinem Kaufweg dominieren (vgl. Abbildung 4). Supermarkt-Aspekte heißt, dass die Kunden in anonymer Umgebung nach eigenem Geschmack selektieren können – dabei ist die Transparenz über das Produktangebot und eine einfache Vergleichbarkeit und Erreichbarkeit sicherzustellen. Darüber hinaus besteht eine Preisabstufung nach Qualität; weiter zeichnen sich die (eher wenig erklärungsbedürftigen) Produkte durch frische Merkmale aus (beispielsweise aktuelle Zinssätze oder bankübergreifende Produkte anderer moderner Hersteller) und führen, um bei diesem Bild zu bleiben, nicht zu Warteschlangen an der Kasse. Boutique-Aspekte heißt, dass in warmer, annehmlicher Umgebung sich die Kunden anvertrauen können, ohne dass sie irgendwelchen Kaufzwängen ausgesetzt sind. Exemplarisch kann dies die Einrichtung einer Flanier-Möglichkeit und von Ruhezonen mit bequemen Sitzgelegenheiten sein, mit denen sich die Boutique als ein Ort hochwertiger Beratung profilieren kann. Die Beratung ist höflich, objektiv und hilft dem Kunden, nicht formulierte Bedürfnisse zu erkennen und selbstständig zu entscheiden.

Sowohl die Filialgestaltung als auch der Webauftritt können sich dieser Angebotsformen bedienen, um die erlebte Dienstleistungsqualität der (virtuellen) Beratung zu erhöhen. Der Kunde kann sich im Hinblick auf die gewünschte Servicequalität quasi selbst (und aus Sicht der Bank damit automatisch) segmentieren und selbstbestimmt wählen, was zu ihm passt. Damit bringt er letztlich auch seine Wertschätzung und Zahlungsbereitschaft zum Ausdruck. Sowohl Kunden als auch Bank können sich damit im Vergleich zu einer Situation besser stellen, in der aus einer wie auch immer gearteten Segmentierung auf den Bedarf und die Zahlungsbereitschaft der Kunden geschlossen wird. Der oft beklagten Quersubventionierung zwischen unterschiedlichen Leistungsangeboten an einen Kunden lässt sich damit ebenfalls entgegenwirken.

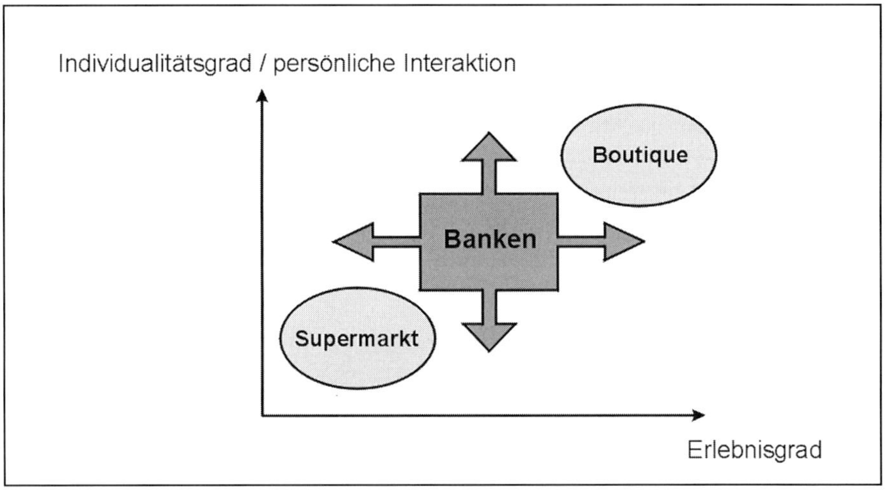


*Abbildung 4: Individualitäts- und Erlebniswünschen flexibel begegnen*

# 5 Begleiter des Kunden im Customer Buying Cycle

Kaufwege verlangen, dass ein Kunde seinen Kommunikationsbedarf selbstbestimmt von der Anregungsphase bis hin zur After-Sales-Phase steuern und die Informationen dort finden kann, wo er sie tatsächlich sucht. Daher ist sicherzustellen, dass man den Kunden während des gesamten Customer Buying Cycle an die Hand nehmen kann, wenn er dies wünscht. Gerade bei hohem persönlichem Interaktionsbedarf sind ihm hierfür geeignete Begleiter zur Seite zu stellen, die gezielt das Umfeld des Kunden miteinbeziehen. Geeignet in dem Sinne, dass die Phasen der Anregung, Evaluation und besonders After Sales viel stärker als bislang zur Differenzierung gegenüber Wettbewerbern genutzt werden. Zwei wesentliche Typen lassen sich idealtypisch unterscheiden:

**Der Financial Advisor**

- nimmt sich gezielt der Anregungs- und Evaluationsphase an, das heißt, er kommt als moderierender Sparringspartner bis hin zur Motivfindung oder Bedarfsbildung des Kunden in Frage und weckt gezielt bislang unbekannte Begehren,

- stellt die hierfür notwendigen Informationen dort zur Verfügung, wo der Kunde sie sucht (und nicht dort, wo die Bank sie gut platzieren kann),

- bringt Expertise in Kundenhaushalten mit, kann sich in die Prozesse der Haushalte einklinken und macht so den Kunden auf seine augenblickliche Situation aufmerksam („Stimmt, so ist das bei mir!"),

- tritt hierbei passiv (Kundenanfragen bzgl. Produkten, Situationsbeschreibungen usw.), observierend (besondere Lebenssituationen oder Umweltänderungen) oder proaktiv (beispielsweise Nachfrage bei Veränderungen in der Transaktionshistorie) in Erscheinung,[9]

- ist über den Kunden informiert, hört einfühlsam hin und bringt ihm Aufmerksamkeit entgegen,

- vertritt konsequent die Interessen des Kunden gegenüber nachgelagerten Abteilungen oder Kooperationspartnern,

- ist zur Reduktion vom Komplexen auf das Einfache fähig, das heißt, er stellt den greifbaren Nutzen für den Anwender heraus, anstatt Vorteile von Produktmerkmalen aufzuzählen,

- muss die Körperlosigkeit von Bankprodukten durch die Einbeziehung des damit verbundenen Primärprodukts mildern und damit zur Herzensangelegenheit seiner Kunden machen und

- sollte den Kunden nicht nur zufrieden stellen, sondern begeistern, das heißt, seine Erwartungen nachhaltig übertreffen; oder noch besser: mit unerwarteten und überraschenden Aspekten des Angebots glänzen („Toll, so etwas gibt es auch!?“).

**Der (Financial) Expert**

- muss direkt an den Financial Advisor anknüpfen und zeigt sich in dieser Hinsicht immer gut vorbereitet,

- legt seinen Fokus auf die Kaufphase, das heißt, er macht dem Kunden das Abwägen der Alternativen möglichst einfach („Was bekomme ich unter welchen Bedingungen und was muss ich zahlen?“), ist objektiv in der Auswahl von Standard- und maßgeschneiderten Produkten und stellt Produkte von Kooperationspartnern und auch Konkurrenten quasineutral zur Diskussion, anstatt diese zu negieren (da der Kunde sowieso vergleicht, wenn er will),

- konzentriert sich darüber hinaus auf die After-Sales-Phase, beispielsweise, indem die gewünschte Service-Intensität oder Risikoverteilung zwischen Kunden und Bank während der Laufzeit eines Kredits zur differenzierten Nachkaufbetreuung herangezogen werden,

- muss auch nicht-finanzielle Themenfelder vertreten, das heißt, er bringt Expertise in den Bereichen mit, die den eigentlichen Zweck (Autokauf, Immobilienerwerb, Urlaub, Altersvorsorge usw.) der Inanspruchnahme von Bankprodukten darstellen, und

- erkennt einen erneuten Anregungsbedarf, kommuniziert diesen an den Financial Advisor und stellt damit sicher, dass sich im Zusammenspiel beider Typen von Beratern der Customer Buying Cycle von der Anregungsphase bis hin zur After-Sales-Phase abdecken lässt.

# 6 Fazit

Die Kundenprozesse sind in den Mittelpunkt aller kundenorientierten Bemühungen zu stellen. Kaufwegemanagement heißt, gezielte Anreize zu geben, die es dem Kunden ermöglichen, seine Bedürfnisse zu erkennen („Was will ich überhaupt?“) und ihn selbstständig finden lassen, was er zusätzlich braucht (im Sinnes eines Shopping-Around). Mit anderen Worten sind Entscheidungshilfen gefragt, die dem Kunden seine eigene Willensbildung belassen, ohne dass dieser bedrängt wird, und die ihm dennoch soviel Unterstützung geben, dass seine vagen Wunschvorstellungen zu harten Haben-Wollen-Entscheidungen reifen können.

Es lohnt sich, den Kunden schon zu Beginn des Customer Buying Cycle, das heißt, in der Anregungsphase, abzuholen und ihm entlang des Kaufweges immer wieder Aufmerksamkeit zu schenken, um die Tiefe der Vernetzung in einer Kunde-Bank-Beziehung deutlich zu verbessern. Gerade die rasanten technologischen Entwicklungen bieten hier neue Chancen, sich den Kundenprozessen besser anzupassen. Denn nichts nutzt einer Kunde-Bank-Beziehung so sehr wie die Dynamik guter Beziehungen, in denen man um Unterstützung bittet, Unterstützung gibt und die Illusion der Abgetrenntheit von einem Netzwerk überwindet. Dies und die Betrachtung des Kunden als Teil eines komplexen Wechselspiels mit seiner Umwelt ist für Banken eine echte Herausforderung – die Anstrengungen auf (noch) mehr Kundenorientierung hin sind dessen ungeachtet gerechtfertigt.

## Quellen

* Erweiterte Fassung des Beitrags in: Die Bank, Heft 11 [2001], S. 762–766.

1 Vgl. *Küppers, Udo*: Bionik des Organisationsmanagements, in: io management, Heft 6 [2000], S. 29.

2 Vgl. auch *Gronover, Sandra; Riempp, Gerold*: Kundenprozessorientiertes Multi-Channel-Management, in: io management, Heft 4 [2001], S. 25–27 mit weiteren Nachweisen.

3 Vgl. *Müller, Mokka*: In den Möglichkeitsfabriken der Zukunft, in: SZ vom 11.01.2000, S. 22.

4 Vgl. *Bühler, Wilhelm*: Kundenbindung durch Wahlangebotsstrategien, in: Die Bank, Heft 12 [2000], S. 848–850.

5 Vgl. *Severidt, Katrin*: Die Anlageberatung, in: Marketing ZFP, Heft 1 [2000], S. 48.

[6] Vgl. *Schmid, Roland E.; Bach, Volker*: Customer Relationship Management bei Banken, St. Gallen [1999], S. 44; *Engelhardt, Ulrich*: Service auf allen Kanälen, in: eBanker, Heft 5 [2000], S. 28-29 oder auch *Bartmann, Dieter*: Das Internet ist die „strategische Waffe" der Großbanken gegen die kleinen Institute, in: FAZ vom 25.01.2001, S. 30.

[7] In Anlehnung an *Binder, Lutz*: Certified E-Commerce Manager, IIR Technologie [2000], S. 79.

[8] Vgl. den Beitrag von *Jacob, Hans-Reinhard; Knirsch, Ralf; Turturica, Willi,* in Kapitel 3.1.

[9] Vgl. den Beitrag von *Heydemann, Norbert*: Der Agent kümmert sich um die Details, in Kapitel 2.2.

# Cross Buying erfordert innovative Organisationsformen

*Hans-Reinhard Jacob, Peter Klenk, Frank Platzer**

Kunden übernehmen immer mehr die Initiative auf vielen Märkten; sie sind tendenziell mächtiger, besser informiert, wechselbereiter und erlebnisorientierter, aber auch unendlich dankbar für Gesten ehrlicher Aufmerksamkeit. Diese tief greifenden Veränderungen auf der Nachfragerseite lassen eine Art Cross-Buying-Kultur entstehen. Im Vergleich zum Konsumgüterbereich begegnen Finanzdienstleister dieser Herausforderung bislang jedoch wenig überzeugend: Kaum ein Kunde hat unbevormundet die freie Auswahl oder wird bei seinen Prozessschritten gezielt unterstützt. Einen zentralen Ansatzpunkt stellt die stärkere Orientierung an den Kaufwegen der Kunden dar, wie im vorangegangenen Beitrag gezeigt wurde. Flankiert werden muss dies mit innovativen Organisationsformen, die den Kunden bei der Bewältigung der wahrgenommenen Komplexität helfen und sie ähnlich wie im Konsumgüterbereich in die Lage versetzen, ihre Cross-Buying-Bedürfnisse auszuleben. Finanzdienstleister müssen sich daher auf eine Cross-Buying-Struktur hin ausrichten.

# 1 Etablierte Organisationsstrukturen brechen auf

Wenn sich der Markt für Finanzdienstleistungen von einem Verkäufer- hin zu einem Käufermarkt entwickelt, bleibt dies nicht ohne Auswirkung auf die internen Strukturen von Finanzdienstleistern. Zunehmend erkennt man, dass kundenorientierte Organisationen möglichst frei von Reibungsverlusten und Konfliktpotenzialen sein sollten. So ist aus Kundensicht nicht einzusehen und letztlich auch nicht von Interesse, ob beispielsweise Distribution, Kreditbewilligung, Produktentwicklung und Bilanzstrukturmanagement unterschiedliche interne Zielsetzungen im Hinblick auf Schnelligkeit, Volumen, Reichweite usw. verfolgen. Das Interesse des Kunden gilt einer reibungslosen und zuverlässigen Abwicklung – sofern diese durch interne Gegebenheiten behindert wird, besteht für den Anbieter akuter Handlungsbedarf, umso mehr, als die Erwartungen der Kunden im Hinblick auf Servicequalität und Reaktionsgeschwindigkeit gerade durch spezialisierte Onlineanbieter auch auf etablierte Geschäftsmodelle und Vertriebskanäle übertragen werden.[2]

Insofern ist es richtig, über eine Entflechtung von Organisationseinheiten nachzudenken oder es im Zuge von Neugründungen oder Ausgliederungen, beispielsweise der Wertpapier- oder Zahlungsverkehrsabwicklung, einfach zu tun. Dieser Wandel ist gegenwärtig zu beobachten: Banken werden schlanker, brechen ihre Strukturen auf und wollen mit kleineren, flexibleren Einheiten in einzelnen Sparten konkurrenzfähig bleiben – auf einem Markt, in den immer mehr Non- und Near-Banks sowie Nischenanbieter mit innovativen Geschäftsmodellen drängen (vgl. Abbildung 1). Wer hier bereits die notwendige Steuerung der eigenen Einheiten beherrscht, kann verstärkt auch die Anforderungen an die Einbindung branchenfremder Einheiten in Angriff nehmen, um gegenüber Wettbewerbern und deren entflochtenen Einheiten nachhaltig zu bestehen.

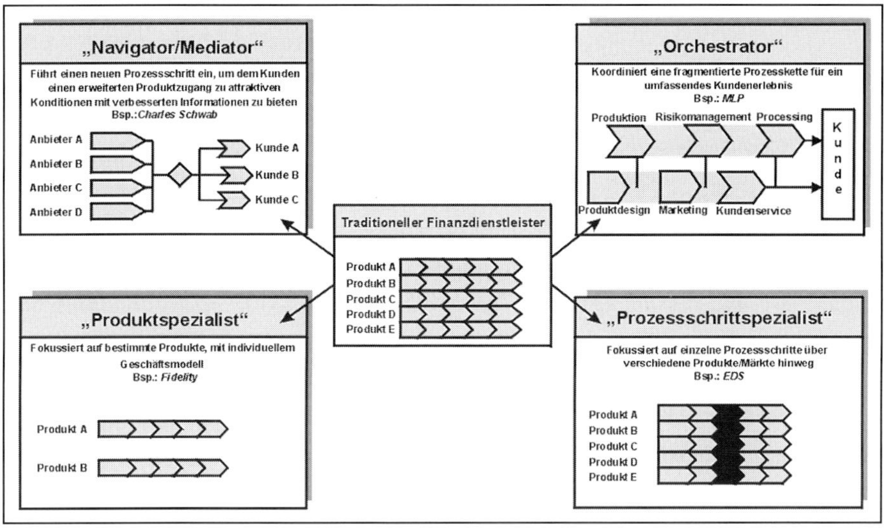


*Abbildung 1: Der Wandel lässt neue Geschäftsmodelle entstehen*[2]

Unabhängig davon entkoppeln und entschichten sich zunehmend auch Produkt- und Kundenmanagement, da hier ebenfalls Interessenskonflikte auftreten können, die einer Kundenorientierung entgegenstehen. So übersieht eine primär produktorientierte Marktabgrenzung leicht Konkurrenzbeziehungen, die über Produkte einer eng definierten Produktgruppe hinausgehen.

Beispielsweise passt der Wettbewerb um Wertpapiertransaktionen oder Hypothekenfinanzierungen eher Kundenbedürfnisse an interne Organisationsformen an, als dass die Sichtweise der Kunden auf die eigene Angebotspalette und die der Konkurrenz ernst genommen wird. Eine an Produktbereichen orientierte Ergebnisverantwortung ist daher geradezu prädestiniert, Konfliktpotenziale heraufzubeschwören.

Vor diesem Hintergrund stehen viele Anbieter auch bzgl. des Produkt- und Kundenmanagements vor der Frage, diese Komponenten der Wertschöpfungskette in selbstständige Töchter zu verlagern, vollkommen outzusourcen oder sich aus diesen Geschäftsfeldern ganz zu verabschieden. Folge dieser Entflechtung können wenige Großunternehmen sein, die sich dem Management von Kundeninformationen und -bedürfnissen widmen, und zahlreiche kleinere Anbieter, die sich hochkreativ dem Produktdesign und seiner Bereitstellung annehmen. Derartige Entwicklungen sind in ersten Ansätzen bereits erkennbar und erklären auch den Erfolg führender Finanzportale oder so genannter physischer Navigatoren wie beispielsweise MLP, die den

Kunden als geschlossenes Ganzes gegenübertreten und an dieser Schnittstelle innovative Geschäftsmodelle entstehen lassen – immer mit dem Ziel, das Kundenerlebnis besonders durch einen erweiterten Produktzugang (Angebot fremder Produkte) und attraktive Konditionen nachhaltig zu verbessern.

Betrachtet man den sich abzeichnenden fragmentierten Finanzdienstleistungsmarkt, so ist dieser aus Sicht der Kunden generell wünschenswert – die hohe Marktintensität führt in aller Regel zu einer fairen Gestaltung von Konditionen. Jedoch ist es Kunden aufgrund der Vielzahl von Anbietern und Produkten praktisch unmöglich, einen für ihre Entscheidungsfindung ausreichenden Marktüberblick zu bekommen. Dies mag aus Sicht eines einzelnen Anbieters vorteilhaft erscheinen, jedoch sind Kunden zunehmend besser informiert und durchschauen gerade bei Finanzportalen schnell, wenn Finanzdienstleister keine erlebbaren Konkurrenz- und Vergleichsangebote schaffen und Transparenz verhindern.[3] Zudem dessen fallen in den meisten Fällen bei jeder Kaufentscheidung hohe Transaktionskosten im Hinblick auf

- Anbahnung ([Schaffung der Voraussetzung für die] Informationssuche),
- Vereinbarung (Zeit und Mühe bzgl. Angebotsvergleichen, Beratungsgesprächen, Konditionsvereinbarung usw.),
- Abwicklung (Registrierung, Transaktionsgebühren usw.) sowie
- Kontrolle und Anpassung (aufgrund von Vertragsänderungen)

an.[4] Die Entscheidung für eine geeignete Handlungsalternative ist daher für Kunden sowohl mit einer hohen Komplexität als auch mit hohen Transaktionskosten verbunden, die eventuelle Konditionsvorteile schnell wieder aufzehren können. Innovative Organisationsformen müssen daher die Marktbearbeitung zumindest dahingehend unterstützen, dass aus Kundensicht die Komplexität auf ein erträgliches Niveau reduziert wird und Transaktionskosten verringert werden können – nur damit lässt sich das Leben der Kunden tatsächlich erleichtern. Keine Unterstützung bieten beispielsweise Kooperationsformen, bei denen unterschiedliche Kontaktpersonen (aus verschiedenen Produktfeldern) auf der Grundlage einer nicht integrierten Datenbasis zu einer fundierten Entscheidung des Kunden beitragen sollen – und dies umso mehr, als oft eine Cross-Selling-Orientierung gegenüber der Bedürfnisorientierung dominiert. Doch wie kommt man zu einem Wertschöpfungsnetzwerk, in dem sich die Kundenmanager fragen: „Was würde sich der Kunde von mir als Angebot wünschen?“ und „Wie kann ich den Kunden am besten an die Hand nehmen und seine

Interessen gegenüber nachgelagerten Abteilungen oder Kooperationspartnern vertreten?“ Die richtigen Antworten auf diese Fragen sind zum einen eng mit innovativen Organisationsformen verknüpft, die trotz voranschreitender Entflechtung die Komplexität auf der Kundenseite reduzieren. Zum anderen sind geeignete monetäre und nicht monetäre Anreize gefragt, die innerhalb dieser Organisationsformen eine hohe (Verhaltens-)Wirksamkeit entfalten. Beide Aspekte werden im Folgenden näher beleuchtet.

# 2 Vom Informationsbroker zum Orchestrator eines Wertschöpfungsnetzwerks

Im ersten Schritt einer kundenorientierten Entflechtung und Modularisierung tritt eine Bank als Informationsbroker auf, welcher die Kundeninteressen gegenüber den entflochtenen Einheiten wahrnimmt (vgl. Abbildung 2). Kunden werden über verschiedene Zugangswege quasi an die Hand genommen und ihre Interessen und Wünsche von nachgelagerten Einheiten aufgegriffen. Die Vorteile für den Kunden liegen auf der Hand: Er wird individuell behandelt, kann ein gutes Preis-/ Leistungsverhältnis erwarten und hat über verschiedenste Zugangswege Zugriff auf eine vollständige Produktpalette.

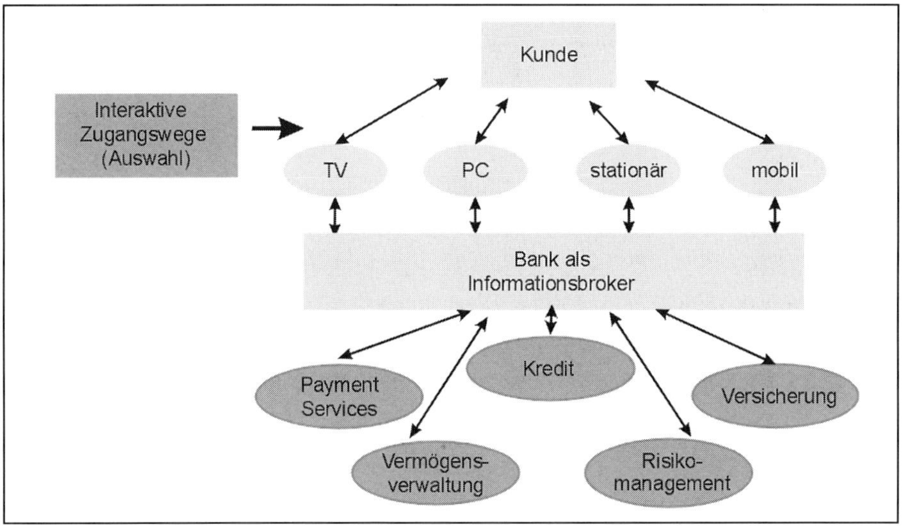


*Abbildung 2: Die Bank als Informationsbroker gegenüber entflochtenen Einheiten*

Je selbststeuernder diese Einheiten im Zeitablauf werden, desto mehr ergänzt sich die Funktion eines Informationsbrokers um eine Orchestrator-Rolle, die den selbststeuernden Einheiten eine Art Marktplatz bietet und Kooperationen mit bankfremden Einheiten gegenüber offen steht. Derartige eigenständige Einheiten (Yahoo, AutoScout24, Paybox, Immobilienportale, Preisagenturen usw.) haben in vielen Fällen nur noch wenig mit den Aufgabenfeldern traditioneller Finanzdienstleister gemein, sondern helfen als spezialisierte Serviceanbieter in ihrer Gesamtheit, die aus Kundensicht notwendigen Prozessschritte komplett abzudecken. Exemplarisch sind dies Prozessschritte vor und nach einem Autokauf (Suche, Kauf, Wartung, Service usw.) oder auf dem Weg zum Immobilienerwerb (Auswahl, Kaufvertrag, Gartengestaltung, Inneneinrichtung usw.) – immer mit dem Ziel, die Kundenprozesse auch bei komplexen Kaufentscheidungen zu unterstützen und zu vereinfachen. Finanzdienstleistungen als solche sind nur noch funktional erkennbar und treten gegenüber dem primären Zweck der Inanspruchnahme von Bankprodukten klar in den Hintergrund. Aus Sicht der Bank sinkt hierbei die Wertschöpfungstiefe rapide ab und entlastet den Anbieter zu Gunsten der Wahrnehmung kundenorientierter Aktivitäten.

Ein überzeugendes Beispiel für diese Orchestrator-Rolle gibt das etablierte eBay-Netzwerk ab (vgl. Abbildung 3). Das amerikanische Onlineauktionshaus orchestriert die gesamte Wertschöpfungskette entlang der Prozessschritte „Access", „Auction", „Sale" und „Exchange of Goods" zum Wohle des Kunden. Und dies aufgrund einer geringen Eigenkapitalbindung, der Nutzung der Ressourcen der Netzwerkteilnehmer und einer sehr geringen Wertschöpfungstiefe mit höchst erfreulichen Auswirkungen auf harte finanzwirtschaftliche Kennzahlen wie „Revenue per Employee" oder „Market-to-Book Ratio".

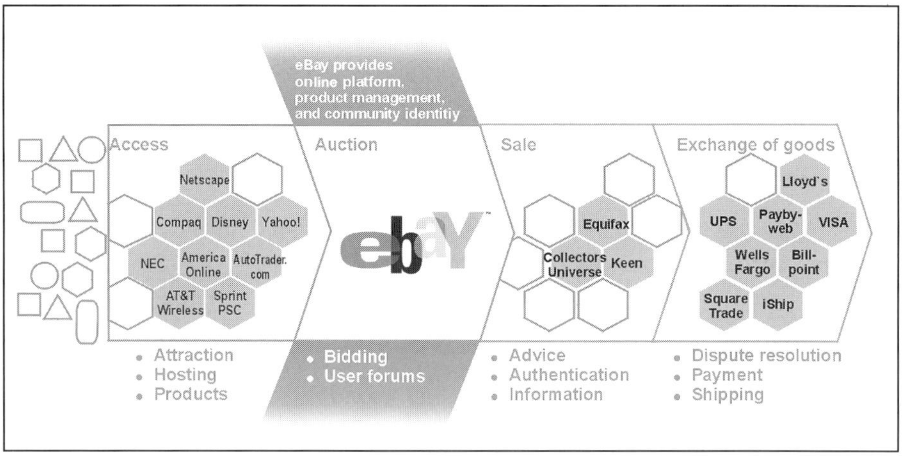


*Abbildung 3: eBay als Orchestrator einer Wertschöpfungskette unter Einbindung selbststeuernder Einheiten*[5]

Wie diese Blaupause auf ein von Banken orchestriertes Wertschöpfungsnetzwerk übertragen aussehen kann, illustriert Abbildung 4. In diesem Beispiel bedient sich der Onlineauftritt einer Bank der Möglichkeiten, die eine Anreicherung der Transaktionsdaten (Umsätze) um Zusatzservices von Netzwerkteilnehmern (Partnerunternehmen) bietet. Mit der Einbindung des Infomediärs webkonto, der die Verschmelzung von Geldinformationen mit kaufbezogenen Güterinformationen sicherstellt, lässt sich die Kontoführung im Online-Banking revolutionieren. Verschmelzung bedeutet die direkte Integration von Angeboten und Services der Partnerunternehmen in das Onlinekonto des Kunden (vgl. Abbildung 5), um die Kontaktpunkte der Kunden zu Unternehmen und Banken zu bündeln und Transaktionskosten zu senken.

Der Kunde nutzt hierbei seine (Informations-)Wünsche, um sein Profil selbst zu segmentieren und mit diesem Steuerungsinstrument unerwünschte Werbeangebote der Partnerunternehmen von vornherein zu unterbinden. Außerdem realisiert er umfangreiche geldwerte Vorteile (automatisierte Rabatte, Prämien, Sonderangebote usw.), da gegenüber den Partnerunternehmen eine One-to-one-Beziehung aufgebaut wird. Und noch besser: Konkret kann beispielsweise der Finanzdienstleister seinen Kunden individuelle Möglichkeiten der Formulierung von Wünschen (beispielsweise eine zweiwöchige Urlaubsreise nach Brasilien für max. 2.000 EUR) bereitstellen, die dann an den Anbieter (Reiseveranstalter) mit dem besten Preis-/Leistungsverhältnis im Kooperationsverbund versteigert werden. Zudem können Kunden durch die von webkonto bereitgestellten Funktionalitäten auch ihre Transaktionen selbst analysieren (Ausgabenplaner), bestimmten Kategorien zuordnen und die mit einem Kauf gekoppelten Dokumente wie Rechnungen, Garantieerklärungen und Gebrauchsanweisungen (als Videos) digital archivieren.

Auf der Basis dieser Kategorisierung kann der Finanzdienstleister wiederum (anonymisierte) Kundenprofile generieren, die ihrerseits als Anreiz für potenzielle Partnerunternehmen Verwendung finden können. Im Gegenzug werden den Kunden umfangreiche Hintergrundinformationen zur jeweiligen Umsatzkategorie oder zu externen Kooperationspartnern angeboten. Diese haben durch ihren Zusammenhang mit den Transaktionen des Kunden einen direkten und nachvollziehbaren Bezug zu seinen Bedürfnissen.

Im Ergebnis profitieren in diesem Wertschöpfungsnetzwerk alle vier Beteiligten – sowohl Kunde und Bank als auch Partnerunternehmen und der Infomediär webkonto. So erfreut sich die Bank einer erheblichen Steigerung der Kundenbindung, da die Wertschöpfungskette unter ihrem Branding abläuft, und überwindet Branchengrenzen. Und sie kann durch die (indirekte) Vermarktung von Realgütern gegenüber Herstellerbanken wieder erfolgreich in Konkurrenz treten.

Die Partnerunternehmen realisieren durch eine Angebotsgestaltung, die sich am realen Kaufverhalten orientiert, sowohl Umsatzsteigerungen als auch eine Kostenreduzierung (durch die Verringerung der Streuverluste) und können ihren Onlinevertriebskanal erheblich aufwerten.

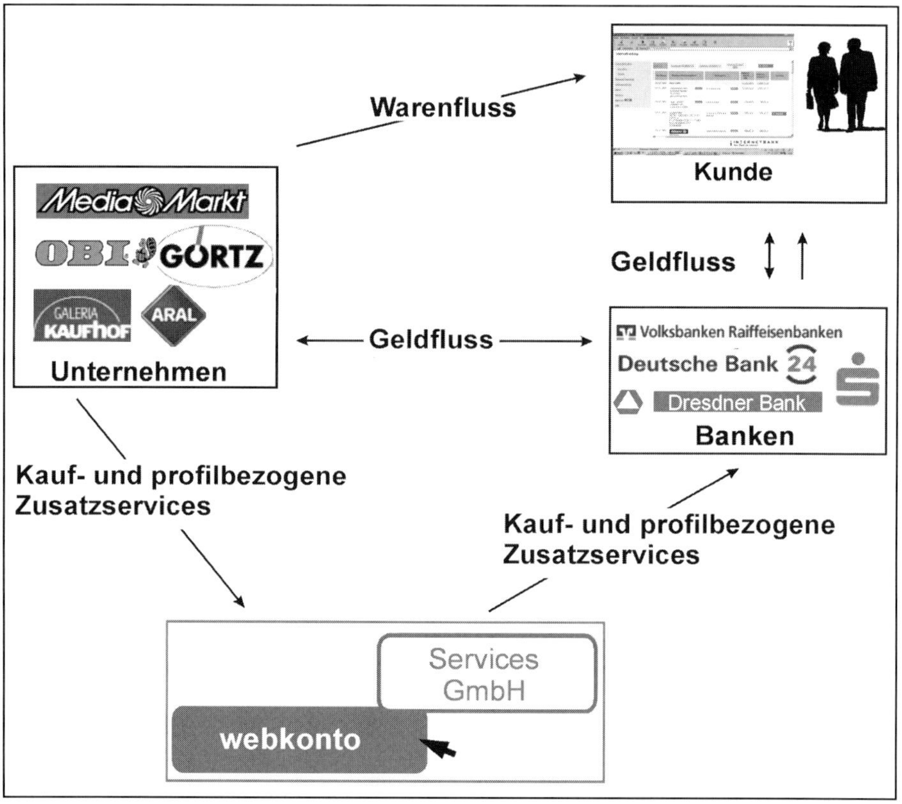


*Abbildung 4: Beispiel für ein Wertschöpfungsnetzwerk einer Bank (Quelle: Dresdner Bank AG, Projekt OSKAR, Vorhaben webkonto)*

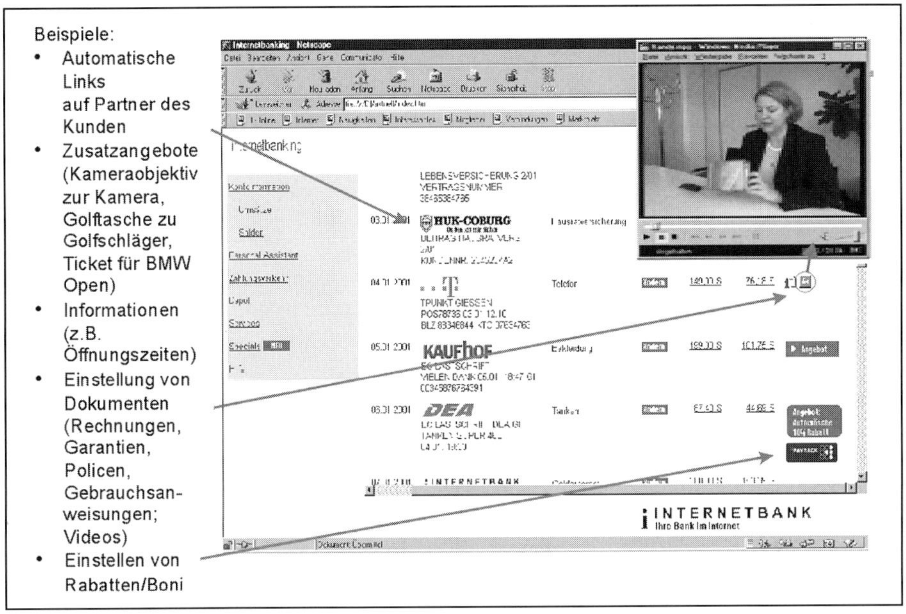


*Abbildung 5: Verschmelzung von Geldinformationen mit kaufbezogenen Güterinformationen (Quelle: Dresdner Bank AG, Projekt OSKAR, Vorhaben webkonto)*

# 3 Marktmechanismen und Standards als Koordinationsinstrumente einsetzen

Auf den ersten Blick deutet viel darauf hin, dass Banken bei der Unterstützung von Kundenprozessen nur eine untergeordnete Rolle spielen werden – oft sind die Kooperationspartner (Hersteller hochwertiger Konsumgüter, Reiseveranstalter, Suchportale usw.) im Hinblick auf die tatsächlichen Bedürfnisse besser positioniert. Heißt das, dass Banken eher weniger für eine Orchestrator-Rolle in Frage kommen? Nicht zwangsläufig, denn mit der Wahrnehmung dieser Funktion sind zahlreiche Chancen verknüpft, die von Finanzdienstleistern beherzt aufgegriffen werden sollten. Und dies aus mehreren Gründen:

- Zuallererst bedürfen entflochtene Organisationsstrukturen der Koordination im Hinblick auf den Prozessablauf. Da mehrere interne und ggf. externe Anbieter um die Wahrnehmung wiederkehrender Aufträge konkurrieren, bietet es sich an, auf Marktmechanismen zurückzugreifen. Im Kern wird mittels interner Märkte Effizienzdruck aufgebaut: aus der Maximierung der individuellen Zielfunktionen der Anbieter resultiert am ehesten eine zulässige und effiziente Allokation knapper Ressourcen.[6] Den dafür notwendigen Kosten für die Marktorganisation zwischen den entflochtenen Abteilungen und den Aufwendungen für die Preisverhandlungen können durch die nachhaltige Förderung eines Make-or-buy-Denkens erhebliche Kosteneinsparungen gegenüberstehen. Je höher hierbei die Anzahl interner und externer B2B-Beziehungen ist, desto wichtiger wird eine derartige Koordinationsfunktion.

- Die Vernetzung von selbststeuernden Einheiten verlangt darüber hinaus Kompatibilität von Schnittstellen und Verfahren, die eine digitalisierte Kommunikation und die daraus resultierenden Geschäftsprozesse hervorrufen.[7] Banken haben hier durch das ihnen am Markt entgegengebrachte Vertrauen und durch ihre ausgeprägte Erfahrung in der Transaktionsabwicklung eine hervorragende Ausgangslage, um als Orchestrator proaktiv Standards zu etablieren, die die geforderte Kompatibilität herstellen und einen funktionierenden (internen) Markt sicherstellen. Auf diese Standards können sich die entflochtenen Einheiten stützen und ihrerseits von den gewünschten positiven Auswirkungen eines Netzwerks profitieren. Sobald es gelingt, eine kritische Maße an Netzwerkteilnehmern zu gewinnen, steigen die Chancen für den Orchestrator „Bank", die Standards als vorläufig unumkehrbar zu festigen. Umso mehr, als ein Ausweichen auf alternative Standards für die entflochtenen Einheiten mit hohen Aufwendungen verbunden ist. Mit anderen Worten: „Wer den Wert seines Unternehmens erhöhen will, erhöht [...] den Wert des Netzes, dem es angehört, und den Standard, den es unterstützt."[8]

In beiden Feldern sind Finanzdienstleister in einer wesentlich besseren Ausgangslage als ihre potenziellen Netzwerkteilnehmer, die zwar in vielen Fällen näher am primären Zweck der Inanspruchnahme von Bankprodukten positioniert sind – man denke nur an die bereits erwähnten Hersteller hochwertiger Konsumgüter oder Reiseveranstalter. Als Orchestrator kommen sie jedoch weit weniger in Frage, denn gerade Finanzdienstleister können Anlaufstellen für Kunden bieten, bei denen diese sich unbevormundet informieren, vergleichen und entsprechend ihren Bedürfnissen auswählen können. Je besser hier das Angebot unter Einbindung von Dienstleistungen geeigneter Kooperationspartner die Kundenprozesse unterstützt, desto eher kann die Funktion eines Orchestrators weiter ausgebaut und bereits verloren geglaubtes Territorium wieder zurückgewonnen werden. Potenzielle Netzwerkteilnehmer (Lieferanten, Kooperationspartner, Konkurrenten usw.) stehen hierbei immer vor der Frage, ob das Besetzen eines Teils der Wertschöpfungskette genügend ökonomische Anreize für einen längeren Verbleib im Netzwerk bietet. Daher lässt sich aus Sicht des Orchestrators „Bank“ eine kritische Maße an Netzwerkteilnehmern nur gewinnen, wenn gerade diese Anreize tatsächlich bestehen. Funktionierende Netzwerke zeichnen sich letztlich dadurch aus, dass

- Netzwerkteilnehmer grundsätzlich von der Bank ausgewählt werden, wobei diese ihre Leistungen durchaus auch in anderen Netzwerken anbieten dürfen,
- Kerntechnologien beim Orchestrator Bank verbleiben,
- einheitliche Standards den Informationsaustausch zwischen den vertrauenswürdigen Partnern regeln,
- rigorose Qualitätsstandards (Service Level Agreements) bestehen,
- der im Netzwerk generierte (monetäre) Nutzen mit allen Netzwerkteilnehmern geteilt wird,
- geeignete (nicht-monetäre) Anreize von überdurchschnittlich erfolgreichen Netzwerkteilnehmern in Anspruch genommen werden können, so beispielweise kostenloses eLearning, Marketing oder Verkaufsförderung,
- Kerngeschäftsprozesse (Projektmanagement, Auftragseingang, Personalverwaltung usw.) möglichst online abgewickelt werden,
- ein Bewertungssystem für die Netzwerkteilnehmer etabliert wird, in welchem sie sich gegenseitig im Hinblick auf netzwerkrelevante Kriterien beurteilen und
- selbstorganisatorische Prozesse konsequent gefördert werden.

# 4 Anreize für den Umgang mit einer Cross-Buying-Kultur

Verlässt man diese eher abstrakte Ebene, so kommen neben diesen Organisationsformen als zentrale Ansatzpunkte für den Umgang mit einer Cross-Buying-Kultur die Einstellungen und Motive der mit den Kunden in Kontakt stehenden Menschen in Betracht – eng verbunden mit einem Einstellungswandel sind daher geeignete Anreize. Doch wie sehen innerhalb dieser Organisationsformen geeignete monetäre und nicht monetäre Anreize aus, die eine hohe (Verhaltens-)Wirksamkeit erzeugen?

Und wie kann ein Kundenmanager in diesen Zusammenhängen für sich Vorteile erkennen? Betrachtet man monetäre Anreize, so ist nachvollziehbar und Erfolg versprechend, wenn

- sich zumindest ein Teil des Gehalts eines Kundenmanagers an der erreichten Kundenbindung (als der relevanten Bezugsgröße) orientiert und die kundenbezogene Datenbasis zeitnah über die benötigten Ausprägungen der relevanten Bezugsgröße Auskunft gibt,

- seine Ergebnisverantwortung direkt an kunden(bedürfnis)- statt produktorientierten Marktbereichen aufgehängt wird und schließlich

- die Geschäftsprozesse eine derartige Neuausrichtung der Entlohnung nicht behindern.

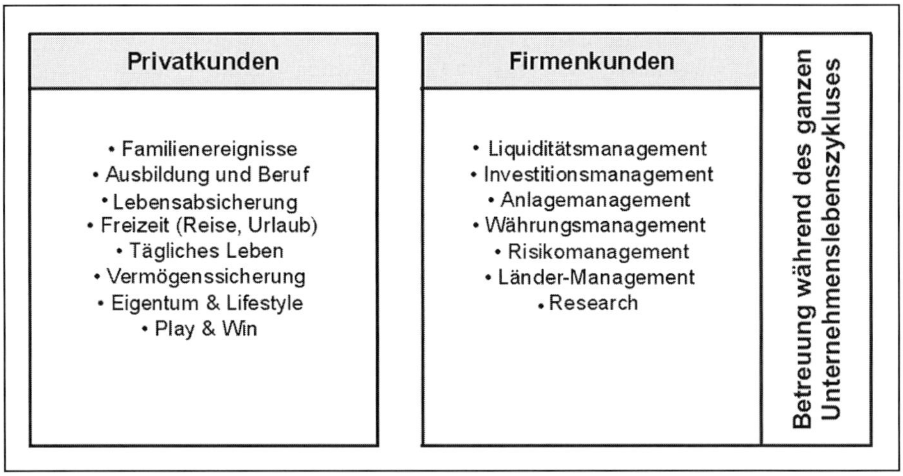


*Abbildung 6: Den Bedürfnisfeldern Aufmerksamkeit entgegenbringen*

Folgt man diesen Betrachtungen, so kann ein Kundenmanager erkennen, dass es sich im Hinblick auf finanzielle Aspekte lohnt, dem Kunden das ihm gebührende Interesse an Aufmerksamkeit, seinem persönlichen Hintergrund, seinen vielfältigen Bedürfnissen nach Risikoabsicherung, Vereinfachung usw. entgegenzubringen (vgl. Abbildung 6). Gerade in entflochtenen Organisationsformen muss die Betonung der menschlichen Komponente gefördert werden. Insgesamt rückt mit einer derartigen kundenorientierten Ausrichtung der Wunsch nach einer dauerhaften Kundenbeziehung stärker in den Vordergrund. Und es ist auf elegante Weise sichergestellt, dass die Bezugsgröße (Kundenbindung) tatsächlich beeinflusst werden kann – eine wichtige Voraussetzung für eine daran anknüpfende Entlohnung des Kundenmanagers.

Um den Umgang mit einer Cross-Buying-Kultur zu fördern, sind nicht-monetäre Anreize natürlich charmanter. Greifen wir zur Illustration auf folgendes kleines Beispiel zurück: Die für das Internet-Banking prognostizierten Steigerungen des Geschäftsvolumens bleiben reine Makulatur, wenn es den Kunden gegenüber nicht gelingt, das notwendige Vertrauen im Hinblick auf den Datenschutz aufzubauen. Die aus Kundensicht bedeutsamen Sicherheitsbedenken bei Transaktionen im World Wide Web können jedoch ohne weiteres in interne Ziele transformiert werden.

Ein Finanzdienstleister, der das Thema Sicherheit aufgreift, und verspricht, alle damit zusammenhängenden Risiken zu minimieren oder zu übernehmen, suggeriert zum einen Verständnis für die Bedenken seiner Kunden. Zum anderen werden auf beiden Seiten Anreize gesetzt, die die Kundenbeziehung langfristig festigen. Aus Sicht des Kunden stellt dies einen greifbaren Vorteil gegenüber anderen Wettbewerbern dar und auf Seiten des Anbieters werden Kräfte freigesetzt, dieses Versprechen auch nachhaltig einzulösen. Der Trick dabei ist, den Kunden in jeder Hinsicht ernst zu nehmen und kaufrelevante Aspekte als Orientierungsgrößen für das eigene Handeln auszurufen.

Gerade in entflochtenen Netzwerkstrukturen entwickeln sich derartige selbstorganisatorische Prozesse oft spontan. Die erwünschten (und oft überraschenden) Ergebnisse erwachsen hierbei aus der Interaktion aller Beteiligten, wobei die Auswahl der besten Ideen dem System selbst überlassen bleibt und die aussichtsreichsten Ideen mit genügend Ressourcen zu unterstützen sind.[9] Hierfür ist es in solchen Organisationsformen ausreichend, wenn das Ziel (wozu?), die Spielregeln (wie?) und der richtige Input (Informationen über das zugrunde liegende Entscheidungsfeld) definiert sind. Diese drei Komponenten halten den selbstorganisatorischen Prozess in Bewegung. Mitarbeiter, die in derartigen Prozessen involviert sind, müssen sich (nur) darauf konzentrieren, ein Ziel zu setzen (im genannten Beispiel „Vertrauen in Datenschutz schaffen“), ein dazu passendes Organisationsmuster (im Einklang mit dem Ziel) zu etablieren und das System mit dem richtigen Input zu versorgen. Der Umgang mit einer Cross-Buying-Kultur kann daher durch Prozesse der Selbstorganisation auch nicht-monetär gefördert werden. Nur wenn dies auf der Ebene der Mitarbeiter gelingt – und hiermit schließt sich der Kreis – kann dies auch auf der nächsthöheren Ebene des Netzwerks funktionieren.

# 5 Fazit

Tief greifende Veränderungen auf der Nachfragerseite erzeugen Handlungsdruck auf der Seite der Anbieter. Viele Finanzdienstleister müssen sich neu aufstellen, um diesen Herausforderungen zu begegnen. Will ein Anbieter hier Wettbewerbsvorteile realisieren, erweisen sich entflochtene und vernetzte Organisationsstrukturen, in denen die Bank als Orchestrator eines Wertschöpfungsnetzwerks den Kunden bei der Bewältigung der wahrgenommenen Komplexität hilft, als wegweisend. Banken haben hier durch den ihnen am Markt entgegengebrachten Vertrauensvorschuss eine herausragende Ausgangslage, um unter ihrem Branding diese Wertschöpfungsprozesse zu gestalten. Zudem sinkt die Wertschöpfungstiefe aus Sicht der Bank rapide ab und kann – erinnern wir uns noch mal an das Beispiel eBay – Kenngrößen, die auf die unternehmerische Ertragskraft im Verhältnis zu den eingesetzten Ressourcen abstellen, erheblich verbessern. Dies wird flankiert durch geeignete monetäre und nicht-monetäre Anreize, die innerhalb dieser Organisationsformen eine hohe (Verhaltens-)Wirksamkeit entfalten. All dies kann helfen, dass zum einen interne Reibungsverluste und Konfliktpotenziale minimiert werden, die der Vereinfachung von Kundenprozessen entgegenstehen können. Zum anderen werden Kunden dadurch eher in die Lage versetzt, ihre Cross-Buying-Bedürfnisse ähnlich wie im Konsumgüterbereich auszuleben und gleichzeitig ihre Transaktionskosten zu senken. Die Anstrengungen auf eine Cross-Buying-Struktur hin sind daher voll gerechtfertigt – sie gilt es jetzt anzupacken.

## Quellen

* Erweiterte Fassung des Beitrags in: Die Bank, Heft 4 [2002], S. 270–275.

1 Vgl. *Wißkirchen, Cornel; Heideloff, Frank; Braun, Vincent von*: Internet: Revolution zur Unzeit?, in: Die Bank, Heft 5 [2001], S. 343.

2 Vgl. *Grebe, Michael*: One-to-one Banking: Entwicklungsstufen, Erfolgsfaktoren und Praxisbeispiele, Vortrag im Rahmen des IIR-Kongresses Wiesbadener Trendtage für Banken, 5. April [2000], S. 5–6.

3 Vgl. *Diedrich, Andreas*: Verschiedene Wege führen zum Ziel, in: bankmagazin, Heft 7 [2001], S. 27.

[4] Vgl. *Severidt, Katrin*: Die Anlageberatung – eine Erklärung vor dem Hintergrund der Transaktionskostentheorie, in: Marketing ZFP, Heft 1 [2000], S. 45–47.

[5] Vgl. *Häcki, Remo; Lighton, Julian*: The future of the networked company, in: The McKinsey Quarterly, Heft 3 [2001], S. 32, und im Folgenden auch S. 33–37.

[6] Vgl. hierzu ausführlicher *Hartmann-Wendels, Thomas; Pfingsten, Andreas; Weber, Martin*: Bankbetriebslehre, Berlin [2000], S. 582–584.

[7] Vgl. zum Folgenden auch *Picot, Arnold*: Die Bedeutung von Standards in der Internet-Ökonomie, in: FAZ vom 16.11.2000, S. 29.

[8] *Müller, Mokka*: In den Möglichkeitsfabriken der Zukunft, in: SZ vom 11.01.2000, S. 22.

[9] Vgl. auch *Bonabeau, Eric; Meyer, Christopher*: Schwarm-Intelligenz: Unternehmen lernen von Bienen und Ameisen, in: Harvard Business Manager, Heft 6 [2001], S. 40 und 48.

# C-BRA® (Cross Buying Ratio Analyzer®)

*Peter Klenk*

Die Eroberung neuer (Produkt-)Märkte ist eine wesentliche Stellgröße, um nachhaltig das unternehmerische Vermögen zu sichern und zu mehren. Der Überkreuz-Verkauf möglichst vieler Produkte aus dem eigenen Leistungsumfang hat hierbei lange Tradition und ist das Credo eines jeden Kaufmanns. Der Kern dieser Cross-Selling-Vertriebsstrategien ist das Angebot anderer Produkte oder Dienstleistungen aus dem eigenen Leistungsumfang mit dem Ziel, die Profitabilität bestehender Kundenbeziehungen zu erhöhen. Sofern die Kunden einen tatsächlichen Bedarf an solchen Zusatzleistungen haben, lassen sich in vielen Fällen durchaus Fortschritte erzielen – oft begünstigt durch die Veränderung von Kundenbedürfnissen wie beispielsweise die Verschiebung der Einlagenstruktur, der Wunsch nach standardisierten Wertpapiergeschäften oder Value-Added Services. Doch sind damit Marktbearbeitungsstrategien schon am Ende ihres evolutionären Weges angelangt?

# 1 Ertragsstrategien in Zeiten von Kostensenkungsprogrammen

Der Strukturwandel in der Finanzdienstleistungsbranche ist in vollem Gange. Während die Banken jahrzehntelang nicht schlecht von der Zinsdifferenz zwischen Aktiv- und Passivseite lebten, führen die Auswirkungen der informationstechnologischen Revolution mittlerweile zu harten Einschnitten. Kostensenkungsprogramme sind en vogue.[1] Massive Stellenkürzungen und Cost-Cutting sollen die im Vergleich zum angelsächsischen Raum sehr hohen Cost Income Ratios (Kosten-/ Ertragsrelation) deutscher Banken verbessern. Eine stärkere, auch in der Organisationsstruktur sich widerspiegelnde Kundenorientierung soll den veränderten Gewohnheiten von Privat- und Geschäftskunden gezielter Rechnung tragen. Dennoch ist zu beobachten, dass Banken den Bedürfnissen der Kunden immer weniger gerecht werden, sich einer erhöhten Kundenabwanderung gegenüber sehen und die Produktnutzung nicht mehr merklich zunimmt. Raum für weitere Gewinnsteigerungen besteht, wenn man folgende Ertragspotenziale erschließt, die sich direkt (über Transaktionen) oder indirekt (über eine höhere Kundenzufriedenheit und Kundenbindung) äußerst positiv auf das wirtschaftliche Ergebnis auswirken:

- **Höhere Erträge von Transaktionen**: Durch den ersatzlosen Wegfall des Rabattgesetzes und der Zugabeverordnung bestehen keine wesentlichen rechtlichen Beschränkungen mehr im Hinblick darauf, das typische Leistungsangebot eines Finanzdienstleisters um die (indirekte) Vermarktung zusätzlicher Produkte und Services anzureichern – der Phantasie sind hier kaum Grenzen gesetzt.[2] Im Ergebnis sind Provisionseinnahmen möglich, wenn man an gewinnträchtigen Fremdprodukten und -dienstleistungen durch deren indirekte Vermarktung partizipiert und diese unter dem eigenen Branding aus einer Hand anbietet. Durch die daraus resultierende bessere Vernetzung mit den Kunden sind auch höhere Volumina und die Möglichkeit höherer Preisforderungen im bestehenden Leistungsangebot möglich, die die Ertragsseite positiv beeinflussen können. Zudem gelingt es, die Umwandlungsrate von Interessenten zu tatsächlichen Kunden nachhaltig zu erhöhen.

- **Geringere Kosten von Transaktionen** im ausgeweiteten Leistungsprogramm durch

  - Kooperationen mit effizienteren Partnern, wodurch die Wertschöpfungstiefe sinkt und damit weniger Ressourcen vorgehalten werden müssen,

- Economies of Scope, indem man die vorhandenen Produktionsfaktoren (Personal, Kundeninformationen, Know-how bezüglich Marketingkonzepten usw.) zur indirekten Vermarktung von Realgütern heranzieht und damit besser ausnutzt,

- Economies of Scale, indem man überflüssige Varianten frühzeitig eliminiert, höhere Kauffrequenzen auf Kundenseite generiert und über diese neuen Leistungserstellungsprozesse in der Interaktion mit den Kunden Erfahrungen sammelt und

- deren gegenseitige Ergänzung als eine Art Mass Customization, wenn es gelingt, sowohl eine gewisse Kontinuität der Prozesse entlang des Customer Buying Cycles (Standardisierung) als auch die Nutzung von Synergien im ausgeweiteten Leistungsangebot (Individualisierung, Differenzierung, Modularisierung des Produktdesigns) zu erzielen.

▪ **Vermarktungsmöglichkeiten der (Transaktions-)Informationen** selbst, die weit über die Abbildung der reinen Kunde-Bank-Beziehung hinausgehen. So sind – erinnern wir uns noch mal an das Beispiel webkonto im vorangegangenen Beitrag – besonders die Kooperationsunternehmen an neuartigen Werbe- und Vertriebswegen und an der Möglichkeit, Angebote aufgrund von realem Kaufverhalten platzieren zu können, interessiert.

▪ **(Werbe-)Psychologische Erkenntnisse besser integrieren** – dies betrifft besonders die Pre-Sales-Phasen „Anregung“ und „Evaluation“,[3] um die Kunden nicht alleine durch den Angebotsdschungel irren zu lassen. Mit anderen Worten sind Kundenprozesse vor dem eigentlichen Kauf besser abzudecken, beispielsweise, indem Kunden über interaktive Medien die Möglichkeit haben, das, was sie haben wollen, exakt zu beschreiben – wobei die Kundenkontaktpunkte in Anlehnung an die Idee eines Choiceboard in der Hoheit der Bank als seriösem und vertrauenswürdigem Ansprechpartner bleiben.[4] So lassen sich auch (Informations-)Komplexität und Transaktionskosten aus Kundensicht reduzieren, da Synergien in deren Beschaffungsprozessen gehoben werden. Zudem erfordern Käufermärkte die Möglichkeit für die Kunden, sich selbst zu segmentieren und unbevormundet auszuwählen, was zu einem passt. Denn mehr und mehr bestimmen die Shopping-Around-Erlebniswelten der Konsumgüterbranche die Erwartungen auch an die Finanzdienstleistungsbranche. Und vermehrt ist zu beobachten, dass Finanzdienstleister von der Vertriebskraft des Einzelhandels profitieren wollen.[5]

Warum also nicht die Beschränkung aufheben, die sich branchenreine Anbieter auferlegen, während sie neidvoll auf die Vertreter anderer Marktsegmente schielen, die ihr Geld scheinbar noch einfacher verdienen? Doch sind Bedenken im Hinblick auf eine Nachvollziehbarkeit der Vermarktung von Fremdprodukten seitens der Kunden zu erwarten? Wohl kaum, sofern Verbundbeziehungen zu Kernprodukten von Finanzdienstleistungen oder eine Image-Verbundenheit zur Finanzdienstleistungsbranche erkennbar bleiben (positiv emotional besetzt, echte Vereinfachung auf Kundenseite usw.).

Betrachtet man eine Cross-Selling-Vertriebsstrategie unter diesen vier Aspekten, so ignoriert ein „Was kann ich dem Kunden noch verkaufen?" die enormen Möglichkeiten der Gewinnsteigerung, die sich durch eine Cross-Buying-Strategie ergeben – eine Strategie als Reposte, um durch Schaffung von Transparenz und die (indirekte) Vermarktung von Realgütern gegenüber Herstellerbanken (BMW Bank, VW Bank, DaimlerChrysler Bank, KarstadtQuelle Bank usw.) und sonstigen Non-Banks (Deutsche Telekom, Tchibo usw.) wieder erfolgreich in Konkurrenz zu treten und verloren geglaubtes Territorium im Rahmen der Neukundengewinnung zurückzugewinnen.

# 2 Phasenstruktur des Cross Buying Ratio Analyzer®

Kundenorientierung beginnt mit einer kundennahen Terminologie. Doch wie lässt sich ein Cross Buying als ein erfolgsversprechenderer Weg zur Erreichung ökonomischer Ziele greifbar machen und in zielgerichtete Handlungen transformieren? Hilfreich erscheint folgende Phasenstruktur, die eine Bank (Geschäftseinheit, Finanzportal usw.) im Hinblick auf die Cross-Buying-Orientierung einordnet und durch geeignete Maßnahmen gezielt verbessert.

## Phase 1: Matrix als potenzielle Bedarfsfelder aufspannen

Beginnen wir mit dem potenziellen Lösungsbedarf eines Kunden. Dieser lässt sich visualisieren, indem man in den Spalten einer Matrix die Phasen des Customer Buying Cycle abbildet. In den Zeilen ist ein fest definiertes Set von Kundenprozessen aufzunehmen, welches sich primär an den typischen Ereignissen im Lebenszyklus eines Privat- oder Firmenkunden orientiert. Kundenprozesse sind Kaufwege entlang des Customer Buying Cycles zu Produkten/Dienstleistungen, die aus Kundensicht als substituierbar wahrgenommen werden und geeignet sind, einen bestimmen Bedarf zu befriedigen. Sie sind im Wesentlichen durch soziale, familiäre, berufliche und betriebliche Lebensphasen bestimmt (vgl. Abbildung 1). Hierbei ist zu beachten, dass Kunden oft gar nicht wissen, welches Produkt(-bündel) ihren Bedarf am besten stillt. Kundenprozesse sind aus diesem Grund produktorientierten Zeilendefinitionen, bei denen Konkurrenzbeziehungen zu anderen Produkten leicht übersehen werden, deutlich überlegen.

**Bedürfnisfelder**

**Beruf**
- Berufsfindung
- Berufsplanung/Karriereplanung
- Weiterbildung
- Veränderungsunterstützung/ Stellenmarkt/Personalvermittlung
- Ruhestand

**Wohnen**
- Wohnungsvermittlung
- Umzug
- Inneneinrichtung
- Immobilienerwerb
- Hausverwaltung
- Haus & Garten

**Mobilität**
- Autokauf
- Wiederbeschaffung eines Firmenwagens
- (Geschäfts-)Reisevermittlung
- Hotelbuchungen
- Wohnungsvermittlung
- Umzugsservice
- Hausvermittlung
- Umzugsbedingte Kontaktvermittlung

**Freizeit**
- Erholung
- Reise, Urlaub
- Sport
- Kultur
- Literatur

**Entertainment**
- Lifestyle
- Play and Win
- Suche nach Abwechslung

**Finanzplanung**
- Anschaffungen
- (Alters-)Vorsorge
- Erbe
- Vermögensübertragung

**Transaktionsabwicklung**
- Zahlungsverkehr
- Liquiditätssicherung

**Familienereignisse**
- Heirat
- Scheidung
- Familiengründung/Geburt
- Erziehungsberatung
- Kinderbetreuung
- Krisenberatung
- Ruhestand
- Tod

**Gesundheit**
- Versicherung
- Vorsorge
- Psychohygiene
- Persönliche Entwicklung

**Juristischer Beistand**
- Checklisten-Links

**Gesellschaftliches Engagement**
- Gesellschaftspolitische Einrichtungen
- Karitative Einrichtungen

*Abbildung 1: Bedürfnisfelder am Beispiel des Privatkundenbereichs*

## Phase 2: Cross-Buying-Profile identifizieren

Nachdem man die Matrix als potenzielle Bedarfsfelder aufgespannt hat, sind die Cross-Buying-Profile der Kunden zu identifizieren. Ein Cross-Buying-Profil ist das tatsächliche Kundenbedürfnis, das heißt, die Präferenzen der Kunden für bestimmte Produktfelder und unterstützende Dienstleistungen. Die Informationsbeschaffung kann sich hier je nach gewünschter Genauigkeit der Alternativen **Marktforschung** oder **Selbstdiagnose** bedienen. Will man jedoch die Vergleichbarkeit der Ergebnisse sicherstellen, so muss man auf Methoden der Marktforschung zurückgreifen.

### Marktforschung

Hier bietet sich eine repräsentative Stichprobe mittels bankindividuellen Fragebogens an, welcher auch kundensegmentbezogen zum Einsatz kommen kann (beispielsweise gestaffelt im Hinblick auf die zukünftige Profitabilität, um die ökonomische Bedeutung der Ergebnisse abzuschätzen). Flankierend ist

- über geeignete materielle Anreize,
- durch die Herausstellung des Nutzens („Sie bekommen dann keine unerwünschten Angebote mehr, sondern unsere gezielte Unterstützung“) oder
- durch Verpflichtung beim Beginn der Kunde-Bank-Beziehung

ein hoher Rücklauf der Bedürfnisanalyse sicherzustellen. Ein direkter Einsatz der Matrix als Fragebogen empfiehlt sich nicht, da Kunden in der Regel keine Erfahrung damit haben, was sie von einer Bank zusätzlich wollen und Schwierigkeiten bei der Interpretation einzelner Matrixfelder zu erwarten sind.[6] Vielmehr bietet es sich an, bestimmte Dienstleistungen als Beispiele vorzustellen und bei Zustimmung als Bedürfnisfeld der Kunden zu interpretieren:

- Für die **Evaluationsphase** im **Kundenprozess „Mobilität (Autokauf)“** könnte den Kunden die Möglichkeit geboten werden, ihre Preisobergrenzen und bestimmte Ausstattungswünsche zu nennen. Die Bank bietet dann dem Kunden entsprechende Alternativen verschiedener Hersteller inkl. einer Probefahrt an und untermauert ihr eigenes Finanzierungsangebot mit einer Vergleichsrechung zur jeweiligen Herstellerbank. Derartige innovative Netzwerkgedanken sind bei der Versicherungsgesellschaft Zürich Schweiz rund um den Motorradkauf bereits zu beobachten (www.scooterpoint.ch).[7] Im genannten Beispiel bleibt zu prüfen, ob zur Schaffung dieser Transparenz auf Kooperationspartner zurückgegriffen oder eine eigene Infrastruktur (IT, Personal usw.) aufgebaut wird und welche Zahlungsbereitschaft auf Kundenseite und besonders auf der Seite der Kooperationspartner für diese Dienstleistung vorhanden ist.

- Für die **After-Sales-Phase** im **Kundenprozess „Erholung (Reise)"** könnte den Kunden die Möglichkeit geboten werden, alle im Nachgang der Urlaubsreise anfallenden Aktivitäten über die Bank abzuwickeln. Dies kann sich von Mängelrügen/Preisminderungen bis hin zur Sicherstellung etwaiger Ansprüche aus Versicherungsverträgen erstrecken. Hierfür ist unter Umständen die Einbindung spezialisierter Juristen und kooperierender Versicherungen notwendig. Ebenso können für die **Evaluationsphase** im **Kundenprozess „Familienereignisse"** je nach Konstellation eine Unterstützung bei der Planung einer Flitterwochenreise oder Dienstleistungen im Rahmen des Divorce-Managements angebracht sein.

- Wäre es beispielsweise in der **Kaufphase** im **Kundenprozess „Wohnen (Umzug und Immobilienerwerb)"** nicht ideal, die Umzugsplanung, die Speditionsauswahl und die Vermietung der Wohnung beim gleichen Berater in Auftrag geben zu können, dem sie bereits bei der Finanzierung ihr Vertrauen geschenkt haben? Die (Informations-)Komplexität und die Transaktionskosten würden sich für die Kunden erheblich reduzieren.

- Für die **Anregungsphase** im **Kundenprozess „Lifestyle (hochwertige Entertainmentprodukte)"** bietet es sich an, die Kunden nicht nur auf günstige Finanzierungsmöglichkeiten und die Unterstützung bei der Auswahl der Produkte selbst aufmerksam zu machen. Vielmehr könnte durch eine Kooperation mit einem Versicherer auf eine Art liquiditätssichernde Restschuldversicherung hingewiesen werden, die die Rückzahlung von Außenständen (beispielsweise Raten für eine neue Digitalkamera, die über die Bank finanziert wurde) bei Arbeitslosigkeit, Krankenhausaufenthalten oder Arbeitsunfähigkeit übernimmt. Analoge Überlegungen gelten beispielsweise für eine garantierte Liquiditätssicherung in der **Anregungsphase** im **Kundenprozess „Immobilienerwerb (Hausbau)"** im Hinblick auf den Bauträger.

- Für die **Verknüpfung einer After-Sales-Phase mit einer Anregungsphase** eines anderen Themenfeldes bietet sich an, gegenwarts- und zukunftsbezogene Bedürfnisse zu verbinden. So kann nach Kauf eines Produktbündels im **Kundenprozess „Altersvorsorge"** (zukunftsbezogen) die Anregungsphase in den **Kundenprozessen „Entertainment"**, **„Ausbildung"** oder **„Gesundheit"** (ge-

genwartsbezogen) verwendet werden, um Überraschungseffekte zu generieren. Beispiele hierfür sind EDV-/Internetkurse für Studenten/Pensionisten bei einem Kooperationspartner, Yogakurse in einer Privatklinik, eine gezielte Unterstützung in der Vorbereitung für den New-York-Marathon usw.

**Selbstdiagnose**

- Strategische Überlegungen (Einschätzungen des Top-Managements)
- Anregungen von Seiten der Kundenmanager/-berater („Tätigt der Kunde bestimmte Käufe bei der Konkurrenz, die er auch bei uns bekommen könnte?")

Beide Alternativen können Auskunft darüber geben, welche Bedürfnisfelder aus Sicht der Bank bei ihren Kunden als erfolgversprechend angesehen werden. Kombiniert man eine repräsentative Umfrage mit den strategischen Überlegungen oder den Einschätzungen der Kundenmanager, so lassen sich über eine Art Selbstbild/Fremdbild-Abgleich weitere interessante Erkenntnisse gewinnen. Die identifizierten Bedürfnisfelder werden in die Matrix eingetragen und können ihrerseits für eine nachfrageorientierte Segmentierung Verwendung finden und (zukünftig) eine Selbstsegmentierung unterstützen, bei der sich die Kunden intuitiv einer Bedürfnisgruppe zuordnen.[8] Für diese Bedürfnisgruppe, die nach Lebensphasen und aktueller Vermögenssituation weiter differenziert werden kann, hält der Anbieter schließlich ein bedarfsgerechtes und standardisiertes Produkt- und Servicebündel bereit, damit nicht für alle Kunden alles vorgehalten werden muss.

Durch die Beobachtung der Cross-Buying-Profile im Zeitablauf können auch Erkenntnisse gewonnen werden, die es erlauben, das Angebot vorausschauend zu kombinieren – im Hinblick auf das, was für die Kunden morgen von Interesse sein könnte. Idealerweise schafft der Anbieter eine Nachfrage nach einem Bedarf, den die Kunden bis jetzt bestenfalls ahnten. In einem fortgeschrittenen Stadium können zudem Zahlungsbereitschaften für die spezifischen Präferenzen in einem CRM-System erfasst werden, und zwar idealerweise auch als Preis-/Leistungswürdigkeit gegenüber der Konkurrenz. Hieraus können sich weitere Gestaltungsspielräume zur Abschöpfung von Konsumentenrenten ergeben.

## Phase 3: Cross Buying Ratio(s) errechnen

Nun zu der Kennzahl, welche die Cross-Buying-Orientierung abbildet. Indem man den Cross-Buying-Profilen die tatsächliche Leistungsfähigkeit der Bank gegenüberstellt, gelangt man zur Cross Buying Ratio. Sie ist somit definiert als Quotient aus tatsächlicher Leistungsfähigkeit der Bank (unter Einbindung von Kooperationspartnern) und der Cross-Buying-Profile. Die Leistungsfähigkeit bezüglich einzelner Kundenprozesse lässt sich mit der Beantwortung folgender Fragen als einer Art Checkliste abschätzen:

**Abdeckung der Anregungsphase (Auswahl)**

- Werden gezielte Anreize gegeben, die es dem Kunden ermöglichen, seine Bedürfnisse zu erkennen („Was will ich überhaupt?“)?

- Hat der Kunde die Möglichkeit, sich im Hinblick auf seinen Kundenprozess und seiner augenblicklichen Lebenssituation selbst zu segmentieren?

- Wird der Kunde auf seine augenblickliche Situation aufmerksam gemacht („Stimmt, so ist das bei mir!“)?

- Ist die Anregungsphase möglichst frei von Störfaktoren der Interaktion wie

    - **Humanfaktoren** wie beispielsweise Sprache der Mitarbeiter (Stimme, Aussprache, Lautstärke usw.), Schriftverkehr (Schreibstil, Layout usw.) oder einheitliche Gesprächsführung,

    - **kulturelle Faktoren** wie beispielsweise Verhalten der Mitarbeiter (Gestik, Mimik, Körperhaltung usw.), innere Einstellung (Servicebewusstsein) oder Fördern von Ritualen,

    - **technische Faktoren** wie beispielsweise Systeme zur Gewährleistung von Datensicherheit, Datenqualität, Bedienerfreundlichkeit oder Stabilität von Systemen (Störanfälligkeit der Kommunikationsmedien) oder

    - **unternehmensinterne Faktoren** wie beispielsweise Öffnungszeiten, Ausgestaltung der Entlohnungssysteme (Provisionssystem usw.), Anzahl der Kundenberater in den Filialen oder Faktoren im Hinblick auf die Serviceprozesse (angemessener Geräuschpegel, Privatsphäre während des Gesprächs usw.)?

**Abdeckung der Evaluationsphase (Auswahl)**

- Können Kunden selbstständig finden, was sie zusätzlich brauchen und was zu ihnen passt?

- Bestehen Entscheidungshilfen, die dem Kunden seine eigene Willensbildung belassen, ohne dass er bedrängt wird – und ihm dennoch durch die Einbindung von Kooperationspartnern soviel Unterstützung geben, dass seine vagen Wunschvorstellungen zu harten Haben-Wollen-Entscheidungen reifen können?

- Können durch die Einbindung von geeigneten Kooperationspartnern Alternativen zur Bedarfsdeckung präsentiert werden, die aus Kundensicht als überraschend, bedarfsgerecht und substituierbar wahrgenommen werden?

- Werden Produkte und Dienstleistungen von Kooperationspartnern und auch Konkurrenten quasineutral zur Diskussion gestellt (anstatt diese zu negieren, da der Kunde sowieso vergleicht, wenn er will)?

- Werden die hierfür notwendigen Informationen dort vorgehalten, wo der Kunde sie sucht (und nicht dort, wo die Bank sie gut platzieren kann)?

- Ist die Evaluationsphase möglichst frei von Störfaktoren der Interaktion (s.o.)?

**Abdeckung der Kaufphase (Auswahl)**

- Ist für den Kunden das Abwägen der Alternativen möglichst einfach („Was bekomme ich unter welchen Bedingungen und was muss ich zahlen?“)?

- Ist die Kaufphase einfach, übersichtlich und rasch abwickelbar?

- Ist die Kaufphase möglichst frei von Störfaktoren der Interaktion (s.o.)?

**Abdeckung der After-Sales-Phase (Auswahl)**

- Können sich Ihre Kunden im Hinblick auf die gewünschte Serviceintensität selbst segmentieren und damit ihre Zahlungsbereitschaft zum Ausdruck bringen?

- Ist die Nutzungsphase durch einen Kundenservice abgedeckt, der die Kunden aktiv betreut und ihnen die Richtigkeit der Entscheidung bestätigt?

- Können durch die Einbindung geeigneter Kooperationspartner komplementäre Zusatzprodukte und -dienstleistungen angeboten werden?
- Werden die Kooperationspartner regelmäßig bewertet?
- Werden Kundenzufriedenheit und -bindung gemessen?
- Hat das Callcenter Erfahrungen mit Can-I-help-you-Kampagnen?
- Ist die After-Sales-Phase möglichst frei von Störfaktoren der Interaktion (s.o.)?

Die positive Beantwortung bezüglich der Abdeckung einer Phase in einem spezifischen Kundenprozess führt zu einem Kreuz („X") im entsprechenden Matrixfeld. Diese Ergebnisse stellt man den identifizierten Cross-Buying-Profilen gegenüber. Bislang unbefriedigte Kundenbedürfnisse sind dann leicht erkennbar und geben Aufschluss über Gewinnsteigerungspotenziale. So hat die Bank (Geschäftseinheit, Finanzportal usw.) für Privatkunden im folgenden Beispiel eine Cross Buying Ratio von 5 (abgedeckte Matrixfelder)/14 (Cross-Buying-Profil) = 0,36 (vgl. Abbildung 2). Diese Cross Buying Ratio kann als ein Wert für die Cross-Buying-Orientierung interpretiert werden und dient als Indikator für die gegenwärtige Kundenorientierung im Hinblick auf ein Cross Buying. Unterstellt sei hierbei, dass die einzelnen Felder der Matrix auf dieser Stufe der Analyse als gleichgewichtig angesehen werden – dies wird im Rahmen der monetären Analyse noch relativiert, um zu einer fundierten Investitionsentscheidung zu gelangen.[9]

$$\textit{Cross Buying Ratio} = \frac{\textit{abgedeckte Matrixfelder des Cross-Buying-Profils}}{\textit{Cross-Buying-Profil}}$$

| Customer Buying Cycle / Kunden-prozess/ Bedürfnisfelder (Privatkunden) | **Anregung** (Bedarfser-kennung, Interesse und (Neu-)Gier wecken) | **Evaluation** (Transparenz schaffen bzgl. der Alternativen der Bedarfsdeckung) | **Kauf** (Entscheidung für eine Alternative) | **After Sales** (Nachkauf-betreuung, komplementäre Produkte) |
|---|---|---|---|---|
| **Finanzplanung** | | X | X | |
| **Transaktions-abwicklung** | | | X | |
| **Mobilität** | | | | |
| **Wohnen** | | X | X | |
| **Freizeit** | | | | |
| **Beruf** | | | | |
| **Familienereignisse** | | | | |
| **Entertainment** | | | | |
| **usw.** | | | | |

*Abbildung 2: Matrix, Cross-Buying-Profil (grau) und dessen Abdeckung („X")*

In gleicher Weise lässt sich auch für Firmenkunden eine derartige Matrix entwickeln. Die Bedürfnisfelder in den Matrixzeilen orientieren sich dann an folgenden Punkten, nach denen je nach Lebenszyklusphase ein hoher oder fallweiser Bedarf bestehen kann:

Das sind dann **Kerndienstleistungen** wie

- Zahlungsverkehr (Inland und Ausland)
- Electronic Banking
- Kreditgeschäft
- Vermögensanlage/Einlagen/Immobilienanlagen und -fonds
- Alternative Finanzierungen
- Finanzmanagement
- Liquiditätsmanagement
- Auslandsgeschäfte/Internationalisierung (Syndizierung von Krediten, Cross-Border Leasing, Outsourcing von Tätigkeiten im Import- und Exportgeschäft zur Beschleunigung der Dokumentenerstellung und des Cashflows, Zins- und Währungsmanagement, Länderrisikomanagement)
- Absatzfinanzierungen/Financial Services (objektgestützte Finanzierungs- und Serviceleistungen wie Leasing, Inventory Finance, Flottenmanagement, Forfaitierung, Factoring usw.)
- Corporate Finance (M&A, IPO, Suche nach Venture Capital)
- Consulting (Managementberatung, Kooperationsberatung, neue EK-Richtlinien/Basel II)
- Research
- Altersversorgung/Nachfolgeregelung/Nachlass- und Stiftungsmanagement
- Koordination externer Kooperationspartner (Steuerberater, Wirtschaftsprüfer usw.) durch die Bank

oder **Mehrwertdienste** wie

- Nachrichten
- Finanzmarktinformationen inkl. Branchenberichte, Markt- und Zinsprognosen
- Online-Reiseplanung und -buchungen inkl. Hotelservice und Miles & More-Kontostandsverwaltung
- Einkaufsplattform für Büroartikel, PC-Hard- und Software
- Elektronisches Rechnungsstellungsverfahren/Electronic Bill Presentment
- Einholen von Onlineratings über Geschäftspartner
- Übersetzungsdienstleistungen
- Qualitätsvergleiche/Testergebnisse Stiftung Warentest und Finanztest
- Kunstberatung

## Phase 4: Cross-Buying-Strategien zur Gewinnsteigerung

Nach der Einordnung der Bank (Geschäftseinheit, Finanzportal usw.) und der Bestimmung der Cross Buying Ratio(s) sind zwei Dinge notwendig. Zum einen empfiehlt sich die Festlegung einer Ziel Cross Buying Ratio (beispielsweise durch ein Benchmarking mit vergleichbaren Mitbewerbern). Zum anderen sind Maßnahmen zur Erreichung der Ziel Cross Buying Ratio zu identifizieren, um die Potenziale zur Gewinnsteigerung auszuschöpfen. Für diese Schritte bietet es sich an, die Matrix als Planungshilfe und Entscheidungsraster heuristisch zu nutzen. Wie im nachfolgenden Beitrag gezeigt wird, kann hierbei die Methode der Monte-Carlo-Simulation wertvolle Dienste liefern. Sie ergänzt die nachfolgend gezeigten, qualitativen Entscheidungshilfen um quantitative Aussagen, die u.a. Budgetbeschränkungen miteinbeziehen.[10] Folgende als Zebramuster (C-BRA®) leicht einprägsamen Strategien können die Cross Buying Ratio erhöhen und der Bank damit Wettbewerbsvorteile verschaffen:

| | | |
|---|---|---|
| White-Strategy | → | Matrixfeld aufgeben! |
| Stripe-Strategy | → | Matrixfeld halten! |
| Black-Strategy | → | Matrixfeld besetzen! |

*Abbildung 3: Cross-Buying-Strategien*

**White-Strategy**

Eine White-Strategy kommt grundsätzlich in Betracht, wenn ein Matrixfeld ein „X“ ohne ein entsprechendes Bedürfnis aufweist. Der Anbieter stellt also ein Produkt- und Dienstleistungsbündel bereit, obwohl auf Kundenseite hierfür kein Bedarf festzustellen ist. Zu beachten ist bei einer White-Strategy, dass

- das Bedürfnis keine zukünftige Relevanz aufweist und
- keine Synergieeffekte verloren gehen, falls das Matrixfeld gebündelt angeboten wird (mit anderen Worten ist eine Kontinuität in der Zeile sicherzustellen!).

Zudem ist diese Strategie zu empfehlen, wenn ein Matrixfeld zwar kein „X“ aufweist, ein entsprechendes Bedürfnis jedoch nur von wenigen Kunden und/oder Kunden mit geringer zukünftiger Profitabilität und/oder geringer zukünftiger Zahlungsbereitschaft geäußert wird. Folgendes Entscheidungsraster kann die Planung im Rahmen einer White-Strategy unterstützen:

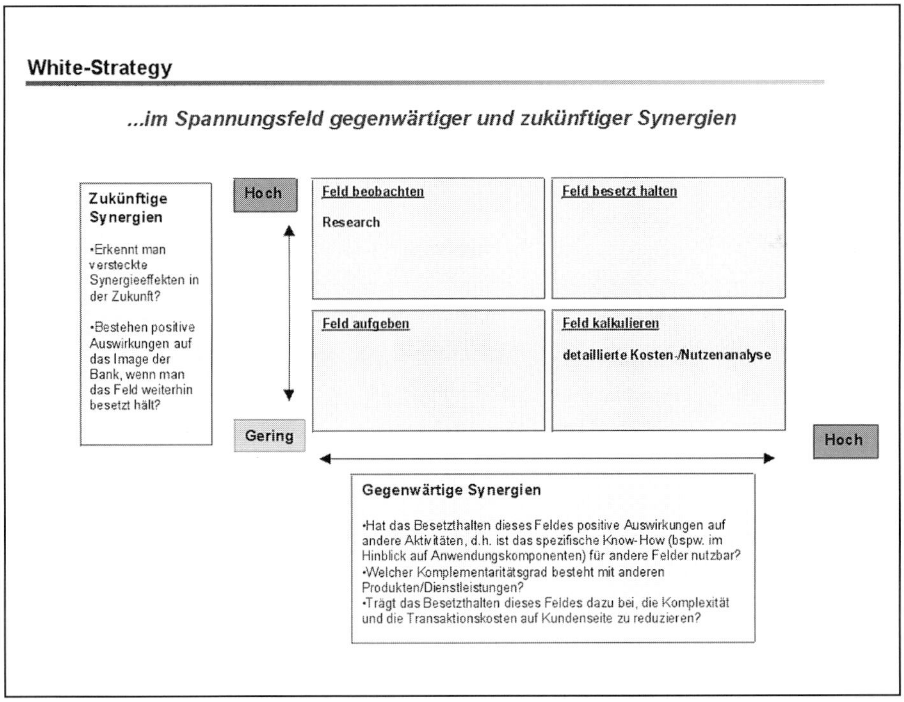


*Abbildung 4: Qualitatives Entscheidungsraster für die White-Strategy*

**Stripe-Strategy**

Eine Stripe-Strategy kommt in Betracht, wenn ein Matrixfeld ein „X“ mit einem entsprechenden Bedürfnis aufweist. Der Anbieter deckt damit bestehende Kundenbedürfnisse ab. Die Stripe-Strategy stellt in dieser Hinsicht auf die Sicherung und den Ausbau von bestehenden Konkurrenzvorteilen ab, wobei folgende Zusammenhänge gelten:[11]

- Komparative Konkurrenzvorteile resultieren aus Ressourcen (unternehmensspezifische Produktionsfaktoren wie Patente, Marke, Kundenbasis, Personal usw.) und Kernkompetenzen, welche aus den Erfahrungen in der Anwendung von Ressourcen entstehen.

- Um Konkurrenzvorteile nachhaltig zu festigen, sind Schutzmechanismen (Imitationshindernisse und Pioniervorteile als Markteintrittsbarrieren) notwendig.

- Imitationshindernisse können besonders durch legale Restriktionen in Form von Patenten, Urheberrechten und Marken aufgebaut werden. Auch kulturelle und organisatorische Aspekte kommen in Betracht.

- Pioniervorteile lassen sich durch Erfahrungseffekte im Umgang mit Kunden, Netzwerkeffekte, Reputation und Erhöhung der Wechselkosten von Kunden realisieren.

Im Rahmen einer Stripe-Strategy ist immer die Frage zu stellen, wer die notwendigen Aktivitäten am effizientesten ausführt. Mit anderen Worten ist zu prüfen, ob zur Sicherstellung von Konkurrenzvorteilen nicht auch kostengünstigere Alternativen wie beispielsweise Kooperationen mit effizienteren Partnern in Betracht kommen. Folgendes Entscheidungsraster kann die Planung im Rahmen einer Stripe-Strategy unterstützen:

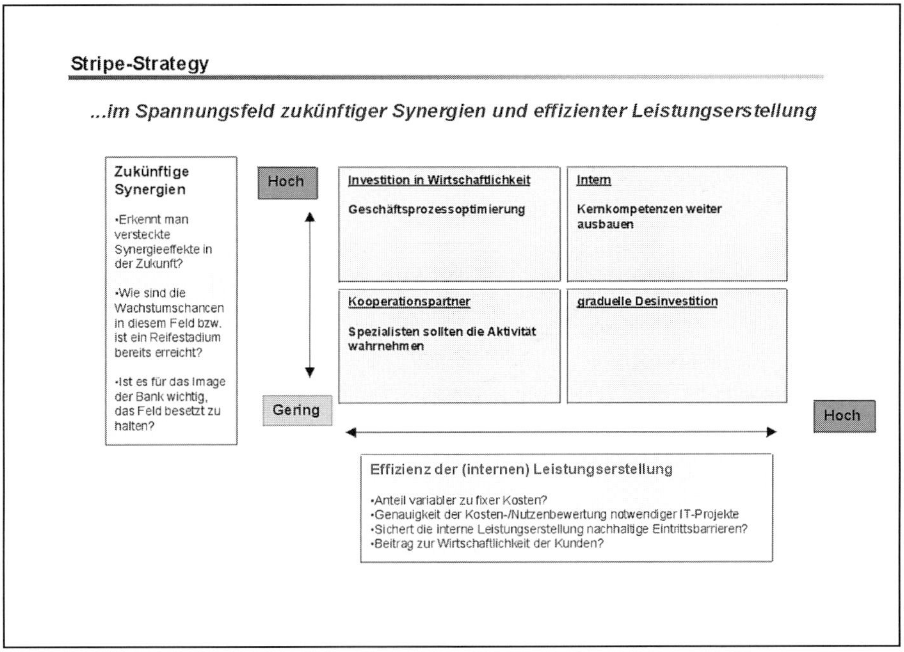


*Abbildung 5: Qualitatives Entscheidungsraster für die Stripe-Strategy*

## Black-Strategy

Eine Black-Strategy kommt in Betracht, wenn ein Matrixfeld kein „X" aufweist, ein entsprechendes Bedürfnis jedoch von vielen Kunden und/oder Kunden mit mittlerer und hoher zukünftiger Profitabilität geäußert wird. Es besteht also ein großes Potenzial für eine Gewinn bringende Ausweitung des Leistungsangebots. Die Abdeckung eines Feldes oder die Kombination aus mehreren Feldern orientiert sich grundsätzlich am **Wirtschaftlichkeitskriterium** (Umsatz- bzw. Provisionserlöse > Kosten), wobei die Zahlungsbereitschaften auf Seiten der Kooperationspartner und (sofern vorhanden) auf Kundenseite miteinzubeziehen sind.[12] Es stellt sich daher immer die Frage, wer welche Aktivitäten am effizientesten ausführt, das heißt, ob sich angesichts der derzeitigen Cross-Buying-Profile der Kunden Kooperationen mit Bang & Olufson, Hertz, bezahlen.at, AutoScout24, den Immobilienportalen, virtuellen Shopping-Malls, Preisvergleichsinstituten und anderen anbieten. Zudem ist zu beachten, dass die Kontinuität in den Zeilen („aus einem Guss") sichergestellt ist und dass die Kooperation mit Spezialisten zur jeweiligen Unternehmenskultur passt. Die Abdeckung eines Feldes ist somit mit der Eroberung eines neuen Zielmarktes vergleichbar, bei der idealtypisch folgende Schritte durchlaufen werden:

- Zielmarkt (nachfrageorientiert, das heißt, Markt als jene Produkte/Dienstleistungen, die aus Kundensicht als substituierbar wahrgenommen werden und geeignet sind, einen bestimmten Bedarf zu befriedigen) und Kundenbedürfnisse identifizieren,

- diesen Problemlösungsbedarf durch Lösungen abdecken, deren

- (Produkt-)Eigenschaften Erklärungs- bzw. Kommunikationsbedarf auf Seiten des Kunden erzeugen, welcher

- durch Kommunikationsmedien (stationäres und mobiles Internet, T-Commerce, Callcenter, Filiale, Außendienst, Mailing usw.) gemäß den Kundenpräferenzen und der Phase im Customer Buying Cycle unterstützt wird.

Folgendes Entscheidungsraster kann die Planung im Rahmen einer Black-Strategy unterstützen:

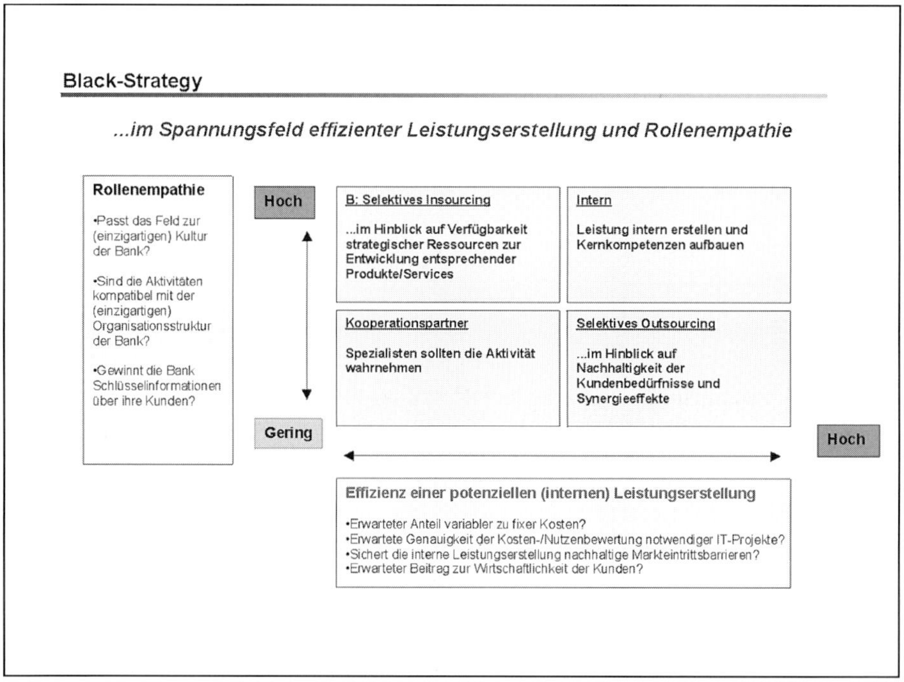


*Abbildung 6: Qualitatives Entscheidungsraster für die Black-Strategy*

# 3 Fazit

Mit den vier Phasen des Cross Buying Ratio Analyzer® lässt sich die Cross-Buying-Orientierung einer Bank abschätzen und gezielt verbessern. Die sich hierfür anbietenden Strategien sind intuitiv einprägsam und zielen auf eine Erhöhung der Cross Buying Ratio und in der weiteren Folge auf eine deutliche Gewinnsteigerung. Die eingangs dargestellten Aspekte können somit in ein Modell gegossen und umgesetzt werden und helfen der Bank, sich noch stärker als verlässlicher Lieferant bedürfnisrelevanter Leistungen (weit über rein bankbezogene Themen hinaus) im Gedächtnis des Kunden zu etablieren. Dies gelingt umso besser, je mehr man den Kunden ihr selbstbestimmtes Handeln lässt und konsequent die Sichtweise der Kunden einnimmt, da sie es sind, die die Entscheidung über ihr Handeln treffen. Der Cross Buying Ratio Analyzer® zwingt zur Einnahme der Kundensicht und kann somit die Bemühungen einer Bank unterstützen, dass sich ihre Kunden (in ihrem gesamten Lebensumfeld) besser verstanden und ernst genommen fühlen.

## Quellen und Anmerkungen

1 Vgl. *Homburg, Christian; Schäfer, Heiko*: Cross-Selling: Aus der Kundenbeziehung mehr herausholen, in: Harvard Business Manager, Heft 6 [2000], S. 35.

2 Vgl. exemplarisch *Broeker, Thorsten; Klein, Dieter; Schmidt, Michael*: Zukunftssicherung durch Kostenstrukturoptimierung, in: Die Bank, Heft 1 [2002], S. 50–53.

3 Nach der gegenwärtigen Gesetzeslage ist es Kredit- oder Finanzdienstleistungsinstituten grundsätzlich nicht verwehrt, andere als die in § 1 KWG (Kreditwesengesetz) genannten Geschäfte zu betreiben. Allerdings besteht eine Anzeigepflicht gegenüber der BAFin (www.bafin.de) und der Deutschen Bundesbank, um eventuelle negative Auswirkungen solcher Geschäfte auf die finanzielle Situation der Institute frühzeitig zu erkennen. Es könnte daher unter Umständen aus bankaufsichtsrechtlicher Sicht eine Einschränkung des Tätigkeitsbereiches einer Bank geboten sein. Weitere gesetzliche Bestimmungen ergeben sich aus dem UWG (Gesetz gegen den unlauteren Wettbewerb), wobei Kunden nicht durch übertriebene Sonderleistungen zu sachfremden Entschlüssen verleitet werden sollen.

[4] Vgl. auch den Beitrag von *Jacob, Hans-Reinhard; Klenk, Peter; Monsberger, Rodolfo,* in Kapitel 2.3.

[5] Vgl. *Bovet, David; Martha, Joseph*: Value Nets – das digitale Business Design für mehr Gewinn, Landsberg/Lech [2001], S. 96–100.

[6] Vgl. SZ vom 15.03.2002, S. 32.

[7] Denkbar ist auch der Rückgriff auf Kundeninformationen, die indirekt Aufschluss über präferierte Themen geben. Wie bereits im vorangegangenen Beitrag gezeigt, können Kunden durch die von webkonto bereitgestellten Funktionalitäten auch ihre Transaktionen selbst analysieren (Ausgabenplaner) und bestimmten Kategorien zuordnen. Auf der Basis dieser Kategorisierung kann der Finanzdienstleister anonymisierte Cross-Buying-Profile abschätzen.

[8] Vgl. *Schürer, Christian*: Der Kunde bekommt eine aktivere Rolle, in: Schweizer Versicherung, Heft 4 [2002], S. 39.

[9] Vgl. *Niemeyer, Vanessa; Thymian, Marco*: Auf der Suche nach einer Bank, die mich versteht, in: bankmagazin, Heft 11 [2001], S. 57.

[10] Vgl. den nachfolgenden Beitrag von *Frey, Herbert C.; Monsberger, Rodolfo,* in Kapitel 2.6.

[11] Vgl. den nachfolgenden Beitrag von *Frey, Herbert C.; Monsberger, Rodolfo,* in Kapitel 2.6.

[12] Vgl. *Hruschka, Harald*: Die Auswirkungen interaktiver Informationstechnologien auf das Herstellermarketing, in: Marketing ZFP, Heft 3 [1998], S. 202–203.

[13] So wird wohl in den wenigsten Fällen auf Kundenseite eine Zahlungsbereitschaft für die Anregungs- und/oder die Evaluationsphase vorhanden sein; jedoch kann die Abdeckung dieser Phasen positive Auswirkungen auf (zukünftige) Geschäfte in der Kaufphase haben.

# Budgetoptimierung im Cross Buying Ratio Analyzer® mittels Monte-Carlo-Simulation

*Herbert C. Frey, Rodolfo Monsberger*

Das Abwägen von Chancen und Risiken, die aus einer Entscheidung resultieren, ist charakteristisch für jede Art von Entscheidungsfindung in der modernen Geschäftswelt. Im Allgemeinen sind jedoch weder die Chancen noch die Risiken durch eine einzige Zahl oder einen Parameter beschreibbar. Vielmehr spricht man in diesem Zusammenhang von Bandbreiten der Chancen bzw. Risiken. Darüber hinaus treten innerhalb dieser Bandbreiten manche Werte mit einer höheren Wahrscheinlichkeit auf als andere. Erschwerend kommt hinzu, dass die meisten Werte, die eine Entscheidung beeinflussen, mit Unsicherheiten behaftet sind. Doch wie kann man dies in die Entscheidungsfindung integrieren? Und wie lässt sich damit der Cross Buying Ratio Analyzer® unterstützen?

# 1 Unterschiede zwischen deterministischen und stochastischen Modellen

Ein Modell ist ein vereinfachtes Abbild eines realen Systems oder Problems. Im Idealfall besitzen solche Modelle die Eigenschaften **Genauigkeit, Robustheit, Einfachheit, Flexibilität und Transparenz**. Simulation ist das Nachbilden eines Systems mit seinen dynamischen Prozessen in einem experimentierbaren Modell. Wenn Untersuchungen am realen System nicht möglich sind, aus welchen Gründen auch immer, dann bietet sich eine Simulation als Hilfestellung an. Das gilt auch, wenn analytische Methoden wegen zu großer Ungenauigkeiten oder vielfältiger, zufälliger Einflüsse, nicht anwendbar sind. In diesen Fällen kann man versuchen, die reale Welt durch ein geeignetes Modell abzubilden, welches zur Entscheidungsunterstützung dient. Je mehr Variablen in einem Modell miteinander verknüpft werden, desto komplexer wird das Modell. Die Anzahl der möglichen Szenarien steigt hierbei exponentiell mit der Anzahl der verschiedenen Werte, die die Variablen annehmen können.

Modelle sind meistens deterministisch, da alle Daten und Entscheidungsregeln als bekannt und eindeutig angesehen werden. Das heißt, sie bringen für jeden Lauf bei den gleichen Anfangsbedingungen die gleichen Ergebnisse. Die daraus folgenden Konsequenzen sind, dass die Anfangsbedingungen nur in gewissen Grenzen bekannt sind und die Modelle bei jedem Rechenschritt Fehler machen. Somit können diese Anfangsbedingungen mit der Zeit zu großen Unterschieden in den Endergebnissen führen und der berechnete Wert wird selbst bei genauer Rechnung immer weiter vom wirklichen Wert entfernt liegen. So bildet ein deterministisches Simulationsmodell die Wirklichkeit unter Ausschluss stochastischer Einflüsse ab.[1] Die Annahme, dass ein deterministisches Simulationsmodell vorliegt, ist in vielen Fällen daher nicht realistisch, da nur sehr selten über alle Zusammenhänge eines komplexen Problems eindeutige Aussagen gemacht werden können.

Hingegen beinhalten stochastische Modelle Elemente, deren Eigenschaften und Relationen vom Zufall abhängig sind. Die Daten werden nicht als konstant angesehen, sondern als Variablen. So sind zum Beispiel im betriebswirtschaftlichen Bereich folgende Probleme überwiegend stochastischer Natur: die Bedarfsnachfrage, die Ankunfts- oder Servicezeiten bei Warteschlangen, der Zeitpunkt der Cashflows sowie das Nachfrageverhalten bei einer Investitionsanalyse. Die Wahrscheinlichkeit des Auftretens eines zufälligen Ereignisses lässt sich nach seinen Verteilungsgesetzen errechnen. Diese Verteilungsgesetze sind dem Praktiker in der Regel jedoch nicht von vornherein bekannt. Deshalb wird zunächst eine empirische Erhebung durchgeführt und mit der Meinung von Experten ergänzt, um auf das entsprechende Verteilungsgesetz zu schließen.

Anhand folgenden Beispiels kann man einen ersten Eindruck von den Vorteilen der stochastischen Methode gewinnen.[2]

Wie errechnet man den Flächeninhalt eines Kreises? Die Frage beantwortet man spontan mit der Formel $\pi * r^2$, das heißt, 3,14 multipliziert mit dem Radius zum Quadrat. Was passiert, wenn man diese Formel nicht kennt? Dann bieten sich stochastische Methoden an, um das Problem zu lösen. Man legt an einem regnerischen Tag einen weißen Karton auf die Fensterbank. Auf dem Karton ist ein perfekt symmetrischer Kreis gezeichnet, der von einem Quadrat eingerahmt ist. Man lässt den Karton einige Zeit im Freien liegen, bis eine chaotische Verteilung der Regentropfen über die ganze Fläche erkennbar ist (vgl. Abbildung 1). Einige Tropfen sind innerhalb des Kreises, andere außerhalb niedergefallen. Danach zählt man die Tropfen inner- und außerhalb des Kreises und bestimmt das Verhältnis. Die Tropfen im Kreis verhalten sich dann zu den Tropfen im gesamten Quadrat wie der Flächeninhalt des Kreises zum Flächeninhalt des Quadrats. Je mehr Tropfen man fallen lässt, desto näher kommt man dem gesuchten Ergebnis.

*Abbildung 1: Chaotische Verteilung der Regentropfen*

## 2 Was leistet die Monte-Carlo-Simulation?

Die Monte-Carlo-Simulation liefert spezielle Verfahren, um stochastische Probleme zu simulieren. Durch die Generierung von Zufallszahlen werden künstliche Stichproben erzeugt, die den gewünschten Verteilungsgesetzen genügen. Die betrachteten

Systeme werden hierbei auf Computern nachgebildet, wobei Zufallszahlen die Zufallseinflüsse aus der Realität ersetzen. Die bewusste Auseinandersetzung mit den verschiedenen Risiken und Unsicherheiten eines Modells und die computerunterstützte Simulation tragen dazu bei, die oben genannte Attribute eines Ideal-Modells abzudecken.

In der Monte-Carlo-Simulation gibt es, wie in jedem Modell, einen Input, der auf Annahmen bzw. Variablen basiert. Mit moderner Software generiert man Zufallszahlen, die als Input der verschiedenen Variablen eingeführt werden. Jede Simulation stellt dabei ein unabhängiges Szenario dar. Eine große Anzahl von Simulationen ergibt dann die statistischen Wahrscheinlichkeiten eines Resultats. Die Simulation ist komplett, wenn alle möglichen Kombinationen mit den entsprechenden Eintrittswahrscheinlichkeiten durchgeführt wurden. Anschließend kann man verifizieren, mit welcher Wahrscheinlichkeit eine vorangegangene deterministische Prognose eintrifft.

An einem konkreten Beispiel und mit der Unterstützung entsprechender Software werden im folgenden die Anwendungsmöglichkeiten der Monte-Carlo-Simulation gezeigt. Das Modell wurde in Microsoft Excel 2000 zusammen mit Crystal Ball 2000 Professional Edition erstellt.[3] Damit soll untersucht werden, ob sich eine Investition in interaktives Fernsehen für den Fernsehsender auszahlen könnte. Bei interaktivem Fernsehen ist jeder Zuschauer sein eigener Programmdirektor. In dem dargestellten Modell werden für die nächsten fünf Jahre die charakteristischen Modellgrößen abgebildet und miteinander verknüpft. Darauf aufbauend wird für jedes zu prognostizierende Jahr der Gewinn/Verlust ermittelt. Abschließend wird die Investition mit der so genannten Net-Present-Value-Methode (NPV) bewertet. Dabei werden die Ergebnisse der zukünftigen Jahre mit einem fixen Zinssatz auf das aktuelle Jahr diskontiert (vgl. Abbildung 2).

| | A | B | C | D | E | F | G | H |
|---|---|---|---|---|---|---|---|---|
| 1 | RTL WORLD | **Interaktives Fernsehen - Verkaufsprognose** | | | | | | |
| 2 | | **2001** | **2002** | **2003** | **2004** | **2005** | **2006** | |
| 3 | Haushalte mit Fernsehgeräten | 3.200.000 | 3.258.018 | 3.316.044 | 3.374.070 | 3.432.096 | 3.490.122 | |
| 4 | | | | | | | | |
| 5 | **Marktanteile** | | | | | | | |
| 6 | Kabelfernsehen | 78,3% | 70,7% | 68,0% | 60,7% | 58,9% | 64,8% | |
| 7 | Satellitenfernsehen | 12,0% | 14,0% | 16,0% | 18,0% | 20,0% | 22,0% | |
| 8 | Interaktives Fernsehen | **1,7%** | **8,3%** | **10,0%** | **16,3%** | **17,1%** | **10,2%** | |
| 9 | Antenne | 8,0% | 7,0% | 6,0% | 5,0% | 4,0% | 3,0% | |
| 10 | TOTAL | 100% | 100,0% | 100,0% | 100,0% | 100,0% | 100,0% | |
| 11 | | | | | | | | |
| 12 | **Marktgrösse** | | | | | | | |
| 13 | Kabelfernsehen | 2.506.025 | 2.301.967 | 2.254.375 | 2.049.052 | 2.020.261 | 2.260.544 | |
| 14 | Satellitenfernsehen | 384.000 | 456.123 | 530.567 | 607.333 | 686.419 | 767.827 | |
| 15 | Interaktives Fernsehen | **53.975** | **271.868** | **332.139** | **548.981** | **588.131** | **357.048** | |
| 16 | Antenne | 256.000 | 228.061 | 198.963 | 168.703 | 137.284 | 104.704 | |
| 17 | TOTAL | 3.200.000 | 3.258.018 | 3.316.044 | 3.374.070 | 3.432.096 | 3.490.122 | |
| 18 | | | | | | | | |
| 19 | **Gebühreneinnahmen für ITV** | | | | | | | |
| 20 | Jahresgebühren pro Haushalt | € 120 | € 125 | € 130 | € 135 | € 140 | € 145 | |
| 21 | TOTAL | € 6.476.979 | € 33.983.487 | € 43.178.125 | € 74.112.501 | € 82.338.402 | € 51.771.890 | |
| 22 | | | | | | | | |
| 23 | **Ausgaben** | | | | | | | |
| 24 | Investition in ITV | **€ 98.910.036** | | | | | | |
| 25 | Jährliche Ausgaben | **€ 21.668.602** | **€ 20.208.280** | **€ 22.603.150** | **€ 21.280.487** | **€ 24.449.447** | **€ 25.487.108** | |
| 26 | TOTAL | € 120.578.638 | € 20.208.280 | € 22.603.150 | € 21.280.487 | € 24.449.447 | € 25.487.108 | |
| 27 | | | | | | | | |
| 28 | **Gewinn (netto)** | -€ 114.101.658 | **€ 13.775.207** | **€ 20.574.975** | **€ 52.832.014** | **€ 57.888.955** | **€ 26.284.782** | |
| 29 | | | | | | | | |
| 30 | **NPV (10% Zins)** | **€ 9.980.509** | NPV | | | | | |
| 31 | | | | | | | | |

*Abbildung 2: Interaktives Fernsehen*

Anhand des Simulations-Programms hinterlegt man nun für die Zellen B8–G8, B24, B25–G25 adäquate Wahrscheinlichkeitsverteilungen und definiert die Zelle B30 als Forecast; so kann man die Auswirkungen auf das NPV-Ergebnis abbilden. Das Programm generiert nun etliche dieser möglichen Szenarien. Der Benutzer des Programms kann hierbei die Anzahl der zu erzeugenden Szenarien einstellen. Man kann also ausrechnen, mit welcher Wahrscheinlichkeit das Projekt den gewünschten Ertrag erwirtschaften kann. Offensichtlich ist das Projekt aufgrund des positiven NPV erfolgreich.

Lässt man also eine Monte-Carlo-Simulation mit 5.000 Berechnungen laufen, dann kann man feststellen, dass das Projekt mit einer Wahrscheinlichkeit von ca. 61 % ein positives Ergebnis erzielt (vgl. Abbildung 3). Selbstverständlich ändert sich die Wahrscheinlichkeit eines positiven Ergebnisses mit jeder Änderung der zugrunde liegenden Verteilungsfunktionen.

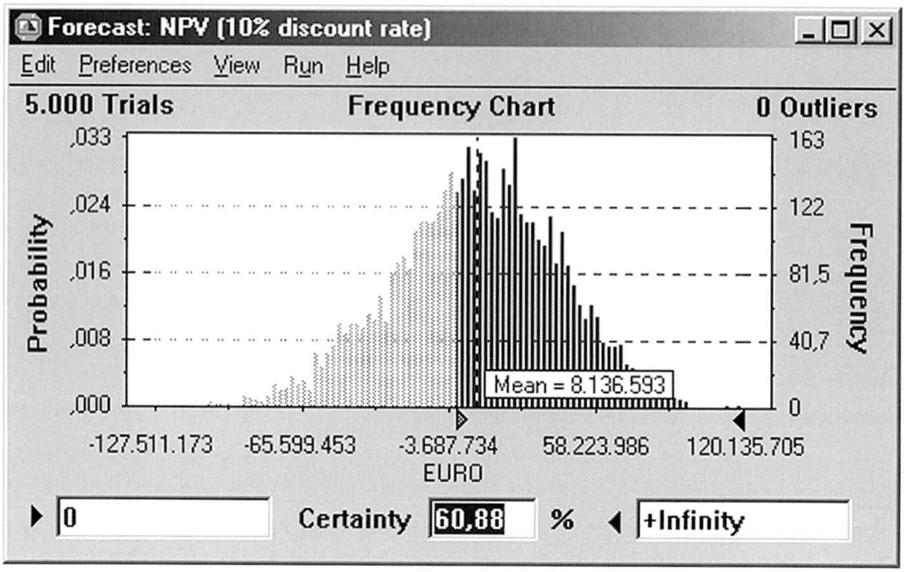


*Abbildung 3: Interaktives Fernsehen – NPV*

# 3 Anwendung der Monte-Carlo-Simulation im Cross Buying Ratio Analyzer®

Da eine Cross-Buying-Strategie eine erhebliche Erweiterung der Produktpalette eines Finanzdienstleisters bedeuten kann und hierfür selbstverständlich entsprechende Budgets bereitgestellt werden müssen, ist eine entsprechende Priorisierung der neuen Geschäftsfelder unabdingbar. Die Monte-Carlo-Simulation unterstützt hierbei die Optimierung des Budgets. So kann man die qualitative Analyse der einzelnen Felder der Cross-Buying-Matrix mit einer quantitativen Einschätzung der Rentabilität jedes Prozesses ergänzen. Diese Optimierung kann auch je nach gewünschter Detailtiefe für die einzelnen Felder erweitert werden.

## 3.1 Ein praxisbezogenes Beispiel

Ausgangspunkt dieses Beispiels ist eine Universalbank, bei der sich nach einer qualitativen Bewertung anhand des Cross Buying Ratio Analyzer® folgende Konstellation mit den drei möglichen Strategien White, Stripe und Black herausgeschält hat (vgl. Abbildung 4).

**Strategy Map**

| Projekte | Prozesse | Strategien für die einzelnen Prozessphasen: Anregungsphase | Evaluationsphase | Kaufphase | After-Sales-Phase |
|---|---|---|---|---|---|
| 1 | Altersvorsorge | | | | |
| 2 | Transaktionsabwicklung | | | | |
| 3 | Mobilität | | | | X |
| 4 | Wohnen | | | | |
| 5 | Freizeit | | X | | |
| 6 | Sonstige Geldvermögensbildung | | | | |
| 7 | Sonstige Sachvermögensbildung | | | | |
| 8 | Risikoabsicherung | | | | |
| 9 | Autonomiestreben | | | | |
| 10 | Familienereignisse | | | | |

| | | Erklärung |
|---|---|---|
| Stripe-Strategy | | Matrixfeld halten! |
| Black-Strategy | | Matrixfeld besetzen! |
| White-Strategy | X | Matrixfeld aufgeben! |

*Abbildung 4: Strategy Map (Cross-Buying-Matrix)*

Nach der oben dargestellten Konstellation konkurrieren beispielhaft zehn Kundenprozesse um ein knappes Budget. Jetzt ist das Management mit dem Problem konfrontiert, die weniger rentablen Kundenprozesse herauszufiltern. Die Monte-Carlo-Simulation ist ein solides Werkzeug zur Beantwortung dieser Frage. Zunächst kalkuliert man den Barwert der einzelnen Investitionen, die dann den einzelnen Feldern der Cross-Buying-Matrix zugeordnet werden (vgl. Abbildung 5). Somit kann man eine Summe der einzelnen Feldern pro Prozess und dementsprechend eine Gesamtinvestition von 1.045.000 Euro errechnen. Weil eine White-Strategie eine Desinvestition bedeutet, sollen in der weiteren Folge nur „Black-" und „Stripe"-Felder berücksichtigt werden. Für diese geplanten Investitionen stellt der Vorstand der Bank jedoch nur ein Gesamtbudget von 850.000 Euro zur Verfügung.

**Überblick Budget**

| Projekte | Prozesse | Investitionen in die einzelnen Phasen des CBC: Anregungsphase | Evaluationsphase | Kaufphase | After-Sales-Phase | Investition je Prozess |
|---|---|---|---|---|---|---|
| 1 | Altersvorsorge | 115.000 € | 45.000 € | 25.000 € | | 185.000 € |
| 2 | Transaktionsabwicklung | | | 22.000 € | 18.000 € | 40.000 € |
| 3 | Mobilität | | 113.000 € | 122.000 € | X | 235.000 € |
| 4 | Wohnen | | 50.000 € | 205.000 € | 28.000 € | 283.000 € |
| 5 | Freizeit | | X | 8.000 € | | 8.000 € |
| 6 | Sonstige Geldvermögensbildung | 105.000 € | 65.000 € | 10.000 € | | 180.000 € |
| 7 | Sonstige Sachvermögensbildung | 50.000 € | 22.000 € | | | 72.000 € |
| 8 | Risikoabsicherung | | 17.000 € | 6.000 € | | 23.000 € |
| 9 | Autonomiestreben | 10.000 € | | 3.000 € | | 13.000 € |
| 10 | Familienereignisse | | 6.000 € | | | 6.000 € |
| | Investition | 280.000 € | 318.000 € | 401.000 € | 46.000 € | 1.045.000 € |

| | | Erklärung |
|---|---|---|
| Stripe-Strategy | | Matrixfeld halten! |
| Black-Strategy | | Matrixfeld besetzen! |
| White-Strategy | X | Matrixfeld aufgeben! ← Desinvestition |

| | |
|---|---|
| Budget | 850.000 € |

*Abbildung 5: Überblick über die Investitionen*

Die Simulations-Software errechnet eine Gewichtung der benötigten Investitionen jedes Kundenprozesses bezüglich der erwarteten Einkünfte (vgl. Abbildung 6). Der Unterschied zu obigem Beispiel („Interaktives Fernsehen") liegt darin, dass die Barwerte von Einkünften und Investitionen schon berechnet wurden. Folglich wird lediglich eine Subtraktion der entsprechenden Spalten durchgeführt, um den NPV zu errechnen. Anhand der Simulations-Software werden ferner Verteilungsfunktionen den Einkünfte- und Erfolgsratenspalten zugeordnet und der Gesamtgewinn als Prognosefeld (Forecast) definiert. Bei den Entscheidungsspalten handelt es sich um eine Entscheidungsvariable, die nur den Wert NULL oder EINS annehmen kann. Diese Spalte ist eine Funktion des erwarteten Gewinns, was letztendlich bedeutet, dass die Simulations-Software den weniger profitablen Kundenprozessen eine NULL zuteilt. In der Ausgangslage sind alle Entscheidungsvariablen auf den Wert EINS eingestellt.

Entscheidungsvariablen hinterlegt: Zellen J4 - J13

**Gesamtinvestitionen vor der Optimierung**

| Projekte | Prozesse | Barwert Einkünfte | Erfolgs-Raten | Min | Max | Erwartete Einkünfte | Barwert Investition | Erwarteter Gewinn | Entscheidung |
|---|---|---|---|---|---|---|---|---|---|
| 1 | Altersvorsorge | 295.000 € | 70% | 60% | 80% | 206.500 € | 185.000 € | 21.500 € | 1 |
| 2 | Transaktionsabwicklung | 225.000 € | 90% | 80% | 100% | 202.500 € | 40.000 € | 162.500 € | 1 |
| 3 | Mobilität | 340.000 € | 90% | 80% | 100% | 306.000 € | 235.000 € | 71.000 € | 1 |
| 4 | Wohnen | 395.000 € | 75% | 65% | 85% | 296.250 € | 283.000 € | 13.250 € | 1 |
| 5 | Freizeit | 25.000 € | 40% | 30% | 50% | 10.000 € | 8.000 € | 2.000 € | 1 |
| 6 | Sonstige Geldvermögensbildung | 310.000 € | 60% | 50% | 70% | 186.000 € | 180.000 € | 6.000 € | 1 |
| 7 | Sonstige Sachvermögensbildung | 145.000 € | 75% | 65% | 85% | 108.750 € | 72.000 € | 36.750 € | 1 |
| 8 | Risikoabsicherung | 66.000 € | 80% | 70% | 90% | 52.800 € | 23.000 € | 29.800 € | 1 |
| 9 | Autonomiestreben | 45.000 € | 40% | 30% | 50% | 18.000 € | 13.000 € | 5.000 € | 1 |
| 10 | Familienereignisse | 38.000 € | 50% | 40% | 60% | 19.000 € | 6.000 € | 13.000 € | 1 |
| | | | | | | | 1.045.000 € | 360.800 € | |

Verteilungsfunktionen hinterlegt: Zellen C4 - C13. D4 - D13. H4 - H13

| | |
|---|---|
| **Budget** | 850.000 € |
| **Gesamtinvestition** | 1.045.000 € |
| **Surplus** | - 195.000 € |
| **Erwarteter Gesamtgewinn (NPV)** | 360.800 € |

| *Optquest* | *lower* | *upper* |
|---|---|---|
| Surplus | - € | 300.000 € |

*Abbildung 6: Gesamtinvestition vor der Optimierung*

Nun lässt man das Simulationsprogramm laufen, bis der maximierte Gesamtgewinn unter Berücksichtigung der genannten Budgetbeschränkung gefunden wird. Das Ergebnis zeigt, welche Kundenprozesse nicht berücksichtigt werden sollten, um eine Optimierung des Budgets und des Gewinns zu erreichen (vgl. Abbildung 7). Die optimale Lösung nach 2.000 Versuchen lautet, dass lediglich der Prozess „Wohnen" aufgegeben werden sollte. Man kann das Ergebnis folgenderweise interpretieren: Bei Aufgabe dieses Prozesses reduziert sich die Investitionshöhe um ca. 283.000 Euro und man gibt dafür nur ca. 13.000 Euro des Gewinnes auf.

**Gesamtinvestitionen nach der Optimierung**

| Projekte | Prozesse | Barwert Einkünfte | Erfolgs-Raten | Erwartete Einkünfte | Barwert Investitionen | Erwarteter Gewinn | Entscheidung |
|---|---|---|---|---|---|---|---|
| 1 | Altersvorsorge | 295.000 € | 70% | 206.500 € | 185.000 € | 21.500 € | 1 |
| 2 | Transaktionsabwicklung | 225.000 € | 90% | 202.500 € | 40.000 € | 162.500 € | 1 |
| 3 | Mobilität | 340.000 € | 90% | 306.000 € | 235.000 € | 71.000 € | 1 |
| 4 | Wohnen | 395.000 € | 75% | 296.250 € | 283.000 € | - € | 0 |
| 5 | Freizeit | 25.000 € | 40% | 10.000 € | 8.000 € | 2.000 € | 1 |
| 6 | Sonstige Geldvermögensbildung | 310.000 € | 60% | 186.000 € | 180.000 € | 6.000 € | 1 |
| 7 | Sonstige Sachvermögensbildung | 145.000 € | 75% | 108.750 € | 72.000 € | 36.750 € | 1 |
| 8 | Risikoabsicherung | 66.000 € | 80% | 52.800 € | 23.000 € | 29.800 € | 1 |
| 9 | Autonomiestreben | 45.000 € | 40% | 18.000 € | 13.000 € | 5.000 € | 1 |
| 10 | Familienereignisse | 38.000 € | 50% | 19.000 € | 6.000 € | 13.000 € | 1 |
| | | | | | 1.045.000 € | 347.550 € | 1=JA / 0 = NEIN |

kritisch

| | |
|---|---|
| Budget | 850.000 € |
| Gesamtinvestition | 762.000 € |
| Surplus | 88.000 € |

ca. 200.000 € weniger Investitionsbedarf

| | |
|---|---|
| Erwarteter Gesamtgewinn (NPV) | 347.550 € |

13.000 € weniger Gewinn

| Optquest | lower | upper |
|---|---|---|
| Surplus | - € | 300.000 € |

*Abbildung 7: Gesamtinvestition nach der Optimierung*

## 3.2 Verfeinerte Analyse auf Basis einzelner Spalten

Darüber hinaus kann man die Analyse vertiefen, indem man die einzelnen Felder der Gesamtmatrix spaltenweise über alle Phasen des Customer Buying Cycle optimiert. Die Überlegung dahinter ist, die Ursachen der weniger rentablen Kundenprozesse herauszufinden, da die Optimierung der Ressourcen-Allokation in der Gesamtinvestition lediglich eine grobe Einschätzung darstellt. Eine gründliche Auseinandersetzung mit den Investitionen der einzelnen Feldern schafft Klarheit, warum ein Kundenprozess nach der Gesamtoptimierung sich als negativ erweist. Ziel dieser Analyse ist es, kritische Felder zu identifizieren, nämlich diejenigen, die eine relativ hohe Investition benötigen. Dann kann man eine der folgenden Entscheidungen verifizieren, womit das Ergebnis konkreter und solider wird:

- outsourcen
- reorganisieren, um die Kostentreiber zu reduzieren
- das Feld definitiv aufgeben

Vergleicht man nun Felder verschiedener Spalten, dann zeigt sich in aller Regel, dass diejenigen der Anregungs- und Evaluationsphase größere Investitionen verlangen, jedoch im Gegensatz zur Kaufphase oder After-Sales-Phase niedrigere Einkünfte realisieren. Das heißt, dass Felder verschiedener Spalten in dieser Hinsicht nicht vergleichbar sind. Aus diesem Grund sollte man eine Optimierung nach Spalten durchführen, wobei die Felder jeder Spalte miteinander um ein Budgetstück konkurrieren. Hierfür sollte man die Gewichtung der Investitionen nach Spalten in Gesamtinvestition anteilmäßig dem Gesamtbudget zuordnen, damit das Budget für jede Spalte resultiert (vgl. Abbildung 8). Als objektive Referenzgröße für die Optimierung aller Spalten bieten sich (als beste Lösung) die erwarteten Einkünfte an.

**Budgetanteile**

| Projekte | Prozesse | Investitionen in die einzelnen Phasen des CBC: Anregungsphase | Evaluationsphase | Kaufphase | After-Sales-Phase | Investition je Prozess |
|---|---|---|---|---|---|---|
| 1 | Altersvorsorge | 115.000 € | 45.000 € | 25.000 € | | 185.000 € |
| 2 | Transaktionsabwicklung | | | 22.000 € | 18.000 € | 40.000 € |
| 3 | Mobilität | | 113.000 € | 122.000 € | X | 235.000 € |
| 4 | Wohnen | | 50.000 € | 205.000 € | 28.000 € | 283.000 € |
| 5 | Freizeit | | X | 8.000 € | | 8.000 € |
| 6 | Sonstige Geldvermögensbildung | 105.000 € | 65.000 € | 10.000 € | | 180.000 € |
| 7 | Sonstige Sachvermögensbildung | 50.000 € | 22.000 € | | | 72.000 € |
| 8 | Risikoabsicherung | | 17.000 € | 6.000 € | | 23.000 € |
| 9 | Autonomiestreben | 10.000 € | | 3.000 € | | 13.000 € |
| 10 | Familienereignisse | | 6.000 € | | | 6.000 € |
| | **Investition** | 280.000 € | 318.000 € | 401.000 € | 46.000 € | 1.045.000 € |
| | Anteil jeder Phase an der Gesamtinvestition in % | **26,79%** | **30,43%** | **38,37%** | **4,40%** | |
| | **Budget-Anteile** | 227.751 € | 258.660 € | 326.172 € | 37.416 € | 850.000 € |

Budgetanteile

| | | Erklärung |
|---|---|---|
| **Stripe-Strategy** | | Matrixfeld halten! |
| **Black-Strategy** | | Matrixfeld besetzen! |
| **White-Strategy** | X | Matrixfeld aufgeben! |

*Abbildung 8: Budgetanteile*

Die neuen Budgetanteile fungieren nun als Beschränkung jeder der einzelnen Phasen des Customer Buying Cycle. Die Prozedur bei der Optimierung jeder Phase entspricht der der Gesamtinvestition. Damit können gemäß der optimalen Lösung die weniger rentablen Felder automatisch ausgeschlossen werden. Als Beispiel wird hier die Budgetoptimierung der Evaluationsphase herangezogen (vgl. Abbildung 9). Die Ergebnisse nach der Optimierung sind in Abbildung 10 dargestellt.

**Evaluationsphase vor der Optimierung**

| Projekte | Prozesse | Erwartete Prozess-Einkünfte | Phasen-Investition | Erwarteter Gewinn | Entscheidung |
|---|---|---|---|---|---|
| 1 | Altersvorsorge | 206.500 € | 45.000 € | 161.500 € | 1 |
| 2 | Transaktionsabwicklung | | | | |
| 3 | Mobilität | 306.000 € | 113.000 € | 193.000 € | 1 |
| 4 | Wohnen | 296.250 € | 50.000 € | 246.250 € | 1 |
| 5 | Freizeit | | | | |
| 6 | Sonstige Geldvermögensbildung | 186.000 € | 65.000 € | 121.000 € | 1 |
| 7 | Sonstige Sachvermögensbildung | 108.750 € | 22.000 € | 86.750 € | 1 |
| 8 | Risikoabsicherung | 52.800 € | 17.000 € | 35.800 € | 1 |
| 9 | Autonomiestreben | | | | |
| 10 | Familienereignisse | 19.000 € | 6.000 € | 13.000 € | 1 |
| | | 1.175.300 € | 318.000 € | 857.300 € | |

kein Feld besetzt

| | |
|---|---|
| **Budget** | 258.660 € |
| **Phasen-Investition** | 318.000 € |
| **Surplus** | - 59.340 € |
| **Erwarteter Phasengewinn** | 695.800 € |
| **Nicht besetzte Felder** | |

| *Optquest* | *lower* | *upper* |
|---|---|---|
| Surplus | - € | 150.000 € |

*Abbildung 9: Evaluationsphase vor der Optimierung*

**Evaluationsphase nach der Optimierung**

| Projekte | Prozesse | Erwartete Prozess-Einkünfte | Phasen-Investition | Erwarteter Gewinn | Entscheidung |
|---|---|---|---|---|---|
| 1 | Altersvorsorge | 206.500 € | 45.000 € | 161.500 € | 1 |
| 2 | Transaktionsabwicklung | | | | |
| 3 | Mobilität | 306.000 € | 113.000 € | 193.000 € | 1 |
| 4 | Wohnen | 296.250 € | 50.000 € | 246.250 € | 1 |
| 5 | Freizeit | | | | |
| 6 | Sonstige Geldvermögensbildung | 186.000 € | 65.000 € | - € | 0 |
| 7 | Sonstige Sachvermögensbildung | 108.750 € | 22.000 € | 86.750 € | 1 |
| 8 | Risikoabsicherung | 52.800 € | 17.000 € | 35.800 € | 1 |
| 9 | Autonomiestreben | | | | |
| 10 | Familienereignisse | 19.000 € | 6.000 € | 13.000 € | 1 |
| | | 1.175.300 € | 318.000 € | 736.300 € | |

kritisch

| | |
|---|---|
| **Budget** | 258.660 € |
| **Phasen-Investition** | 253.000 € |
| **Surplus** | 5.660 € |
| **Erwarteter Phasengewinn** | 736.300 € |

| *Optquest* | *lower* | *upper* |
|---|---|---|
| Surplus | - € | 150.000 € |

*Abbildung 10: Evaluationsphase nach der Optimierung*

Nach der Simulation wird der Kundenprozess „Sonstige Geldvermögensbildung" als kritisch eingestuft. Führt man diese Optimierung auch bei allen anderen Phasen des Customer Buying Cycle durch, so kann man eine Entscheidungsmatrix aufbauen, in der alle Spalten-Optimierungen zusammengefasst sind (vgl. Abbildung 11). Diese Entscheidungsmatrix ermöglicht eine viel detailliertere Bewertung als die grobe Optimierung der Gesamtinvestition, wobei sich auch andere Felder als kritisch zeigen. So hatte beispielsweise die Optimierung der Gesamtinvestition eine Abschaffung des Prozesses „Wohnen" empfohlen. Jedoch zeigt eine Spaltenanalyse, dass nur die Kaufphase dieses Prozesses kritisch ist und nicht die Evaluations- oder After-Sales-Phase. Die Empfehlung lautet daher, dieses Feld outzusourcen, zu reorganisieren oder definitiv aufzugeben. Es ist generell empfehlenswert, alle anderen Felder mit einer Bewertung NULL genauer zu analysieren.

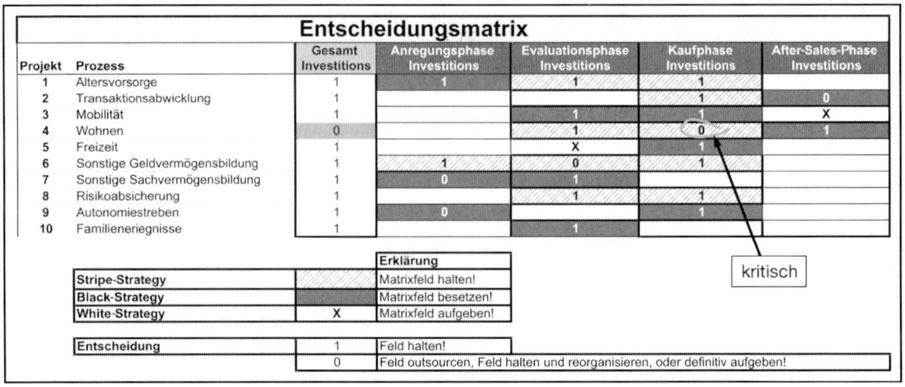

**Entscheidungsmatrix**

| Projekt | Prozess | Gesamt Investitions | Anregungsphase Investitions | Evaluationsphase Investitions | Kaufphase Investitions | After-Sales-Phase Investitions |
|---|---|---|---|---|---|---|
| 1 | Altersvorsorge | 1 | 1 | 1 | 1 | |
| 2 | Transaktionsabwicklung | 1 | | | 1 | 0 |
| 3 | Mobilität | 1 | | 1 | 1 | X |
| 4 | Wohnen | 0 | | 1 | 0 | 1 |
| 5 | Freizeit | 1 | | X | 1 | |
| 6 | Sonstige Geldvermögensbildung | 1 | 1 | 0 | 1 | |
| 7 | Sonstige Sachvermögensbildung | 1 | 0 | 1 | | |
| 8 | Risikoabsicherung | 1 | | 1 | 1 | |
| 9 | Autonomiestreben | 1 | 0 | | 1 | |
| 10 | Familieneriegnisse | 1 | | 1 | | |

kritisch

| | | Erklärung |
|---|---|---|
| Stripe-Strategy | | Matrixfeld halten! |
| Black-Strategy | | Matrixfeld besetzen! |
| White-Strategy | X | Matrixfeld aufgeben! |

| | | |
|---|---|---|
| Entscheidung | 1 | Feld halten! |
| | 0 | Feld outsourcen, Feld halten und reorganisieren, oder definitiv aufgeben! |

*Abbildung 11: Entscheidungsmatrix*

# 4 Fazit

Die Monte-Carlo-Simulation liefert spezielle Verfahren, um stochastische Probleme zu simulieren. Dies erweist sich auch im Rahmen des Cross Buying Ratio Analyzer® als sehr hilfreich, da eine Cross-Buying-Strategie eine erhebliche Erweiterung der Produktpalette eines Finanzdienstleisters bedeuten kann. Die Monte-Carlo-Simulation unterstützt hierbei die Optimierung des Budgets im Hinblick auf die Priorisierung der neuen Geschäftsfelder. Zusammenfassend tragen all diese Ergebnisse dazu bei, eine quantitative Argumentationsbasis zu schaffen, die als Komplementär zur qualitativen Bewertung anzusehen ist.

## Quellen und Anmerkungen

[1] Stochastische Einflussgrößen sind zufällige Einflüsse.

[2] Vgl. auch *De Crescenzo, Luciano*: Die Kunst der Unordnung, München [1997], S. 64.

[3] Weitere Beispiele aus verschiedenen Industrien können von der Internetseite www.riskmind.com gratis heruntergeladen werden.

# Cross Buying mit der Balanced Scorecard umsetzen

*Peter Klenk*

Mit der Entscheidung für eine Neuausrichtung aller marktbezogenen Aktivitäten im Rahmen eines Cross Buying stellt sich die Frage, wie eine solche Strategie nachhaltig umgesetzt werden kann. Die derzeit mit Abstand populärste Konzeption für derartige Fragestellungen ist ohne Zweifel die Balanced Scorecard. Doch was verbirgt sich hinter diesem schillernden Begriff und was ist bei der Umsetzung einer Cross-Buying-Strategie zu beachten?

# 1 Grundkonzept der Balanced Scorecard

Strategien können scheitern – und dies aus mehreren Gründen. So kann es an einer marktseitigen Akzeptanz mangeln oder es stehen Finanzierungsmittel nicht in ausreichendem Maße zur Verfügung. Aber auch in der adäquaten Umsetzung einer Strategie lauern zahlreiche Fallstricke. Gerade auf dieser Problemstellung liegt der Fokus der Balanced Scorecard, die als Top-down Approach konzipiert wurde, um den schwierigen Übergang von Strategieentwicklung zur Strategieumsetzung zu meistern. Sie ist nach den Erkenntnissen einer aktuellen Studie, bei der mehr als 160 der größten Banken im deutschsprachigen Raum befragt wurden, in allen Banksegmenten auf dem Vormarsch (vgl. Abbildung 1 und 2). Der Nutzen nach der Einführung resultiert hierbei aus einer Vielzahl von unterschiedlichen Aspekten (vgl. Abbildung 3).

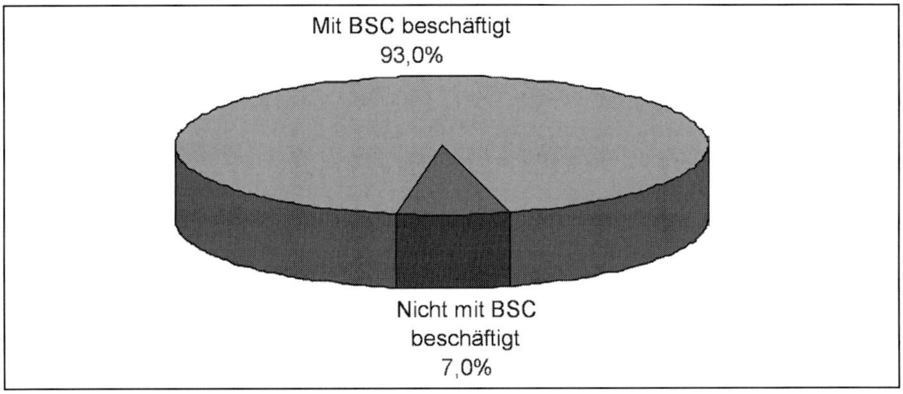


*Abbildung 1: Bekanntheitsgrad der Balanced Scorecard*

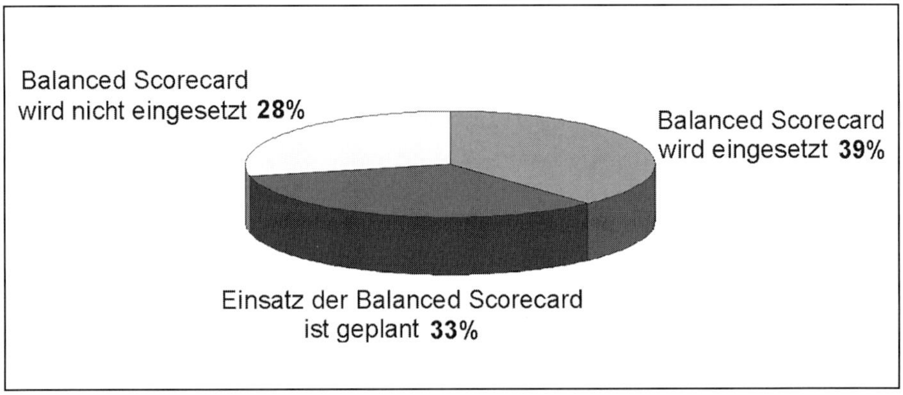


*Abbildung 2: Die Balanced Scorecard findet zunehmend Verbreitung*

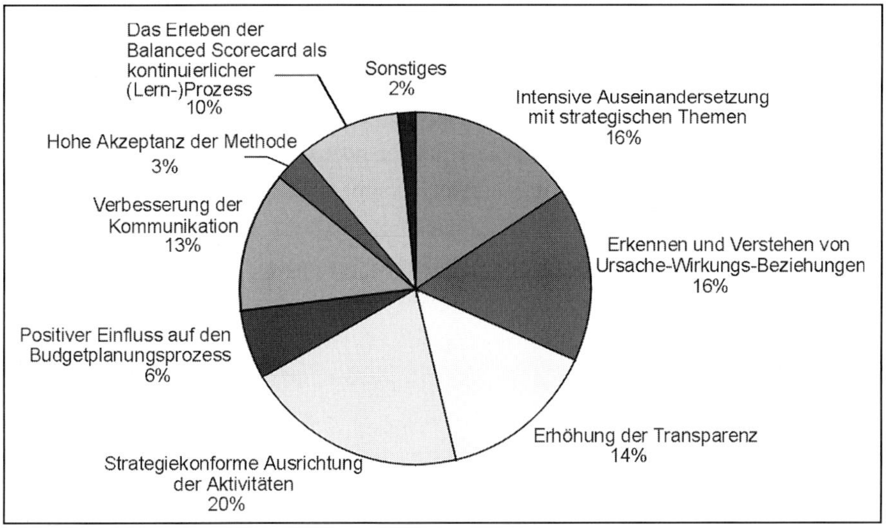


*Abbildung 3: Nutzen nach Einführung einer Balanced Scorecard*

Die von Kaplan und Norton entwickelte Balanced Scorecard „präsentiert sich [...] als entlang der betrieblichen Produktionsfunktion strukturierte Sammlung von Kennzahlen"[1]. Unternehmensinterne und -externe Perspektiven werden in ausgewogener Weise (Balanced) und in übersichtlicher Form auf einem Berichtsbogen (Scorecard) dargestellt (vgl. Abbildung 4). Neben der im Mittelpunkt stehenden finanzwirtschaftlichen Perspektive (1) soll die Einbeziehung der internen Prozessperspektive (2), der Lern- und Wachstumsperspektive (3) und der Kundenperspektive (4) ein ganzheitliches Abbild der betrieblichen Realität gewährleisten. Für jede Perspektive sind

- aus einer übergeordneten Strategie abgeleitete Ziele,
- vier bis sechs Kennzahlen zur Operationalisierung dieser Ziele,
- konkrete Vorgaben und
- eine verbale Beschreibung der zur Zielerreichung notwendigen Initiativen

auf der Balanced Scorecard auszuweisen – die Umsetzung einer Strategie in tatsächliche Handlungen wird somit unterstützt. Die einzelnen Perspektiven sind dabei über folgende Wirkungskette verknüpft:[2] Qualifizierte und zufriedene Mitarbeiter schaffen die Grundlage für effiziente Geschäftsprozesse, auf deren Basis sich ein bedürfnisgerechtes Leistungsprogramm aufbauen lässt. Dieses führt zu zufriedenen Kunden und rentablen Kundenbeziehungen, die ihrerseits als Voraussetzung für die Erreichung rentabilitäts- oder wertorientierter Zielgrößen gelten.

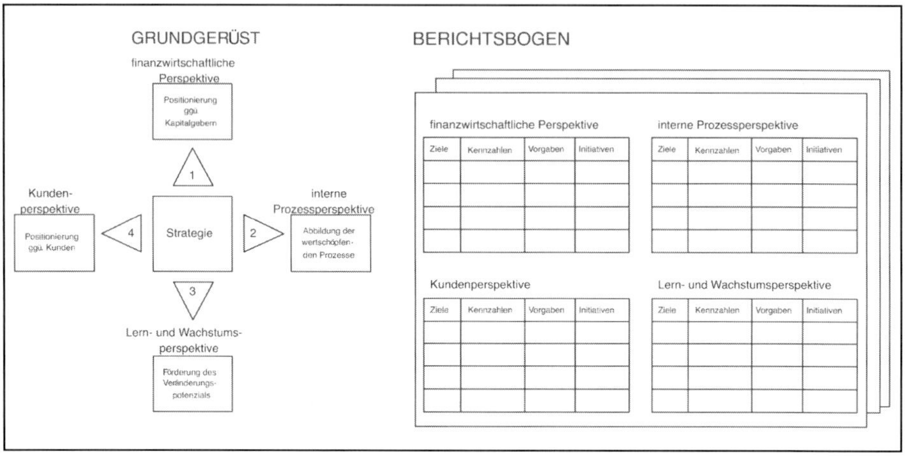


*Abbildung 4: Grundgerüst der Balanced Scorecard* [3]

Typische Kennzahlen für die finanzwirtschaftliche Perspektive stellen beispielsweise so genannte Risk Adjusted Profitability Measurements (RAPM) dar. Sie sollen die Vergleichbarkeit der Kennzahlen und die Transparenz darüber verbessern, welche Geschäftseinheit das ihr zur Verfügung gestellte Eigenkapital am rentabelsten einsetzt. Im Rahmen einer wertorientierten Gesamtbanksteuerung kommt auch der von Stern und Stewart propagierte Economic Value Added (EVA) als Kennzahl für die finanzwirtschaftliche Perspektive in Betracht – er ist definiert als Geschäftsergebnis abzüglich der Kapitalkosten für das eingesetzte Geschäftsvermögen.

Zur Gewinnung von Kennzahlen für die anderen Perspektiven der Balanced Scorecard greift man idealerweise auf die in diesen Feldern entwickelten Kennzahlen zurück, beispielsweise Fluktuationsrate und Mitarbeiterzufriedenheit für die Lern- und Wachstumsperspektive, zeit-, kosten- und qualitätsbezogene Prozesskenngrößen für die interne Prozessperspektive oder Kundenzufriedenheit sowie Kundenprofitabilität für die Kundenperspektive. All diese Kennzahlen sollen als Teile der genannten Wirkungskette eingebunden werden und damit ihren Beitrag zur Verbesserung rentabilitäts- oder wertorientierter Zielgrößen leisten. Die zentralen Herausforderungen in der Konzeption einer Balanced Scorecard sind folgende:

- Zum einen verlangt strategisches Handeln Vorhersagen des Verhaltens von Wettbewerbern und eine hohe Aufmerksamkeit gegenüber Veränderungen von Rahmenbedingungen. Dies ist auch beim Einsatz einer Balanced Scorecard im Auge zu behalten, da es in den vier Perspektiven nicht explizit berücksichtigt ist.

- Zum anderen ist eine wichtige Anforderung an ein Steuerungssystem, dass die verwendeten Zielgrößen widerspruchsfrei und in eindeutigen Wirkungsbeziehungen zueinander stehen – auch dies erfordert einen nicht zu unterschätzenden Aufwand.

- Schließlich muss man sich bewusst sein, dass die Balanced Scorecard die Transparenz des Zustandes eines Bereichs/eines Geschäftsfeldes schonungslos erhöht. Vermeintliche Vorteile einer eher weniger transparenten Zustandsbeschreibung, wie beispielsweise die Möglichkeit einer flexibleren Budgetallokation bei gleichzeitig stimmiger Außenwirkung eines Bereichs, können dann nicht mehr gegeben sein.

Gerade diese Herausforderungen verdeutlichen die Notwendigkeit, der Entwicklung geeigneter Kennzahlenkataloge besondere Aufmerksamkeit zukommen zu lassen. Bei der Konzeption einer Balanced Scorecard hat daher die Festlegung der (strategischen) Ziele für die einzelnen Perspektiven eine herausragende Bedeutung. Damit stellt sich die Frage, wie eine Cross-Buying-Strategie die Ausgestaltung der Dimensionen einer Balanced Scorecard und die Planung entsprechender strategischer Aktionen beeinflusst.

# 2 Ausgestaltung der Dimensionen für eine Cross-Buying-Strategie

Im Hinblick auf die Umsetzung einer Cross-Buying-Strategie lassen sich für die einzelnen Perspektiven folgende kritische Erfolgsfaktoren aufzeigen:

**Dimension „Finanzen“:** In dieser Perspektive ist von Interesse, inwieweit ein relevanter Anteil des Gesamtbudgets für Cross-Buying-Maßnahmen zur Verfügung steht und ob die Nachhaltigkeit der Investitionen sichergestellt ist, damit ein angemessener Return on Investment erzielt werden kann. Ebenso ist relevant, wie sich die Umsätze/Provisionserlöse im (erweiterten) Leistungsspektrum entwickeln und inwieweit die dabei generierten Transaktionsinformationen weitervermarktet werden können – sie müssen sich deshalb ebenfalls in der finanziellen Perspektive wiederfinden. Abgerundet wird die finanzielle Perspektive durch ökonomische Kennzahlen, die unabhängig von der gewählten Marktbearbeitungsstrategie gelten (ROE, Cost Income Ratio usw.).

**Dimension „Kunden":** Durch Cross Buying können Kundenzufriedenheit und Kundenbindung erheblich verbessert werden. Beiden Größen wird ein starker indirekter Einfluss auf ökonomische Zielgrößen attestiert, da ein bedürfnisadäquates Angebot die Zahl der Transaktionen günstig beeinflusst. Diese Faktoren lassen sich mit den im ersten Kapitel vorgestellten Methoden abschätzen.[4] Die für eine Cross-Buying-Strategie zentralen Cross Buying Ratios können als Kennzahlen der Kundenperspektive eingebunden werden. Denn sie geben Aufschluss darüber, wieweit die Cross-Buying-Orientierung tatsächlich ausgeprägt ist und die Gedanken einer Selbstsegmentierung der Kunden in der Marktbearbeitung verankert sind.

**Dimension „Prozesse":** Effektive, effiziente und kundenbezogene Geschäftsprozesse bestimmen auch im Rahmen einer Cross-Buying-Strategie den wirtschaftlichen Erfolg und die Wettbewerbsposition. Wesentliche Treiber sind hier die Innovationsfreudigkeit (beispielsweise gemessen als umgesetzte Verbesserungsvorschläge) und die internen Voraussetzungen für die Abdeckung kundenrelevanter Aspekte. Letzteres ist eng mit der Leistungsfähigkeit eines kundenbezogenen Informationssystems (CRM-System) und einem kundenorientierten Anreizsystem verbunden. Entsprechende Kennzahlen müssen daher abbilden, inwieweit sich beispielsweise Cross-Buying-Erfolge in variablen Vergütungsbestandteilen wiederfinden und die Verantwortung kundengruppenbezogen (statt produktbezogen) etabliert ist. Ebenso ist von Interesse, wie es um die Erfassung von Kundenbedürfnissen im CRM-System bestellt ist oder die bereichs- und unternehmensübergreifende Zusammenarbeit zur besseren Abdeckung von Kundenprozessen funktioniert. Letzteres setzt ein etabliertes Wissensmanagement voraus, das heißt, Strukturen für die Pflege, den Aufbau, die Verteilung und die Nutzung von Wissen über Kundenprozesse.

**Dimension „Lernen/Wissen":** Gerade ein dynamisches Umfeld mit geringer Halbwertszeit des Wissens verlangt eine sich ständig weiterentwickelnde und lernende Organisation. Entsprechende Kennzahlen müssen daher Auskunft darüber geben, inwieweit dies sichergestellt ist. Da die Mitarbeiter den entscheidenden Engpassfaktor darstellen, muss diese Perspektive Kennzahlen beinhalten, die das im Zeitablauf sich verändernde Qualifikationsniveau abbilden. Spannende Einsichten vermittelt auch das Verhältnis von externen und internen Mitarbeitern, die über die Verteilung des (Projektmanagement-)Know-hows Auskunft geben. Darüber hinaus spielt die Produkt- und Gesprächsführungskompetenz der im Kundenkontakt stehenden Mitarbeiter eine zentrale Rolle,[5] da im Rahmen eines Cross Buying auch bankfremde Produkte und Dienstleistungen vermittelt werden sollen. Dies erfordert zumindest Grundwissen über die relevanten Themengebiete, ein hohes Maß an Flexibilität und die Fähigkeit, den Kunden entlang des Customer Buying Cycles beratend zur Seite zu stehen.

# 3 Verifizierung und kontinuierliche Anpassung des Kennzahlensystems

Generell gilt, dass die Einbindung und das Commitment übergeordneter wie nachgelagerter Einheiten entscheidend für eine erfolgreiche und nachhaltige Implementierung der Balanced Scorecard ist. Mit der reinen Identifikation und Sammlung von Kennzahlen ist es nicht getan. So ist die regelmäßige Verifizierung der genannten Kenngrößen gegenüber

- den Mitarbeitern aus dem eigenen Bereich (laufender Betrieb/Projektarbeit),
- Externen (Projektmitarbeiter),
- den nachgelagerten Einheiten, die quasi eine Bottom-up-Adjustierung sicherstellen, falls übergeordnete Ziele in diesen Einheiten nicht ohne weiteres in eigene Ziele transformierbar sind
- und den übergeordneten Entscheidungsträgern

notwendig. Zudem beinhaltet die tatsächliche Umsetzung der festgelegten Kenngrößen zumindest noch folgende Aspekte:

- Permanente Prüfung der Eignung der Messgrößen (im Hinblick auf eindeutige Interpretierbarkeit, tatsächliche Beeinflussbarkeit durch den Zielverantwortlichen, Verfügbarkeit aktueller Daten usw.)
- Priorisierung verschiedener Maßnahmen in den Einzelbereichen der nachgelagerten Einheiten – Privatkundengeschäft, Firmenkundengeschäft usw. – im Hinblick auf die strategische Wichtigkeit

- Festlegung des Umgangs mit Zielkonflikten bei Zielverfehlungen – Belohnung versus Sanktion

- Einleitung von Veränderungen, das heißt, Ersatz veralteter Kennziffern durch neue relevante Kennziffern in der jeweiligen Perspektive einer Balanced Scorecard

- Nachhaltige Sicherstellung des Strategie- und des Entscheidungsbezugs der Messgrößen

# 4 Fazit

Eine Cross-Buying-Strategie tangiert alle kundennahen Bereiche eines Finanzdienstleisters. Dabei ist eine Balanced Scorecard als Top-down Approach ein geeignetes Werkzeug, um den schwierigen Übergang von Strategieentwicklung zur Strategieumsetzung zu meistern. Gerade die Entwicklung eher weicher Faktoren ist im Rahmen einer Cross-Buying-Strategie im Auge zu behalten und darf nicht vernachlässigt werden. Eine Balanced Scorecard kann dies auf elegante Weise sicherstellen, umso mehr, als ein derartiger Perspektivenwechsel in der Marktbearbeitung mit hohen Budgets verbunden ist, damit sich die Beratungs- und Servicequalität für Kunden und die Wertschöpfungskette des Gesamtunternehmens tatsächlich nachhaltig verbessert. Hierfür ist ein Instrumentarium nötig, welches die strategische Positionierung mit den jährlichen Budgetierungsprozessen verknüpft und eine nachhaltige Wirkung der Investitionen sicherstellt – quasi als integrative Klammer um die Vielzahl der marktbezogenen Aktivitäten. Besonders die Cross Buying Ratio als Kennzahl der Kundenperspektive und die finanzielle Perspektive lassen sich mit der Balanced Scorecard verknüpfen.

## Quellen


1 *Weber, Jürgen; Schäffer, Utz*: Balanced Scorecard & Controlling, 2. Aufl., Wiesbaden [2000], S. 34.

2 Vgl. *Harengel, Jürgen; Hess, Thomas*: Entwicklung einer Balanced Scorecard – untersucht am Beispiel des Retailgeschäfts einer Bank, in: krp, Heft 4 [1999], S. 240–241.

3 Die Visualisierung der Balanced Scorecard erfolgt in Anlehnung an *Kaplan, Robert S.; Norton, David P.*: Balanced Scorecard – Strategien erfolgreich umsetzen, Stuttgart [1997], S. 9.

4 Vgl. den Beitrag von *Jacob, Hans-Reinhard; Klenk, Peter*: Bewegliche Bankkunden als Herausforderung für das Customer Relationship Management, in Kapitel 1.4.

5 Vgl. den Beitrag von *Jacob, Hans-Reinhard; Müller, Elke*, in Kapitel 3.4.

# III. Blick in die Bankpraxis

Wo stehen Banken heute und wo sind sie im Hinblick auf ein Cross Buying abzuholen? Zur Beantwortung dieser Frage werden zunächst wesentliche Entwicklungen in der Individualisierung der Kundeninteraktion aufgegriffen. So offenbart die empirische Studie von Internetauftritten im Bereich der Immobilienfinanzierung noch erheblichen Nachholbedarf in der Abdeckung der Kundenprozesse. Der Beitrag aus dem Hause des Discount-Brokers Consors, der mit dem best practice award (Customer Relationship Management) der Universität St. Gallen ausgezeichnet wurde, zeigt, wohin die Reise im Customer Relationship Management geht und welche positiven Auswirkungen mit einem Cross Buying im Hinblick auf die Kundendatenbasis verknüpft sein können. Abgerundet wird dies durch einen umfassenden Einblick in die Möglichkeiten der Personalisierung von Finanzportalen, wie sie derzeit in der Bankpraxis Zug um Zug umgesetzt werden. Den Abschluss bilden empirisch fundierte Ausführungen zur erforderlichen Sozial- und Gesprächsführungskompetenz der Bankberater, die ihren Kunden ein Cross Buying ermöglichen wollen.

# Immobilienfinanzierung im Internet: Attraktion für Bauherren?

*Hans-Reinhard Jacob, Ralf Knirsch, Willi Turturica**

Preistransparenz und der schnelle Zugriff auf umfassende Informationen sind Qualitätskriterien des Internets. Ist aber eine beratungsintensive Dienstleistung wie die Immobilienfinanzierung für diesen Vertriebskanal geeignet? Können die Realkreditinstitute den Bedürfnissen der Onlinekunden Rechnung tragen? Die folgende Analyse nimmt die Websites deutscher Hypothekenbanken und Finanzbroker aus Sicht eines potenziellen Immobilienerwerbers unter die Lupe und leitet daraus Empfehlungen zur Konzeption eines Onlineangebots ab.

# 1 Betrachtete Anbieter für Immobilienfinanzierung im Internet

Überall ist davon die Rede, dass das Internet eine Revolution der Geschäftsbeziehungen bewirken wird – sowohl zwischen Unternehmen selbst (Business-to-Business – B2B) als auch zwischen Unternehmen und Endkunden (Business-to-Customer – B2C). In den von den Kunden akzeptierten Fällen des B2C handelt es sich bei den gekauften Gütern um wenig erklärungsbedürftige und verhältnismäßig billige Produkte wie Bücher oder CDs. Zudem werden immer häufiger teurere standardisierte Produkte wie Pauschalreisen über das Internet geordert. Können die Internet-Angebote aber auch für ein komplexes und traditionell beratungsintensives B2C-Produkt wie die Immobilienfinanzierung bereits Alternativen zum herkömmlichen Vertragsabschluss in einer Bankfiliale darstellen?

Als entscheidender Vorteil der Bankfilialen wird vielfach die persönliche und vertrauensvolle Kundenbeziehung genannt. Da im Internet die Konkurrenz nur einen Mausklick entfernt ist, spielen hier Begriffe wie Kundenbindung und Kundenorientierung eine herausragende Rolle. Wie begegnen nun die Onlinefinanzierer dieser Herausforderung? Der Leitgedanke der Untersuchung zur Beantwortung dieser Frage ist die strikte Ausrichtung auf die Kundensicht. „Was bewegt den Kunden?" statt „Was braucht der Kreditsachbearbeiter?"

Daraus abgeleitet orientiert sich die Analyse sehr stark an dem Prozess, den der Kunde durchlaufen muss, bis er in seine Immobilie einziehen kann. Prozessorientierung bedeutet die Unterstützung und Begleitung des Kunden bei jedem Schritt – das Bei-der-Hand-Nehmen des Kunden, um ihn zu einem Ziel zu führen, das für beide Seiten eine Win-Win-Situation bereit hält: das Haus für den Kunden, die Finanzierung beim eigenen Institut.

Eine starke Stellung im Markt für Immobilienfinanzierungen nehmen in Deutschland die Hypothekenbanken ein.[1] Folglich ist anzunehmen, dass die durch das Internet hervorgerufenen Veränderungen in den Absatzkanälen bzw. Vertriebsstrukturen in den Onlineangeboten dieser Spezialkreditinstitute besonders gut erkennbar sind. Daher werden die Angebote von Bausparkassen und anderen Finanzdienstleistern nicht betrachtet. Es werden nur diejenigen Onlineangebote näher untersucht, die auch eine Onlinefinanzierung ohne ergänzende Filialberatung anbieten (vgl. Tabelle 1).[2] Weiterhin sind drei Onlinebroker von Immobilienfinanzierungen in die Untersuchung einbezogen worden. Da bei allen Maklerfunktionen die Befriedigung der Kundeninteressen die Grundvoraussetzung für den Geschäftserfolg darstellt, ist hier eine besondere Berücksichtigung der Kundensicht zu erwarten. Der Untersuchungszeitraum erstreckte sich von Juli bis September 2000.

| Kreditinstitut | WWW-Adresse | Online-Broker | WWW-Adresse |
|---|---|---|---|
| DePfa Bank AG BauBoden | www.depfa.de | Creditweb | www.creditweb.de |
| Deutsche Genossenschafts-Hypothekenbank | www.dghyp.de | Interhyp | www.interhyp.de |
| Eurohypo – Europäische Hypothekenbank der Deutschen Bank AG | www.eurohypo.de | Extrahyp | www.extrahyp.de |
| HypoVereinsbank – Bayerische Hypo- und Vereinsbank AG | www.hypovereinsbank.de | | |
| Rheinboden Hypothekenbank AG | www.rheinboden.de | | |
| Rheinische Hypothekenbank AG | www.rheinhyp.de | | |

*Tabelle 1: Untersuchte Hypothekenbanken und Onlinebroker*

Da es sich beim Kauf der Immobilie in den meisten Fällen um ein einmaliges Ereignis im Leben eines Menschen handelt, ist der Kunde mit den zugehörigen Fragestellungen, Fachbegriffen und den erforderlichen Schritten bis zum Immobilienerwerb meist nicht vertraut.

# 2 Leitfragen eines Traumhaussuchers

Akzeptiert man diese Prämisse der Einmaligkeit, kann folgender typischer Geschäftsvorfall definiert werden:

Der Traumhaussucher ohne besondere Vorkenntnisse in der Immobilienfinanzierung und ohne eine konkrete Vorstellung der eigenen finanziellen Möglichkeiten möchte demnächst eine Immobilie kaufen und sich über das Internet zuerst mit diesem Thema vertraut machen, seinen finanziellen (Darlehens-)Spielraum bestimmen und nach dem Finden eines Objekts auch über dieses Medium eine möglichst billige Finanzierung abschließen. Über diesen einfachen Geschäftsvorfall hinausgehende Fragestellungen wie die Umschuldung eines bestehenden Darlehens oder die Anschlussfinanzierung bei auslaufendem Altdarlehen werden im Rahmen dieser Untersuchung nicht näher betrachtet.

Unser Traumhaussucher stellt sich die folgenden Fragen, bei deren Beantwortung ihn die Onlineangebote unterstützen sollen:

**Frage 1:** Welche monatliche Belastung kann ich mir – bei gegebenem Gehalt und Ausgabenprofil – überhaupt leisten, unter Einbezug aller staatlichen Förderungen, meines Eigenkapitals und eventueller Eigenleistungen?

**Frage 2:** Wie hoch kann ich mich damit bei der Bank verschulden, das heißt, wie teuer darf die Immobilie (inkl. Nebenkosten) werden und was muss ich dafür an (evtl. Offline-)Unterlagen bereitstellen, damit die Bank mir für die Suche nach meinem Traumhaus überhaupt einen (unverbindlichen) Kreditrahmen vorgibt?

**Frage 3:** Wenn ich mein Traumhaus gefunden habe: Welche Folgeschritte müssen wann von wem unternommen werden, damit mein Traum auch Realität wird?

**Frage 4:** Werden mir besondere Onlinekonditionen angeboten und muss ich dafür etwas tun?

**Frage 5:** Wird mir ein Weg durch den Dschungel Immobilienfinanzierung gezeigt und kann ich jemanden anrufen, wenn ich mich verirrt oder spezielle Fragen zu Einzelheiten habe?

Zur Beurteilung der Onlineangebote wurden zu jeder der genannten Fragen entsprechende Kriterien aufgestellt (vgl. Tabelle 2). Auch bei der Erstellung dieser Kriterien haben wir versucht, die Kundensicht einzunehmen und nicht die Befürchtungen des Kreditsachbearbeiters zu berücksichtigen (z.B. das erste Kriterium zu Frage 2). Die Bewertung der Onlineangebote wird mit Hilfe einer vorgegebenen Notenskala vorgenommen.[3] In die Gesamtbewertung eines Onlineangebots gehen die gewichteten Einzelnoten pro Frage ein. Die Fragen 1 bis 3 sind dabei mit Bedacht übergewichtet, um die aus Kundensicht vordringlichen Fragen bei der Gesamtnote in den Vordergrund zu rücken.

# 3 Highlights der Untersuchung

Die Ergebnisse der Untersuchungen sind (anonymisiert) in Tabelle 2 zusammengefasst. Ein Blick auf die Gesamtnoten zeigt, dass keines der Angebote wirklich überzeugen kann. So ergibt sich für alle Angebote der Hypothekenbanken eine Durchschnittsnote von 3,7, bei den Onlinebrokern sogar nur von 4,1. Befriedigende Ergebnisse können lediglich zwei Onlineangebote erreichen, während die anderen Anbieter nur mit ausreichend bewertet werden. Im Einzelnen sind die folgenden Ergebnisse der Untersuchung hervorhebenswert:

- Bei Frage 1 („monatliche Belastung“) kann teilweise nur von einem lieblosen Umgang mit dem Anliegen des Kunden gesprochen werden, was sich in einer Durchschnittsnote von 3,5 ausdrückt. So wird z.B. von keinem Anbieter auf eventuelle Fälligkeiten von Vermögenswerten eingegangen (z.B. angelegtes Festgeld) und auch die möglichen staatlichen Förderungen werden nicht immer in die Berechnungen aufgenommen. Weiterhin wird eine umfassende Anleitung zur Ermittlung der monatlichen Ausgaben nicht angeboten, die als Grundlage für die Berechnung der maximalen Belastung dient.[4] Erwähnenswert ist, dass bei der Berechnung der maximalen Darlehensbelastung nur ein Anbieter die im Vergleich zu einer Mietwohnung höheren Nebenkosten für die eigene Immobilie berücksichtigt.[5]

- Frage 2 („maximale Darlehenshöhe“) wurde in dubio pro reo beurteilt und die Sicht des Sachbearbeiters eingenommen. Denn: Ein Hinweis auf eine unverbindliche Kreditzusage (eventuell unter Angabe einer Schwankungsbreite je nach zukünftigem Objekt) auf Grund der gemachten Angaben zu den Einkommens- und Vermögensverhältnissen in den untersuchten Angeboten nicht eindeutig zu finden, deshalb mit der Note 5 hätte bewertet werden müssen. Aus Kundensicht wäre aber gerade dieser wünschenswert, um einen Anhaltspunkt zu erhalten, in welcher Preisklasse die Immobiliensuche überhaupt erfolgen kann.

- Es fällt eine Häufung der für die Nichtberücksichtigung eines Kriteriums vergebenen Note 5 auf. Speziell gilt dies für Frage 3 (Prozessorientierung), wobei diese mangelnde Ausrichtung an der Kundensicht auch für die Onlinebroker gilt. Der Add-on für den (potenziellen) Kunden wird von diesen offensichtlich nur darin gesehen, das billigste Darlehen für den Kunden zu finden.

- Bei den Onlinekonditionen (Frage 4) kann fast durchweg eine gute Bewertung vergeben werden: Sie werden als umfassend und auch als einfach auffindbar beurteilt. Bei einzelnen Instituten erfolgt die Aktualisierung der Konditionen jedoch offenbar nur sporadisch – die Zeichen der Internet-Zeit scheinen hier noch nicht erkannt zu sein.[6] Ein Institut umgeht dieses Problem allerdings elegant: Das Gültigkeitsdatum wird überhaupt nicht angezeigt.

- Die Ergebnisse der internetspezifischen Kriterien (Frage 5) können nicht durchweg überzeugen. Dies liegt in der Regel an der linearen Navigation durch den Onlineantrag, aber auch an den häufig nicht auffindbaren Geschäftsbedingungen sowie den unvollständigen oder unverständlichen Erklärungen spezifischer Ausdrücke (Glossar-Kriterium).

In einer ähnlichen Untersuchung von 15 Onlinebaufinanzierern ergeben sich mit einer Durchschnittsnote von 3,5 vergleichbare Ergebnisse wie in unserer Studie: unzureichende telefonische Betreuung, umständliche Formulare oder juristische Seifenblasen.[7] Die aus den mäßigen Leistungen der Onlineanbieter abgeleiteten Handlungsempfehlungen richten sich dort jedoch nur an den Kunden: Der Kunde soll vorab die Punkte klären (finanzieller Spielraum, Unterlagen, usw.), für deren Klärung gerade das Onlineangebot Unterstützung bieten sollte. Aus Kundensicht müssen die Veränderungen jedoch auf Seiten der Onlineanbieter ansetzen.

| | Gewichtung | Kriterien | Schnitt | Bank 1 | Bank 2 | Bank 3 | Bank 4 | Bank 5 | Bank 6 | Broker 1 | Broker 2 | Broker 3 |
|---|---|---|---|---|---|---|---|---|---|---|---|---|
| | | **Gesamtnote** | **3,8** | **4,0** | **3,9** | **3,9** | **3,0** | **3,5** | **3,9** | **4,0** | **4,0** | **4,3** |
| **Frage 1** | 25% | **Teilnote** | **3,9** | **3,5** | **3,9** | **3,3** | **2,9** | **4,1** | **3,6** | **5,0** | **4,7** | **4,7** |
| | | Welche monatliche Belastung kann sich der Interessent überhaupt leisten? | | 3,0 | 4,0 | 2,0 | 3,0 | 5,0 | 2,0 | 5,0 | 3,0 | 3,0 |
| | | Wird auf staatliche Förderungen eingegangen und wird dies in die Maximalbelastung eingerechnet (v.a. Eigenheimförderung, Baukindergeld, KfW-Darlehen, Zuschüsse für Solaranlage oder Niedrigenergiehaus) | | 3,5 | 3,5 | 2,0 | 1,5 | 5,0 | 3,0 | 5,0 | 5,0 | 5,0 |
| | | Werden o.g. Förderungen bei der Berechnung separat ausgewiesen? | | 4,5 | 5,0 | 2,0 | 2,0 | 5,0 | 5,0 | 5,0 | 5,0 | 5,0 |
| | | Werden mögliche Eigenleistungen einbezogen? | | 2,0 | 2,0 | 5,0 | 3,0 | 2,0 | 5,0 | 5,0 | 5,0 | 5,0 |
| | | Wird auf die verschiedenen Formen des Eigenkapitals eingegangen (Wertpapiere, Bausparguthaben, Lebensversicherungen etc.) | | 2,5 | 2,5 | 5,0 | 3,0 | 3,0 | 3,0 | 5,0 | 5,0 | 5,0 |
| | | Wird auf die Auflösungs-/Fälligkeitszeitpunkte des Eigenkapitals eingegangen? | | 5,0 | 5,0 | 5,0 | 5,0 | 5,0 | 5,0 | 5,0 | 5,0 | 5,0 |
| | | Werden Hilfestellungen bei der Zusammenstellung der laufenden monatlichen Ausgaben gegeben? Ist der Detaillierungsgrad ausreichend für eine vollständige Auflistung? | | 4,0 | 5,0 | 2,0 | 3,0 | 4,0 | 2,0 | 5,0 | 5,0 | 5,0 |
| | | Werden bei der monatlichen Belastung auch Nebenkosten (z.B. Grundsteuer, höhere Nebenkosten als bei einer Mietwohnung etc.) berücksichtigt? | | 2,0 | 5,0 | 5,0 | 5,0 | 5,0 | 5,0 | 5,0 | 5,0 | 5,0 |
| **Frage 2** | 25% | **Teilnote** | **3,5** | **4,2** | **4,2** | **3,8** | **2,8** | **2,5** | **3,7** | **3,2** | **3,0** | **4,5** |
| | | Erfolgt eine Kreditzusage oder wird ein Kreditrahmen eingeräumt? | | 3,5 | 3,5 | 3,5 | 3,5 | 2,5 | 3,5 | 3,5 | 3,5 | 3,5 |
| | | Werden die erforderlichen Unterlagen für eine solche Zusage aufgelistet? | | 5,0 | 4,5 | 5,0 | 2,5 | 2,5 | 5,0 | 3,0 | 3,5 | 5,0 |
| | | Sind die Aussagen verständlich und klar gegliedert? | | 4,0 | 4,5 | 3,0 | 2,5 | 2,5 | 2,5 | 3,0 | 2,0 | 5,0 |
| **Frage 3** | 30% | **Teilnote** | **4,6** | **5,0** | **4,9** | **5,0** | **3,5** | **4,4** | **5,0** | **4,5** | **5,0** | **5,0** |
| | | Sind die erforderlichen Schritte und notwendigen Unterlagen bis zum Einzug nach dem "Fündigwerden" aufgelistet? | | 5,0 | 4,5 | 5,0 | 4,5 | 4,5 | 5,0 | 5,0 | 5,0 | 5,0 |
| | | Erfolgt eine Trennung der Schritte und Unterlagen abhängig von der Art der Immobilie (Neubau, bestehende Eigentumswohnung etc.)? | | 5,0 | 5,0 | 5,0 | 5,0 | 5,0 | 5,0 | 5,0 | 5,0 | 5,0 |
| | | Werden Hinweise gegeben, wo welche Unterlagen erhältlich sind? | | 5,0 | 5,0 | 5,0 | 1,5 | 3,0 | 5,0 | 3,0 | 5,0 | 5,0 |
| | | Wird kenntlich gemacht, welcher Schritt von wem (Bank, Kunde) und wo (Notar, Grundbuchamt etc.) durchzuführen ist? | | 5,0 | 5,0 | 5,0 | 3,0 | 5,0 | 5,0 | 5,0 | 5,0 | 5,0 |
| **Frage 4** | 10% | **Teilnote** | **2,3** | **3,3** | **1,6** | **1,8** | **1,9** | **2,1** | **2,9** | **1,8** | **2,3** | **2,0** |
| | | Sind Online-Konditionen vorhanden? | | 2,0 | 1,5 | 2,0 | 2,0 | 2,0 | 3,0 | 2,0 | 3,0 | 1,5 |
| | | Sind die Online-Konditionen aktuell? | | 5,0 | 1,0 | 1,0 | 1,0 | 4,0 | 3,0 | 1,0 | 3,0 | 3,0 |
| | | Sind die Online-Konditionen einfach und schnell zu finden? | | 1,0 | 1,0 | 1,5 | 2,0 | 1,0 | 1,0 | 2,5 | 1,0 | 1,5 |
| | | Werden Hinweise auf eine mögliche Erhöhung der Konditionen bei der Beratung/dem Abschluss in einer Filiale gegeben? | | 5,0 | 3,0 | 2,5 | 2,5 | 1,5 | 4,5 | - | - | - |
| **Frage 5** | 10% | **Teilnote** | **3,1** | **2,8** | **2,4** | **4,2** | **3,5** | **2,9** | **2,9** | **3,9** | **3,0** | **2,8** |
| | | Wie wird die Navigation empfunden? | | 2,5 | 2,0 | 3,5 | 2,5 | 3,5 | 3,0 | 2,5 | 3,0 | 2,0 |
| | | Sind Hilfemenüs und/oder ein Glossar für "Kauderwelsch" zu finden? Wenn ja, wie umfangreich und verständlich? | | 4,0 | 2,0 | 5,0 | 1,5 | 2,5 | 2,0 | 2,0 | 2,0 | 2,0 |
| | | Wird auf die AGBs verwiesen und sind diese leicht zu finden? | | 1,0 | 5,0 | 5,0 | 3,5 | 1,0 | 5,0 | 5,0 | 5,0 | 5,0 |
| | | Wird mit dem Kunden interagiert, z.B. bei Angabe von zu geringen laufenden Haushaltungskosten? | | 4,0 | 3,5 | 5,0 | 5,0 | 4,5 | 3,5 | 5,0 | 5,0 | 2,0 |
| | | Sind Telefonnummern für die persönliche Betreuung bei Problemen vorhanden und auch leicht zu finden? | | 4,0 | 1,0 | 1,5 | 3,5 | 1,0 | 3,0 | 4,0 | 2,0 | 2,0 |
| | | Ist eine Offline-Bearbeitung des Antrags möglich und wird auch darauf hingewiesen? | | 1,0 | 1,0 | 5,0 | 5,0 | 5,0 | 1,0 | 5,0 | 1,0 | 4,0 |

*Tabelle 2: Untersuchungsergebnisse*

# 4 Worauf es aus Kundensicht ankommt

In der Literatur wird davon gesprochen, dass komplexe Produkte – und insbesondere auch Bankprodukte im Immobilienbereich – weniger für den Internetvertrieb geeignet seien.[8] Dabei kann dieses Medium – bei entsprechender Ausrichtung – eine wichtige und auf Dauer kostengünstige Ergänzung der herkömmlichen Vertriebswege darstellen. Nachfolgend wird aufgezeigt, wie die derzeit vorherrschende und auf den ersten Blick schöne Symbiose aus Fachsicht, Webdesign und Marketing um solche Gesichtspunkte erweitert werden kann, die aus Kundensicht relevant sind:

- **Den Kunden und seine Bedürfnisse in den Mittelpunkt stellen**. Dieser Allgemeinplatz gilt zwar für jeden Verkäufer, besonders jedoch für den „Darlehensverkäufer" auf Grund der – auch in ihrer Höhe – meist einmaligen Investition beim Immobilienkauf. Die Untersuchungsergebnisse vermitteln jedoch den Eindruck, dass mit den Onlineangeboten in erster Linie die Bedürfnisse der Kreditsachbearbeiter befriedigt werden sollen. Auf die Erwartungen oder Wünsche des Kunden wird nur in erstaunlich geringem Maße eingegangen.

- Kommt der Befriedigung der Kundenerwartungen bereits im persönlichen Beratungsgespräch hohe Bedeutung zu,[9] so gilt dies umso mehr für das unpersönliche Medium Internet. Denn: Ist das Gefühl der ungenügenden Unterstützung erst einmal vorhanden, ist Weiterklicken zur Konkurrenz vorprogrammiert. Aus diesem Grund ist das **Onlineangebot konsequent auf die** – durchaus verschiedenartigen und nicht auf den beispielhaften Geschäftsvorfall beschränkten – **Sichtweisen des Kunden auszurichten.** Besonders einfach lässt sich die Ausrichtung an den Kundenwünschen beispielsweise durch eine unverbindliche Kreditzusage auch ohne konkretes Objekt dokumentieren.

- **Den Kunden an die Hand nehmen**. Wer, wenn nicht die Bank, kennt den für den angehenden Hauseigentümer zu durchlaufenden Prozess vom Traum bis zum Einzug? Dieser Know-how-Vorsprung sollte konsequent genutzt und dem Kunden die entsprechenden Prozessschritte transparent und vollständig dargelegt werden. Unzureichend erscheinen die in dieser Richtung unternommenen Schritte der Onlineangebote, die selten über die reine Auflistung von Unterlagen (für den Sachbearbeiter) hinausgehen, häufig unvollständig sind und nicht immer Angaben enthalten, wo (und wann) welche Unterlagen überhaupt zu erhalten sind. Empfehlenswert ist es, den gesamten Prozess übersichtlich darzulegen, wobei entsprechend den Vorkenntnissen und Intentionen des Kunden verschiedene Möglichkeiten zum Einstieg angeboten werden sollten.

- **Trivialfehler vermeiden**. (Beratungs-)Fehler in einem persönlichen Gespräch können an der Reaktion des Kunden erkannt werden. Ein versierter Kundenberater kann auf eine solche Situation entsprechend reagieren. Wird hingegen das Vertrauensverhältnis zwischen Kunde und Onlineanbieter aufgrund offensichtlicher Fehler in der Software gestört, ist ein Rückgewinnen des Kunden praktisch unmöglich.[10] Hilfreich erscheint deshalb eine weit über das übliche Maß hinausgehende Qualitätssicherung der eingesetzten Software, was durchaus auch eine Prüfung von fachfremden Personen einschließen kann.[11]

Eine konsequente Beachtung dieser Punkte erhöht durch das entstehende Vertrauensverhältnis die Bindung des Kunden. Damit steigen die Chancen auf einen Geschäftsabschluss und es erhöht sich die Rentabilität des Onlineangebots. Aufgrund der gemachten Erfahrungen ist allerdings zu vermuten, dass sich der wirtschaftliche Erfolg bislang noch in Grenzen hält. Die zurückhaltenden Antworten der Anbieter auf eine entsprechende Anfrage[12] sowie die Ergebnisse anderer Untersuchungen[13] bestärken diese Vermutung. Dies lässt den Schluss zu, dass von einem nachhaltigen ökonomischen Nutzen des Vertriebskanals Internet und auch von einer Akzeptanz der Kunden noch nicht gesprochen werden kann.

# 5 Fazit

Als erstes Informationsmedium für den Kunden nutzen alle führenden Hypothekenbanken das Internet, doch nur wenige bieten auch die Onlinefinanzierung an. Die gerade in einem unpersönlichen Medium so wichtige Kundensicht wird nur unzureichend berücksichtigt. Die besonderen Erwartungen, die mit den Onlinebrokern hinsichtlich der Kundenorientierung verknüpft wurden, haben sich ebenfalls nicht erfüllt. Im Vordergrund stehen bei den untersuchten Onlinefinanzierern immer noch die Sichtweise des Kreditsachbearbeiters und nicht die Fragen und Wünsche des – oft zum ersten Mal mit diesem Thema konfrontierten – Kunden. Als rundweg gelungen und damit als Alternative zu Beratung und Geschäftsabschluss in der Bankfiliale kann deshalb keiner der untersuchten Internetauftritte bezeichnet werden, auch wenn einzelne Aspekte bereits in die richtige Richtung gehen.

Doch ohne die konsequente Berücksichtigung der Kundeninteressen besteht für die Institute die Gefahr der zweiseitigen Kannibalisierung ihrer Vertriebskanäle: Der Kunde wird sich online nur die günstigsten Konditionen besorgen, um damit bei seiner Hausbank feilschen zu können. Oder der Kunde nimmt die Beratungsleistungen seiner Filiale in Anspruch, um dann über das Internet eine günstige Finanzierung abzuschließen. Beides kann nicht im Sinne der im Internet präsenten Institute sein.

## Quellen und Anmerkungen

* Veröffentlicht in: Die Bank, Heft 2 [2001], S. 122–127.

1 Zitat von der Homepage des Verbands deutscher Hypothekenbanken (www.hypverband.de): „Auch im gesamten Bankenumfeld spielen sie [die Hypothekenbanken] mit ... einem Darlehensbestand von rd. 770 Mrd. Euro (Stand Juni 1999) eine herausragende Rolle."

2 Zwar sind fast alle der im Verband der Hypothekenbanken organisierten Institute im Internet präsent, doch es bieten nur 25 % auch eine Onlinefinanzierung an.

3 Innerhalb einer Frage wird jedes Kriterium gleich gewichtet und mit Noten von 1 (gut) bis 4 (ausreichend) (und Zwischennoten von 1,5 bis 4,5) bewertet. Nicht erfüllte oder nicht gefundene Kriterien werden mit der Note 5 (mangelhaft) bewertet.

4 In einzelnen Fällen wird die maximale Darlehensrate nur durch Addition der bisherigen Kaltmiete mit der im Onlineangebot abgefragten monatlichen Sparrate ermittelt.

5 Es wird weder auf die im Vergleich zur Mietwohnung höhere Belastung durch Grundsteuer, Heizung etc. noch auf die speziell bei Eigentumswohnungen notwendigen (Reparatur-)Rücklagen eingegangen.

6 Es wurden z.B. am 15.08.2000 Konditionen vom 30.05.2000 und am 31.08.2000 Konditionen vom 25.07.2000 und 17.08.2000 vorgefunden. Bei den auf aktuellem Stand befindlichen Angeboten wurde nicht geprüft, ob es sich nur um eine Scheinaktualität durch die bloße Anzeige des aktuellen Datums handelte.

7 Vgl. *Hammerschmidt, Ruprecht*: Per Klick zum Haus, in: Wirtschaftswoche Nr. 39 vom 21.09.2000, S. 273.

8 Vgl. beispielsweise *Kreuzer, Martin*: Elektronische Vertriebswege, Heidelberg [1998], S. 121.

9 Vgl. beispielsweise *Jacob, Hans-Reinhard; Winkelmann, Bettina*: 1x1 der Kundenorientierung, in: Die Bank, Heft 9 [1999], S. 590–597.

10 Zu den Trivialfehlern zählen die folgenden Erfahrungen: 1) Einbeziehen der (nach dem Kauf anfallenden) Modernisierungskosten bei der Berechnung der pauschalen Makler- und Notar-/Grundbuchkosten; 2) fehlende Navigationsmöglichkeit zu einem Menüpunkt nach Aufruf eines gespeicherten Antrags; 3) automatischer (und hinweisfreier!) Abzug der Zinsabschlagssteuer bei der Angabe von Zinseinnahmen.

11 Wenig hilfreich für das Schaffen von Vertrauen ist der in einem Onlineangebot gefundene Hinweis, dass der Kunde aufgrund von Programmänderungen derzeit keine Onlineanträge absenden kann. Ob mit einer einige Tage später per Mail versandten Entschuldigung (mit dem Hinweis auf eine dreiwöchige Umstellungsphase!) das verlorene Vertrauen (und damit der Kunde) zurückgewonnen werden kann, darf zumindest bezweifelt werden. Äußerst problematisch erscheint in diesem Zusammenhang auch der nur implizit aus dem Tilgungsplan hervorgehende, erst sechs Monate nach Vertragsabschluss startende Tilgungsbeginn. Ein sonstiger Hinweis auf den späten Tilgungsbeginn fehlt, eine Änderungsmöglichkeit war überhaupt nur schwierig auffindbar.

12 Nur von einem Anbieter wurden Zahlen genannt: Ca. 10 % aller Anfragen führen zu einem Abschluss.

13 Vgl. beispielsweise *Brückner, Michael*: Schaffe, schaffe, Häusle baue, in: ebusiness, Heft 10 [2000], S. 46.

# CRM der Zukunft: quo vadis?

*Peter Fuchs, Peter Klenk**

Viele Finanzdienstleister investieren sehr hohe Summen in das Customer Relationship Management (CRM), um den gestiegenen Kundenerwartungen Rechnung zu tragen. Sobald jedoch die Mehrzahl der Marktteilnehmer diesem Trend folgt, werden sich naturgemäß die Unterschiede nivellieren und es stellt sich die Frage, wie man bereits jetzt die Entwicklungschancen wesentlicher Aspekte des CRM antizipieren kann. Der vorliegende Beitrag zeigt anhand von innovativen Praxisbeispielen, dass vor allem in der Ausweitung der Kundendatenbasis und in der Individualisierung der Kundeninteraktion noch große Potenziale schlummern.

# 1 CRM in der Kosten/Nutzen-Betrachtung von Banken

Kunden sind gut informiert und heiß umworben auf dem Markt der Finanzdienstleister. Sie fordern einen bequemen Zugang, zeitliche und örtliche Unabhängigkeit, Individualität des Angebots, eine gleichbleibend hohe Servicequalität und Reaktionsgeschwindigkeit – sind aber in gleicher Weise oft auch desinteressiert. Und sie reagieren sehr schnell mit hoher Wechselbereitschaft, wenn sie ihre Erwartungen nicht erfüllt sehen. Dies zwingt Finanzdienstleister vermehrt dazu, sich über das Management der Kundenbeziehungen zu differenzieren und ihre Abläufe eng zu verzahnen und zu koordinieren. Viele Finanzdienstleister haben dies erkannt und investieren sehr hohe Summen in das CRM, den aktiven Aufbau und die Pflege der Geschäftsbeziehungen zwischen einem Unternehmen und seinen Kunden. Die entsprechenden Systeme unterstützen die Mitarbeiter auf technologischer Seite beim Management der vielfältigen Kontakte zwischen allen Ansprechpartnern der Bank und des Kunden. Sie helfen den Mitarbeitern bei der Planung, Koordination und Kontrolle aller Aktivitäten im Kontakt mit den Kunden und in der Ansprache derer, die es werden sollen. Und sie stellen auf Knopfdruck alle wichtigen vertrieblichen Informationen rund um den Kunden zur Verfügung und nehmen neue strukturiert auf. Lösungen für das CRM umfassen standardmäßig Tools für die Kundeninteraktion und Kundenanalyse, um Ähnlichkeiten, Gesetzmäßigkeiten und Wirkungszusammenhänge zu erkennen.

Wissen über den Kunden und seine Bedürfnisse ist ein strategischer Wettbewerbsvorteil, da Wissen über Besonderheiten und Vorlieben des Kunden es erlaubt, gezielt individuell zu agieren, statt nur zu reagieren. Die effektive Zusammenführung und Aufbereitung der vielfältigen, an unterschiedlichen Stellen vorhandenen Kundeninformationen sind dafür Voraussetzung. Will man diesen Herausforderungen begegnen, so ist unerlässlich, an allen Schnittstellen zum Kunden zeitnah ein differenziertes Bild des Kunden verfügbar zu machen. Das Ziehen der richtigen Schlussfolgerungen aus den kundenbezogenen Daten kann neben der Freundlichkeit, Seriosität und Fachkompetenz eines Kundenberaters ausschlaggebend dafür sein, inwieweit sich der Kunde individuell behandelt fühlt. Umgekehrt muss der Kunde das Unternehmen unabhängig vom Zugangsweg konsistent wahrnehmen.

Aus wirtschaftlicher Sicht erwartet man, dass sich vor allem über eine gezielte Kaufverhaltensbeeinflussung ökonomische Zielgrößen besser erreichen lassen, als dies ohne CRM möglich wäre. Die wirtschaftlichen Chancen, die die Nutzung von

Synergien einer herkunftsunabhängigen und integrativen Datenbasis eröffnet, ergeben sich beispielsweise aus

- höheren Geschäftsvolumina durch individuell zugeschnittene Produkte, mehr Bequemlichkeit (convenience), und dem Verkauf ergänzender Produkte (Wallet-Share-Verbesserung durch Ausschöpfung von Cross-Buying-Potenzialen) sowie einem Neugeschäft auch bei bisherigen Nichtkunden,

- Einsparungen aufgrund von Automatisierung durch CRM-Arbeitsplätze (besonders die Reduzierung administrativer/manueller Tätigkeiten und Effizienzverbesserungen in der Abwicklung von Routinetätigkeiten), womit mehr Zeit am Kunden zur Verfügung steht,

- der Nichtrealisierung oder auch Einstellung der Weiterentwicklung von geplanten (Alternativ-)Systemen,

- der frühzeitigen Identifizierung abwanderungsgefährdeter Kunden, um diese präventiv zu betreuen (Senkung von Abwanderungsraten),

- der Verringerung von Streuverlusten bei Marketingkampagnen (Vermeidung von Mehrfachansprachen und -sendungen),

- der Verbesserung des Images, beispielsweise im Hinblick auf die wahrgenommene Multikanal- und Internettauglichkeit, womit langfristig Marktanteile gesichert und ausgebaut werden können, oder

- der Neukundengewinnung durch Weiterempfehlung zufriedener Kunden.

Besonders die Effizienzverbesserungen bei administrativen Tätigkeiten und die Einstellung ähnlich gelagerter Projekte können kurzfristig zu erheblichen Einsparungen führen. All die genannten Aspekte können auch helfen, die Wirtschaftlichkeit einer Einführung oder Weiterentwicklung eines CRM möglichst genau abzuschätzen. Hierfür stellt man diesen Nutzenkomponenten die üblichen (einmaligen und laufenden) Kosten für Infrastruktur (Hard- und Software), technisches Integrations- und Schnittstellenmanagement, Projektorganisation, Personal, Schulung, aber auch die Prozesskosten, beispielsweise in Callcentern und anderen in CRM-Prozesse involvierten Bereichen, gegenüber. Viele Finanzdienstleister haben diese Kosten/Nutzen-Betrachtung für sich bereits positiv beantwortet oder fragen aus strategischen Gesichtspunkten verstärkt Systeme für die Unterstützung eines CRM nach.

Sobald jedoch die Mehrzahl der Marktteilnehmer entsprechende Systeme implementiert hat, werden sich naturgemäß die Unterschiede nivellieren und es stellt sich die Frage, wie man bereits jetzt die (Weiter-)Entwicklungschancen wesentlicher Aspekte eines CRM antizipieren kann. Als wesentlich werden im Folgenden die Chancen einer erheblichen Ausweitung der Kundendatenbasis in einem Wertschöpfungsnetzwerk mit Nicht-Finanzdienstleistern und die zunehmende Individualisierung der Kundeninteraktion (Kampagnenmanagement, Personalisierung von Finanzportalen usw.) angesehen. All diese Dimensionen beinhalten noch hinreichend Chancen, um Wettbewerbsvorteile gegenüber Konkurrenten zu realisieren.

## 2 Wertschöpfungsnetzwerke mit Nicht-Finanzdienstleistern verbessern die Datenbasis

Definitionsgemäß muss man für das CRM personenbezogene Informationen vorhalten, die im Rahmen datenschutzrechtlicher Vorschriften möglichst viele Merkmale einer Kundenbeziehung wiedergeben. Die mögliche Informationsbasis über die Kundenbeziehung setzt sich im Wesentlichen

- aus kundenstatusbezogenen, eher soziodemografischen Bestandsinformationen, die in der Regel aufgrund administrativer Vorschriften zu erfassen sind,
- aus kundentypusbezogenen, eher psychografischen und oft einstellungsorientierten Informationen wie beispielsweise Risikoneigungen, Bedürfnisse (Wichtigkeit bestimmter Ziele wie Altersvorsorge, Steuerersparnis oder Vermögensbildung für das Financial Planning), Loyalitätsmerkmale oder bevorzugte Zugangswege,
- aus kaufverhaltensbezogenen Informationen über die Produktnutzung (Transaktionen) und den daraus resultierenden Cashflows sowie
- aus einer lückenlosen Kontakthistorie

zusammen. Eine derartige Datenfülle allein stellt jedoch keinen Wert dar. Erst durch die Auswertung der Informationen und Reduktion der Komplexität auf ein interpretierbares Niveau entsteht ein echter Zugewinn. Betrachtet man die Aussagekraft dieser Datenbasis (genauer), so ist der „gläserne Kunde" noch ein gutes Stück entfernt, denn sie beinhaltet nur Merkmale, die auf die jeweilige Kunde-Bank-Beziehung abstellen – Merkmale, die über weitere Bankverbindungen oder gar Beziehungen zu Nicht-Finanzdienstleistern Auskunft geben könnten, spielen keine Rolle. Eine hierfür notwendige direkte Analyse von (Verwendungszweckangaben von) Transaktionen steht Finanzdienstleistern aus datenschutz- und haftungsrechtlichen Gründen nicht offen. Es sind jedoch indirekte Wege denkbar, um an ein differenzierteres Bild über den Kunden zu gelangen und damit die Chancen für eine Verhaltensbeeinflussung zu erhöhen.

So kann sich der Onlineauftritt einer Bank der Möglichkeiten bedienen, die eine Anreicherung der Transaktionsdaten (Umsätze) um Zusatzservices von Partnerunternehmen (BMW, sportscheck.com, Douglas, KarstadtQuelle, AutoScout24 usw.) bietet. Mit der Einbindung des Infomediärs webkonto, der die Verschmelzung von Geldinformationen mit kaufbezogenen Güterinformationen sicherstellt, lässt sich die Kontoführung im Online-Banking revolutionieren. „Verschmelzung" bedeutet die direkte Integration von Angeboten und Services der Partnerunternehmen in das Onlinekonto des Kunden, um die Kontaktpunkte der Kunden zu Unternehmen und Banken zu bündeln und Transaktionskosten zu senken (vgl. Abbildung 1).

Im Ergebnis profitieren in diesem Wertschöpfungsnetzwerk alle vier Beteiligten – sowohl Kunde und Bank als auch Partnerunternehmen und der Infomediär webkonto. So erfreut sich die Bank einer erheblichen Steigerung der Kundenbindung, da die Wertschöpfungskette unter ihrem Branding abläuft, und überwindet Branchengrenzen. Und sie kann durch die (indirekte) Vermarktung von Realgütern gegenüber Herstellerbanken wieder erfolgreich in Konkurrenz treten. Die Partnerunternehmen realisieren durch eine Angebotsgestaltung, die sich am realen Kaufverhalten orientiert, sowohl Umsatzsteigerungen als auch eine Kostenreduzierung (durch die Verringerung der Streuverluste) und können ihren Onlinevertriebskanal erheblich aufwerten (vgl. Abbildung 2).

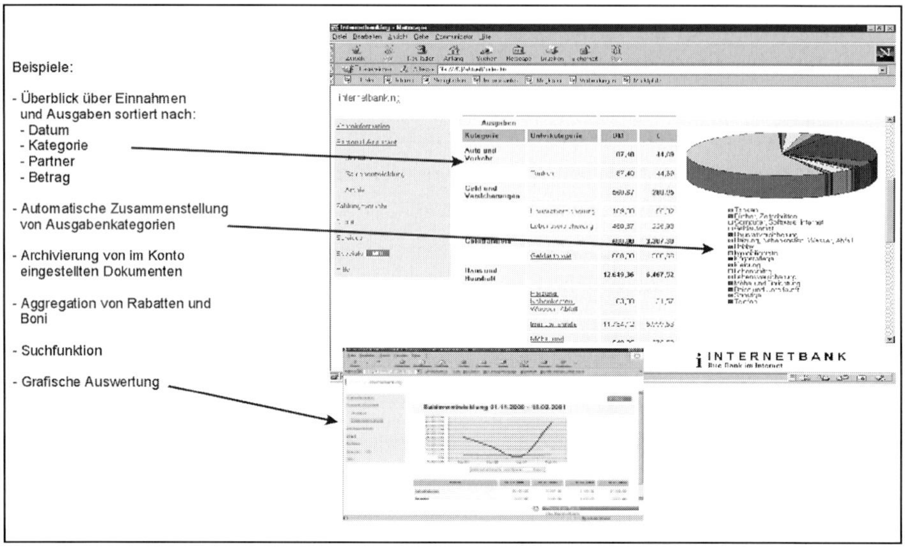


*Abbildung 1: Analyse und Kategorisierung von Tranksaktionen (Quelle: Dresdner Bank AG, Projekt OSKAR, Vorhaben webkonto)*

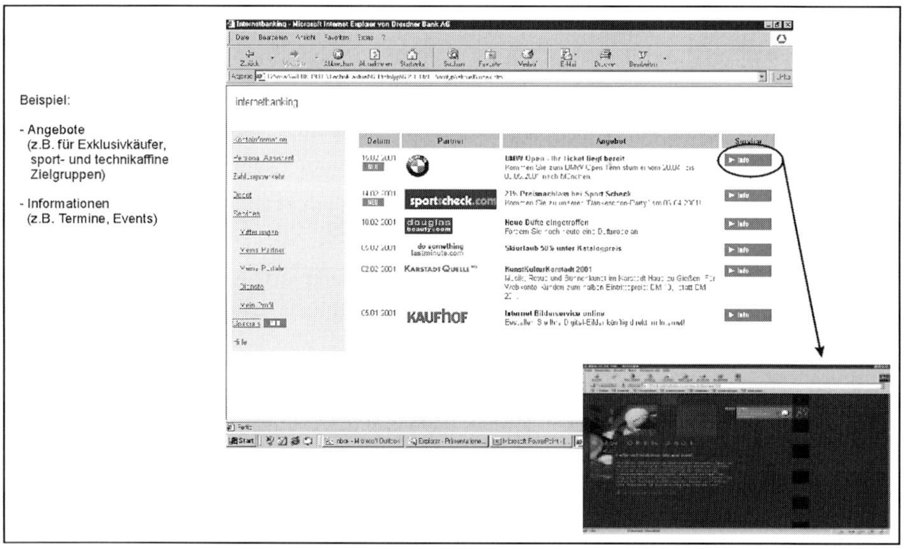


*Abbildung 2: Das Kaufverhalten bestimmt das Informations- und Serviceangebot (Quelle: Dresdner Bank AG, Projekt OSKAR, Vorhaben webkonto)*

Es ist leicht erkennbar, dass sich hiermit das Wissen über die Kunden in einem Ausmaß erhöht, welches mit einer traditionellen Analyse nicht erreichbar wäre.

Empfehlenswert ist bei einer derartigen Ausweitung der Datenbasis, dass Kunden die Hoheit über ihr Kundenprofil behalten und zumindest die Möglichkeit haben, ihre Beziehungen zu Finanzdienstleistern auch selbst zu managen. Um hierbei ökonomische Ziele nicht aus dem Blick zu verlieren, müssen die Systeme des CRM für jedes Kundensegment oder besser für jeden Einzelkunden entsprechende Wahrscheinlichkeiten für infrage kommende Angebotswünsche vorhalten, um auf der Basis eines definierten Gesamtangebots zu einer Vorauswahl individueller Angebote zu gelangen. Gerade Finanzdienstleister haben durch den ihnen am Markt entgegengebrachten Vertrauensvorschuss eine herausragende Ausgangslage, um unter ihrem Branding die Kundenprozesse zu unterstützen und deren (Informations-)Komplexität zu verringern.

# 3 Die hohe Kunst, die Kundeninteraktion zu individualisieren

Eine wichtige Komponente eines CRM ist das Kampagnenmanagement, welches Kunden zielgenaue, auf sie abgestimmte Angebote offerieren soll. Typische Ziele von Kampagnen sind hierbei die günstige Beeinflussung von Komponenten, aus denen sich die (zukünftige) Profitabilität eines Kunden zusammensetzt (Preis und dessen segmentspezifische Differenzierung, Geschäftsvolumen, Zahl der Transaktionen, Betreuungskosten usw.). Aber auch die Steigerung der Kundenzufriedenheit und Kundenbindung kommt als Ansatzpunkt in Frage,[1] denn empirische Untersuchungen deuten auf einen starken Zusammenhang zu ökonomischen Zielgrößen hin. Loyale Kunden sind weniger preissensitiv, kaufen verstärkt Zusatzleistungen und verursachen weniger Betreuungskosten. Der bestehende Kundenstamm ist daher die primäre Zielgruppe von Kampagnen.

Betrachtet man den Zugangsweg Internet, so sehen führende Marktteilnehmer in individualisierten und lernenden E-Mail-Newsletter-Services hervorragende Chancen, die Kundenansprache zu verbessern und das Geschäftsvolumen oder die Zahl der Transaktionen zu verbessern. Aber auch kundenindividuelle Auswertungen können einen hohen Kundennutzen generieren. So kann beispielsweise der hohe Zeitbedarf für die Steuererklärung von Kunden mit sehr hoher Transaktionshäufigkeit (Heavy Trader) dadurch verringert werden, dass die Orderdaten automatisch und in übersichtlicher Form aufbereitet werden. Der Kunde kommuniziert hier seine Wünsche über die Verwaltungsfunktionen an die Backend-Systeme und bekommt die Ergebnisse zum Download bereitgestellt (vgl. Abbildung 3). Wichtig ist hierbei ein in sich stimmiges Zusammenspiel zwischen den einzelnen Systemen des CRM.

Dieses Zusammenspiel ist beispielsweise auch hilfreich, wenn Kunden im Rahmen einer Outbound-Aktion über die Änderung von Beleihungen von Wertpapieren, die sie in ihrem Depot haben, unterrichtet werden müssen (vgl. Abbildung 4). Um dies zu erreichen, erfolgt die Segmentierung der Daten und die Kundenanalyse im Data Warehouse. Die Ergebnisse werden anschließend an das CRM-Kernsystem (Clarify) portiert und in die entsprechenden Geschäftsprozesse (Serienbrief-Erstellung, Beantwortung von Rückfragen) integriert.

Wer hier seine Hausaufgaben im Hinblick auf ein geschlossenes System von effizienter Datenanalyse und Datenlieferung an das CRM-Kernsystem gemacht hat, kann sich in einem weiteren Schritt an das frühzeitige Erkennen von potenziellen Kündigern herantasten, um diese präventiv zu betreuen. Die günstige „Beeinflussung des kundenseitigen Kündigungsverhaltens"[2] lässt sich mit einer gezielten Fragebogenaktion zur Identifikation von Absprunggründen und der Entwicklung eines geeigneten statistischen Modells realisieren, um wertvolle Kunden und damit enorme Deckungsbeiträge bei der Stange zu halten – sofern auch hier die (historischen) Daten aus dem Data Warehouse, das Scoring-Modell und die Kundenschnittstelle zusammenspielen. Diese Beispiele aus dem Umfeld des mit dem best practice award der Universität St. Gallen ausgezeichneten Discount-Brokers Consors (prämiert wurden im Rahmen eines weltweiten Benchmarking sechs von 200 Unternehmen) dürfen nicht den Blick darauf verstellen, dass flankierend auch

- der Aufbau einer kundenorientierten Organisation mit der Ausrichtung von Einheiten als direkten Kundenschnittstellen,
- der gezielte Einsatz von Relationship-Programmen mit Community-Bezug und vor allem
- die Art und Weise der Einführung von Softwaresystemen des CRM

maßgebliche Treiber eines erfolgreichen CRM sind. Nur im Zusammenspiel all dieser Komponenten erfüllen sich die eingangs genannten ökonomischen Zielgrößen.

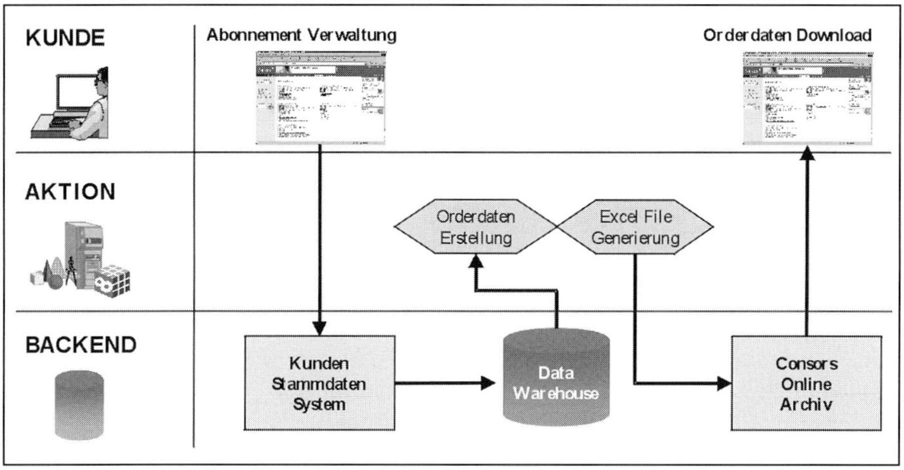


*Abbildung 3: Interaktive und kundenindividuelle Aufbereitung von Orderdaten (Quelle: Consors Discount-Broker AG, Projekt DAWINCI)*

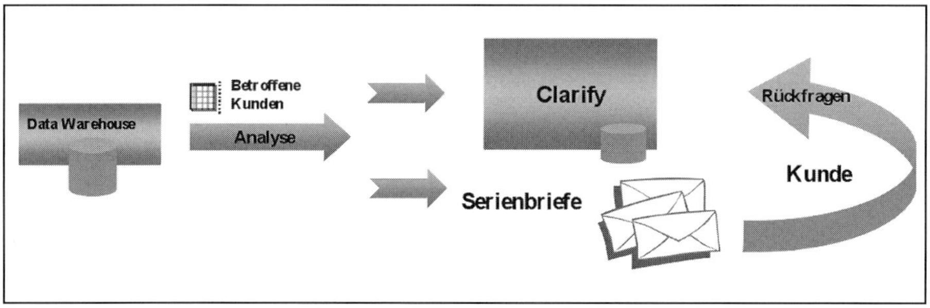


*Abbildung 4: Outbound-Aktion „Änderung der Wertpapierbeleihung" (Quelle: Consors Discount-Broker AG, Projekt DAWINCI)*

Eine weitere wichtige Dimension bei der zukünftigen Weiterentwicklung des CRM werden personalisierte Webauftritte sein.[3] Sinn und Zweck der Personalisierung eines Webangebots ist es, dem Anwender Informationen und Leistungen bereitzustellen, die individuell auf ihn zugeschnitten sind. Damit kann sich der Kunde trotz weitgehend automatisierter Interaktion individuell behandelt fühlen. Personalisierungsfunktionen fördern die Interaktivität und sorgen für eine stärkere Einbindung von Kommunikations- und Transaktionsmöglichkeiten. Auf diese Weise lassen sich auch die Zugriffshäufigkeit und die Verweildauer erhöhen – Größen, die für den wirtschaftlichen Erfolg eines Webauftritts entscheidend sind. So können ausgefeilte

Boni- und Rabattprogramme oder schwer replizierbare Möglichkeiten zur Analyse und Pflege des eigenen Wertpapierportfolios die Nutzungsintensität auf der Website verbessern. Denn über höhere Nutzungsintensitäten kommen Transaktionen (Wertpapierkauf/-verkauf, Orderstatusabfragen, Überweisungen usw.) eher zustande, da durch die steigende Erfahrung im Umgang mit dem Internet bestehende Akzeptanzbarrieren abgebaut werden. Auch verringert sich gleichzeitig die direkte Vergleichbarkeit mit Finanzportalen von Konkurrenzanbietern.

Aus technischer Sicht erfordert eine Personalisierung ein Regelwerk, das die Erzeugung individueller Inhalte realisiert (das heißt, was in welcher Form an welcher Stelle der Website erscheint). Dieses Regelwerk wird von den Profildaten des Kunden gesteuert. Zudem muss auch eine Erfassung des Nutzungsverhaltens der Kunden während des Besuchs der Website (Tracking) gewährleistet sein. Die entsprechenden Datenhaushalte stehen dabei idealerweise in Realtime-Interaktion mit den Systemen des CRM. So kann das Portal an einen umfassenden CRM-Profilpool angeschlossen werden und dort in einem asynchronen Prozess (beispielsweise via täglichem Batchlauf) Profildaten auslesen und in den Portal-Profilpool übertragen. Diese Profildaten werden dann realtime für die Personalisierung im Portal verwendet, wobei nur die notwendigen Informationen ausgetauscht werden, da bei weitem nicht alle CRM-Profil-Informationen für ein Webprofil benötigt werden. Ferner empfiehlt es sich, dass Kundenprofile, Regelwerk und Trackingdaten von dem personalisierten Webauftritt getrennt und nicht mit diesem in einem System zusammengefasst werden sollten. Hintergrund sind die Anforderungen einer sich derzeit als Marktstandard etablierenden Multikanal-Vertriebsstrategie – hier sind sowohl die benötigten Informationen über Kundenprofile und des Regelwerks als auch die gewonnen Tracking-Informationen für andere Vertriebskanäle von Interesse, um die richtigen Produkte und Dienstleistungen zum richtigen Zeitpunkt über den richtigen Zugangsweg anzubieten. Daher sollten die Datenhaushalte nicht zu eng mit dem personalisierten Webauftritt verknüpft werden.

# 4 Fazit

Sobald die Mehrzahl der Marktteilnehmer CRM eingeübt hat, stellt sich die Frage, auf welchen Feldern sich zukünftig Wettbewerbsvorteile realisieren lassen. Vergegenwärtigt man sich, dass der Idealzustand eines CRM so aussieht, dass

- Marketing-, Vertriebs- und Serviceaktivitäten aufeinander abgestimmt sind und auf einer durchgängigen, einheitlichen und übergreifenden Informationsbasis basieren,

- „One Face to the Customer" an allen Kundenkontaktstellen gelebt werden kann, die unterschiedliche Anforderungen verschiedener Partner im Vertriebsprozess an die Systeme des CRM erfüllt sind und Kundenanfragen gezielt bearbeitet werden,

- das jeweilige Kundenpotenzial, der so genannte Customer Lifetime Value und der Einfluss von Marketingkampagnen auf diese Kenngrößen ermittelt werden kann und

- Wissen über Wünsche und Verhaltenspräferenzen von heutigen und zukünftigen Kunden an verschiedenen Stellen generiert wird, das heißt, Informationen über die Zeit und die Kontaktpartner hinweg zusammengeführt und ausgewertet werden,

so eröffnen die vorgestellten Dimensionen vielfältige Chancen, die Kundendatenbasis und die Aktionsmöglichkeiten deutlich zu verbessern. Kooperationen in Wertschöpfungsnetzwerken erweitern die Sicht auf den Kunden in erheblichem Maße. Und ein innovatives Kampagnenmanagement sowie die zunehmende Personalisierung von Webauftritten stellen neue Herausforderungen an die Integration und Sicherstellung des Zusammenspiels unterschiedlicher Datenpools und organisatorischer Einheiten. All dies sind Felder, in denen First Mover noch erhebliche Wettbewerbsvorteile realisieren und damit den Stellenwert ihres Hauses weiter festigen und ausweiten können.

## Quellen

* Leicht gekürzte Fassung des Beitrags in: BIT, Heft 2 [2002], S. 33–40.

1 Vgl. den Beitrag von *Jacob, Hans-Reinhard; Klenk, Peter*: Bewegliche Bankkunden als Herausforderung für das Customer Relationship Management, in Kapitel 1.4.

2 Vgl. *Barth, Wolfgang; Kaletsch, Uwe*: Churn-Management im Retail-Banking – Vorgehensweise, Methoden und Implikationen für das Customer Relation-

ship Management, in: *Moormann, Jürgen; Roßbach, Peter* (Hrsg.): Customer Relationship Management in Banken, Frankfurt [2001], S. 133.

3 Vgl. *Pöttgens, Ulrich; Szinovatz, Andreas; Klenk, Peter*: Personalisierte Finanzportale – Bankkunden erwarten individuelle Leistungen und Informationen, in: Computerwoche, Heft 6 [2001], S. 26.

# Die Renaissance des Tante-Emma-Prinzips: Warum Finanzportale personalisiert werden

*Peter Klenk, Andreas Szinovatz*

In ihrem kleinen Geschäft kannte Tante Emma jeden Kunden, denn ihr Laden war ein nachbarschaftliches Kommunikationsforum. Durch den Austausch von Informationen erhielt sie ausreichend Input, um jedem ihrer Kunden das passende Produkt anbieten zu können. Vermehrt greifen Kreditinstitute im Internet auf dasselbe Prinzip zurück und personalisieren ihre Portale. Denn sie erwarten, dass bereits in fünf Jahren das Internet der wichtigste Zugangskanal für ihre Kunden sein wird. Doch welche positiven Effekte sind mit der Personalisierung verbunden. Und welche Arten der Personalisierung lassen sich unterschieden?

# 1 Der Electronic Commerce treibt den Strukturwandel

Der Finanzdienstleistungsmarkt befindet sich durch demografische Veränderungen, Vermögenswachstum, Europäisierung und zunehmende Bedeutung der privaten Altersvorsorge in einem tief greifenden Wandel. Flankiert wird dieser forcierte Strukturwandel durch Verschärfung des Wettbewerbs, aufbrechende Wertschöpfungsketten und rasante technologische Umwälzungen, die vor allem durch den Electronic Commerce (E-Commerce) als der „Abwicklung von Geschäftsprozessen jeglicher Art über elektronische Netze“[1] vorangetrieben werden. Prominente Beispiele wie moneyshelf zeigen, dass sich Geld in der Disziplin E-Commerce – anders als in der Werbung suggeriert – jedoch nicht automatisch vermehrt. Vielmehr erfordert dieser Investitionsbereich ein feinsinniges Fingerspitzengefühl im Hinblick auf erfolgversprechende, den Kundennutzen mehrende Geschäftsmodelle.

Projektierungen im Umfeld des E-Commerce umfassen in aller Regel Querschnittsfunktionen, die übergeordnete und nachgelagerte Einheiten durchdringen wie kein zweites Themenfeld unserer Zeit. Einer möglichst umfassenden Abwicklung der entsprechenden Geschäftsprozesse über elektronische Netze wird hierbei ein großes Potenzial zur Steigerung der Wettbewerbsfähigkeit und zur Ausschöpfung von Effizienzsteigerungen zugeschrieben. Und dies, obwohl E-Commerce-Projekte häufig zunächst weder Cashflow noch Ertrag generieren, sondern oft nur Optionen auf künftige Geschäftsmodelle zur Sicherstellung unternehmerischer Flexibilität darstellen.[2] Man denke nur an die Investitionen in die Integration der Zugangswege in einem Multi-Channel-Ansatz, welcher neben den Informations- und Transaktionsangeboten per Internet oder per Callcenter auch die persönliche Betreuung und Beratung einbindet.

Die höhere Markttransparenz und die bessere Vergleichbarkeit des Leistungsangebots lassen vermehrt Portalanbieter entstehen, die sich auf die Seite des Kunden stellen und dessen Interessen gegenüber eingebundenen Servicepartnern vertreten – die Kunden übernehmen damit immer mehr die Initiative auf vielen Märkten und erzwingen innovative Geschäftsmodelle. Portale stellen in der Logik der potenziellen Nutzung des Internets bereits eine weit fortgeschrittene Komplexitätsstufe dar und werden in dieser Hinsicht nur noch von den virtuellen Marktplätzen übertroffen, die von ganz unterschiedlichen Unternehmen genutzt werden und die sich häufig um ein spezifisches Thema (Bauen und Wohnen, Automobilkauf usw.) herum entwickeln und gruppieren (vgl. Abbildung 1).

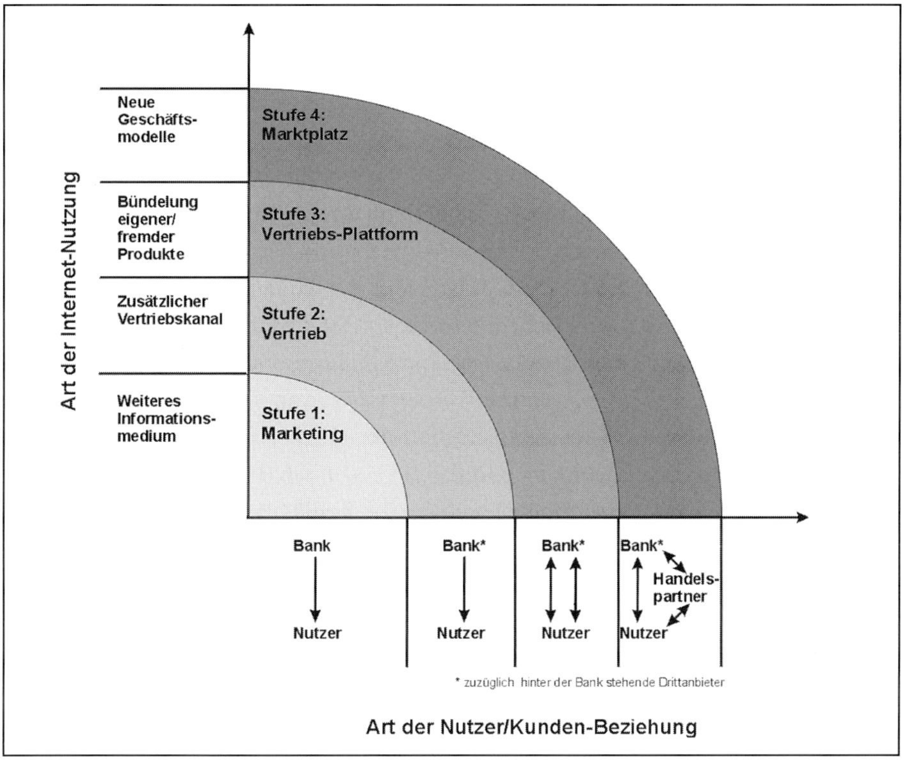


*Abbildung 1: Evolutionsstufen des E-Commerce*

# 2 Ziele und Arten der Personalisierung von Finanzportalen

Das Eintreffen aller ökonomischen Erwartungen, die Banken mit dem Angebot von Finanzdienstleistungen im Internet verbinden, ist untrennbar damit verknüpft, inwieweit den Kunden ein echter Mehrwert geboten werden kann. So muss ein Finanzportal mehr Bequemlichkeit (convenience) für die Kunden schaffen, den Eindruck einer auf allen Zugangskanälen hoch qualitativ agierenden Bank nachhaltig verstärken und dadurch die Kundenzufriedenheit signifikant steigern. Gelingt dies, so können auch die ökonomischen Ziele erreicht werden. Die erwarteten Steigerungen der Geschäftsvolumina, der Marktanteile und der Gewinne resultieren aus

- höheren Erträgen aus Transaktionen (beispielsweise höherem Geschäftsvolumen durch individuell zugeschnittene Produkte, durch den Verkauf ergänzender Produkte oder durch Neugeschäft auch bei bisherigen Nichtkunden)

- geringeren Kosten von Transaktionen (beispielsweise durch die Verringerung von Streuverlusten bei Marketingkampagnen, durch Effizienzverbesserungen in der Abwicklung von Routinetätigkeiten oder durch wegfallende Opportunitätskosten in den Filialen)

- der Nutzung von Informationen über die von Kunden getätigten Transaktionen (vor allem für zukünftige Transaktionen)[3]

Die den Transaktionen zugrunde liegenden Bankprodukte des Wertpapiergeschäfts, Zahlungsverkehrs usw. sind jedoch oft leicht ersetzbar, körperlos und vertrauensempfindlich. Die Anbieter stehen somit vor der Herausforderung, unpersönliche Bankprodukte zu einer Herzensangelegenheit der Kunden werden zu lassen – und dies in einem anonymen Medium wie dem Internet. Doch welche Ansatzpunkte gibt es? Und welche Möglichkeiten bestehen, kundenindividuelle Aspekte in ein Finanzportal zu integrieren?

Transaktionen können gezielt gefördert werden, indem man die Zugriffshäufigkeit und Verweildauer auf der jeweiligen Homepage verbessert. Je intensiver ein Webangebot genutzt wird, desto weniger werden die Konkurrenzangebote wahrgenommen. Erfolg verspricht hier besonders die Verbesserung der Interaktivität und eine stärkere Einbindung von Kommunikations- und Transaktionsmöglichkeiten. Zentrales Instrumentarium hierfür ist die Personalisierung eines Webauftritts. Sie stellt den wichtigsten Ansatzpunkt dar, im Internet kundenindividuelle Aspekte zu verwirklichen (vgl. Abbildung 2). Erfahrungen führender Suchportale zeigen, dass ihr Einsatz die Nutzungsintensität um den Faktor drei bis fünf erhöhen kann; etablierte Onlineshops wie Amazon oder BOL erzielen durch ausgefeilte Personalisierungsmethoden eine im Vergleich zur Wettbewerbern um rund vier Prozent höhere Conversion Rate (Transaktion/Visits). Nach neuesten Untersuchungen des ibi-Instituts der Universität Regensburg besitzen jedoch erst weniger als zwei Prozent der Banken derartige Personalisierungskonzepte.[4]

Ziel der Personalisierung ist es, den Kunden entsprechend ihrer Interessenlage individuell zugeschnittene Informationen und Produkte anbieten zu können. Ferner besteht die Möglichkeit, ihnen das Produktangebot in Erinnerung zu rufen, falls sie über einen längeren Zeitraum keine Transaktionen veranlasst haben. Die zugrunde liegende Idee ist nicht neu – das Tante-Emma-Prinzip erlebt in Zeiten rasanter informationstechnologischer Neuerungen eine unerwartete Renaissance. Um dies auf das Internet zu übertragen, sind bestimmte Techniken erforderlich. Folgende drei Arten der Personalisierung lassen sich hierbei unterscheiden:

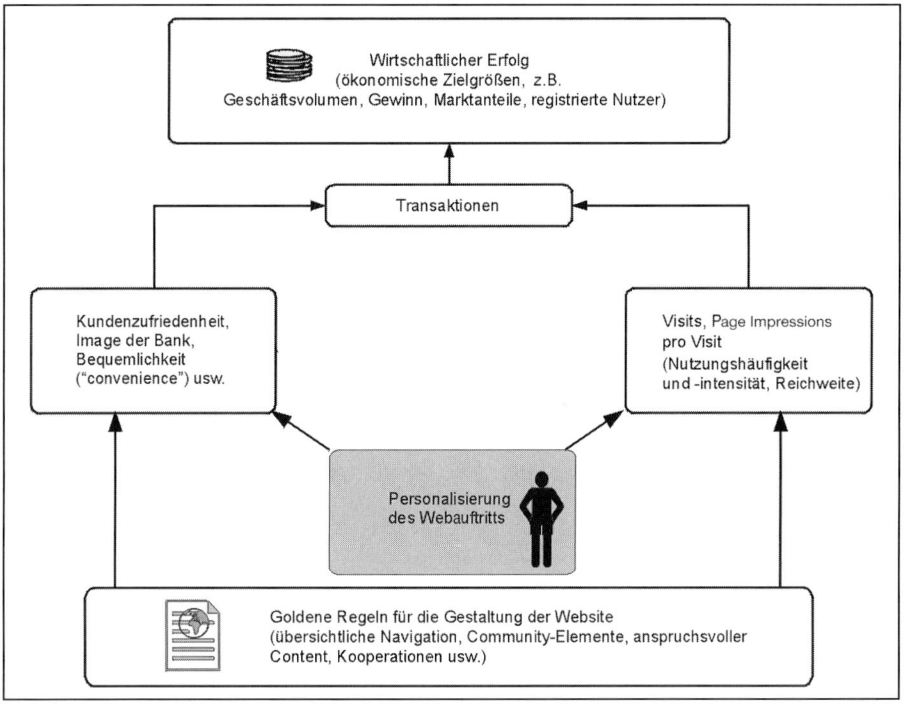


*Abbildung 2: Zielgrößen eines Webauftritts*

- **Explizite Personalisierung** ist die Personalisierung von Content, die aufgrund von Angaben des Users zu seinen Interessen möglich ist. Diese Angaben erfolgen beispielsweise durch die Einrichtung einer persönlichen Watchlist zur Beobachtung der Kurse ausgewählter Aktien. Die Bedürfnisstruktur wird aber auch per Fragebogen bei der Anmeldung erhoben. Die explizite Personalisierung setzt immer eine Anmeldung (Registrierung) des Kunden voraus.

- **Implizite Personalisierung** erfolgt aufgrund des Verhaltens des Kunden im Web. Versucht wird, über die Analyse seiner Bewegungen auf der Website auf bestimmte Bedürfnisse zu schließen. Aus diesen Bewegungsdaten werden Regeln abgeleitet, die den angezeigten Content personalisieren. Der Kunde kann beispielsweise als affin für Aktien von Automobilherstellern eingestuft werden, wenn er bei den letzten drei Sitzungen (Sessions) Kurse der DaimlerChrysler-Aktie abgerufen hat. Bei weiteren Aufrufen werden ihm daraufhin an prominenter Stelle Informationen (Content) zu Automobil-Aktien präsentiert.

- **Individualisierung**: Darunter wird eine Personalisierung der Gestaltungsebene des Content verstanden. Beispielsweise kann ein Kunde den Content selbst auf seinen Seiten anordnen und mit beliebigen Schriftarten oder Farben verknüpfen.

# 3 Zusammenspiel mit dem Customer-Relationship-Management-System

Die genannten Personalisierungsarten erfordern ein Regelwerk, das die Erzeugung individueller Inhalte umsetzt. Zudem muss eine Erfassung des Nutzungsverhaltens während des Besuchs der Website (Web-Tracking) erfolgen. Die Datenhaushalte stehen dabei idealerweise in Echtzeit-Verbindung mit dem Customer-Relationship-Management-System (CRM-System), das den Datenfluss zentral zusammenführt und steuert (vgl. Abbildung 3).

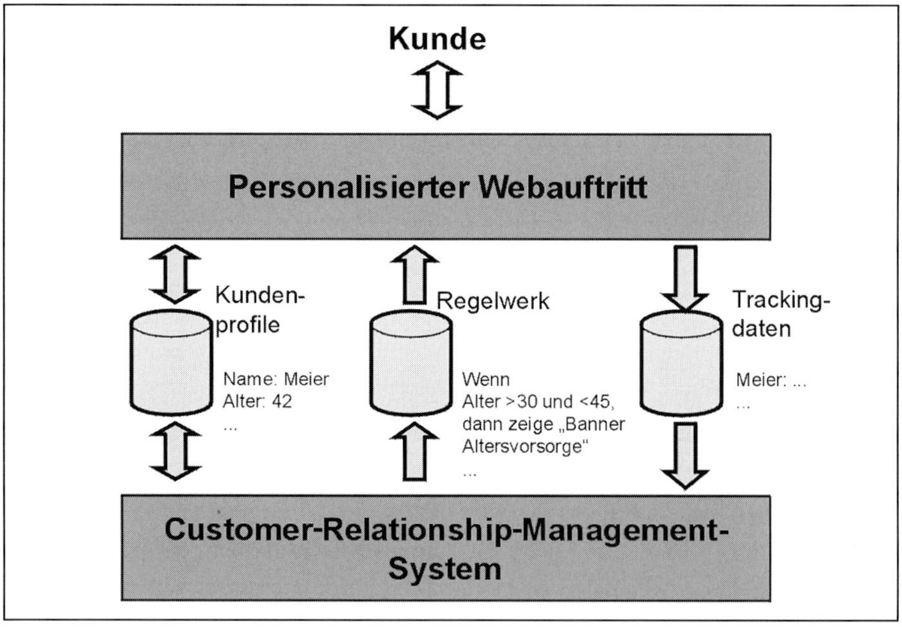


*Abbildung 3: Zusammenspiel der Personalisierung mit dem CRM-System*

Die **Kundenprofile** bestehen aus Attributen (beispielsweise Alter, Familienstand, Einkommen usw.) und zugehörigen Werten oder Wertbereichen (beispielsweise 34, verheiratet, 2.000–2.999 EUR). Den Profilen können die Attribute sowohl manuell als auch automatisiert zugefügt werden. Das **Regelwerk** setzt sich aus Wenn-dann-

Beziehungen zusammen (beispielsweise „wenn“ Kundenalter >30 und <45, „dann“ zeige Banner Altersvorsorge). Außerdem sind sitzungsübergreifende Regeln zu definieren, beispielsweise, „Wenn sich der Kunde seit drei Wochen nicht mehr eingeloggt hat, dann sende ihm das aktuelle Angebot per E-Mail“. Über das Regelwerk können umfangreiche Marketingkampagnen durchgeführt werden. Die **Trackingdaten** sind Informationen über das Bewegungsverhalten. Aus diesem Datenhaushalt versucht man, über gezielte Auswertungen Wissen über Bedürfnisstrukturen des Kunden zu generieren.

Die aufgezeigten Varianten und das Zusammenspiel der einzelnen Datenhaushalte lassen vielfältige Strategien der Personalisierung zu. Es empfiehlt sich, mit der expliziten Personalisierung zu beginnen und erst in einem Folgeschritt eine implizite Personalisierung anzuwenden, weil letztere ein funktionierendes Web-Tracking voraussetzt. Besteht Klarheit über die mit einer Personalisierung verfolgten Ziele, so sind in der weiteren Folge Kennzahlen zu definieren, die über den Erfolg Auskunft geben können. Das sind neben den Visits (Besuchen) und Pageimpressions (Seitenaufrufen) pro Visit beispielsweise die „Zahl der Zusatzverkäufe pro Kunde“, die „Anzahl des Kundenfeedbacks (via Telefon oder E-Mail)“ oder die „Anzahl der weitergeleiteten Geschäftsvorfälle“ (zur individuellen Beratung, zur Filiale, zu Kooperationspartnern usw.). Diese Werte liefern früh erkennbare Warnsignale, um rasch neue Maßnahmen für eine gezielte Ansprache einzusetzen und neuen Content zu gestalten.

# 4 Fazit

Bankkunden erwarten einen sachlichen, übersichtlichen und zuverlässigen Webauftritt – je personalisierter desto besser. Mit einem personalisierten Finanzportal sind mehrere positive Effekte verbunden:

- Der Kunde wird trotz weitgehend automatisierter Interaktion individuell behandelt. Dadurch wird die Kundenbeziehung gefestigt und es verbessert sich die Einschätzung der individuellen Kundeninteressen. Dies ermöglicht zum Bedarfszeitpunkt das Angebot individualisierter Inhalte oder Produkte. Die Personalisierung entfaltet daher besonders bei vertrauensempfindlichen Bankprodukten ihre positive Wirkung. Sie führt zu einer Erhöhung der Nutzungsintensität, beeinflusst positiv das Zustandekommen von Transaktionen und verringert die Vergleichbarkeit mit konkurrierenden Finanzportalen.

- Technologie- und Themenführerschaft im Geschäftsfeld des E-Commerce lässt sich nur mit Maßnahmen realisieren, die den Kunden einen echten Mehrwert bieten. Abstrakte Bankprodukte müssen im anonymen Medium Internet mit einem kundenindividuellen Zusatznutzen präsentiert werden. Die Personalisierung setzt als Renaissance des Tante-Emma-Prinzips genau an diesem Punkt an.

## Quellen

1 *Bundesverband deutscher Banken* (Hrsg.): E-Commerce als Bankdienstleistung, 2. Aufl., Berlin [2000], S. 6.

2 Vgl. *Horváth, Péter; Knust, Patrick; Schindera, Frank*: Internet-Geschäfte erfordern ein wirksames E-Controlling, in: Harvard Business Manager, Heft 5 [2001], S. 48.

3 Vgl. *Klenk, Peter; Turturica, Willi*: Wie erfolgreich ist Ihr Webauftritt?, in: geldinstitute, Heft 10 [2000], S. 26 mit weiteren Nachweisen.

4 Vgl. *Bartmann, Dieter; Fuchs, Andrea; Tauschek, Philip*: Über 1.000 Kreditinstitute im Onlinetest, in: bankmagazin, Heft 2 [2002], S. 24.

# Financial Advisor: Anforderungen an einen Cross-Buying-Berater

*Hans-Reinhard Jacob, Elke Müller*

Der Cross-Buying-Gedanke bringt aufgrund des durch ihn eingeläuteten Paradigmenwechsels einen spürbaren Unterschied für den Kunden mit sich. Im Blickpunkt der Cross-Buying-Idee steht nicht mehr Produktdenken sondern Bedarfsdenken aus Kundensicht. Die logische Konsequenz ist die Ausweitung der Produktpalette auf Nicht-Finanzdienstleistungs-Produkte. Welches Anforderungsprofil resultiert hieraus für einen Cross-Buying-Berater, einen Financial Advisor?

Zur Beantwortung dieser Frage zeigt dieser Beitrag

- das Aufgabenfeld des Financial Advisors auf,
- veranschaulicht am Beispiel einer empirischen Studie das Anforderungsprofil eines Financial Advisors und
- spricht konkrete Handlungsempfehlungen aus. Hieran werden die Veränderungen gegenüber dem konservativen Bild des Bankberaters deutlich.

# 1 Hausarztkonzept

Die Funktion eines Financial Advisors ist vergleichbar der eines Hausarztes. Man versetzt sich in die Lage eines Patienten, der wegen eines konkreten Anliegens zu seinem Hausarzt geht: Der Hausarzt führt eine Anamnese durch, fragt nach vorhergehenden Krankheiten, Operationen, Lebensverhältnissen, erblichen Gegebenheiten und bisher eingenommenen Medikamenten. Falls der Patient schon länger bei ihm ist, greift er auf seine bestehende Informationskartei/-datei zurück. Diese Phase ist gekennzeichnet durch intensives Fragen, um genau herauszukristallisieren, wo die Ursache für seine Beschwerden liegt. Das Ziel ist es, zu eruieren, was dem Patienten mit seiner Konstitution und seinen Lebensbedingungen am besten helfen würde. Bei der Erstellung des Heilungsplans und in der Zusammenstellung der Medikation greift der Hausarzt ebenfalls auf seine Unterlagen zurück, um sich zu versichern, dass das verschriebene Medikament keine Inhaltsstoffe enthält, die dem Patienten nicht bekommen oder die er aus anderen Gründen ablehnt. Falls seine Kenntnisse in diesem Fall nicht ausreichen, überweist der Hausarzt den Patienten an einen Facharzt. Dieser analysiert idealerweise auf Basis der bereits erhobenen Daten und informiert den Hausarzt über seine Diagnose und seinen Heilmittelvorschlag.

Darüber hinaus gibt der Hausarzt noch Empfehlungen und zwar in Bezug auf Ernährungsberatungen, auf Fitnesstrainings u.a., da er um die Gesamtzusammenhänge zwischen körperlichen und seelischen Verfassungen weiß. Alle Informationen über den Gesundheitszustand laufen wieder beim Hausarzt zusammen. Er kennt nicht nur einen Teilausschnitt des Patienten, sondern den Patienten als Ganzes und kann so mit Blick auf ihn als Gesamtmensch und nicht als „Rücken" oder als „Galle" die sinnvollste Vorgehensweise empfehlen. Und der Patient kann seinen Vorschlag gut annehmen, da beide über die Zeit ein offenes Verhältnis entwickelt und gemeinsame Erfahrungen gemacht haben wodurch gegenseitiges Vertrauen entstand (vgl. Abbildung 1).

## 2.3 Informationsphase

Besonders die Informationsphase ist seit Jahren Gegenstand der Literatur und Hauptthema vieler Tests. Immer wieder wird darauf hingewiesen, dass Bankberater sich nicht genügend über ihren Kunden informieren, seine Ansprüche und Bedürfnisse nicht kennen und somit gar nicht in der Lage sind, maßgeschneiderte Lösungen anzubieten.[2] Um so erstaunlicher sind die Ergebnisse der Studie in diesem Bereich. Es gab eine Ergebnishäufung an beiden Enden der Bewertungsskala, es gab kein Mittelmaß. Jedes dritte Gespräch durchlief eine gute bis sehr gute Informationsphase, in der die richtigen Fragen gestellt und gemeinsam mit dem Kunden ihre Interessenlage erarbeitet wurde. So erhielten die Berater alle notwendigen Informationen, um im weiteren Gesprächsverlauf eine adäquate Präsentation durchführen zu können. In den übrigen 64 % der Gespräche wurden bestenfalls Pflichtfragen gestellt, teilweise begannen die Berater sogar sofort, ohne eine einzige Information zur Person und ihrem Anliegen erhalten zu haben, mit ihrer Präsentation.

## 2.4 Präsentationsphase

Nach Abschluss der Informationsphase geht es darum, dem Kunden geeignete (Bank-)Leistungen zur Erfüllung seiner Vorstellungen, Wünsche und Bedürfnisse zu präsentieren. In der Studie entstand jedoch häufig der Eindruck, es ginge den Kundenbetreuern hauptsächlich darum, ihr Wissen – meist anhand von Standard-Präsentationsunterlagen – zu demonstrieren.

Es sei ausdrücklich darauf hingewiesen, dass das ausgewiesene Verbesserungspotenzial bei 85 % der Gespräche nicht in einem Mangel an Fachwissen begründet lag, sondern primär daraus resultierte, dass nicht bedarfsgerecht präsentiert wurde. Dies wiederum lag in den meisten Fällen an der vorgelagerten, zu kurzen Informationsphase.

## 2.5 Abschlussphase

In zwei Drittel der Testgespräche war die Abschlussphase schwach. In ungefähr der Hälfte der Fälle verließ die Testkundin die Bank, ohne über ihren Namen hinausgehende Informationen hinterlassen zu haben. Schwierigkeiten beim Gesprächs-/ Geschäftsabschluss wurden durch folgende Signale deutlich:

- Die Abschlussphase erfolgte im Konjunktiv, das heißt, die Berater drückten ihre empfundene Unsicherheit über eine Fortsetzung der Gespräche sprachlich aus,

- die Fortsetzung der Gespräche wurde der Kundin überlassen („Sie können sich ja melden, wenn Sie sich entschieden haben ...“),

- Berater verzichteten ganz auf die konkrete Vereinbarung weiterer Schritte.

Eine Abschlussschwäche kann in einem oder mehreren der folgenden Faktoren begründet sein:

- Unsicherheit des Beraters

- Bisheriger Gesprächsverlauf hat bereits zu einer inneren Ablehnung beim Kunden geführt

- Kunde passt nicht in das Zielkundensegment der Bank (dieser Eindruck entstand nur in einem Gespräch)

## 2.6 Inhalt, Umfang und Aufmachung der ausgehändigten Unterlagen

Die nach den Gesprächen übergebenen Unterlagen waren sehr unterschiedlich: edle, gebundene Präsentationen, die bereits mit dem Namen der Tester versehen waren, aufwändige Hochglanzprospekte, Standardbroschüren und ganze Bücher über die verschiedenen hauseigenen Fonds. Am häufigsten kamen Hefter mit selbst erstellten Farbdrucken vor, die sich in Aufbau und Inhalt sehr ähnlich waren und in der Regel folgende Informationen enthielten:

- Vorstellung der Bank, der Private-Banking-Abteilung sowie deren Vorteile und Stärken

- Zusammenhänge zwischen Risiko, Ertrag, Liquidität und Anlagehorizont

- Alternativen „Vermögensbetreuung“ und „Vermögensverwaltung“,

- Verschiedene Anlagestrategien (konservativ, einkommensorientiert, wachstumsorientiert, dynamisch) und mögliche Portfoliozusammensetzung (Liquidität, Renten, Aktien, Fonds, Spezialanlagen, Immobilien etc.)

- Bankeigene Performance

- Historische Entwicklung der Aktien- und Rentenmärkte
- Historische Performance von Depots in Abhängigkeit von der Anlagestrategie
- Aktuelle Marktinformationen (Aktienkurse, Zinsniveau)
- Anlagevorschläge

Bei der Bewertung der Unterlagen wurden Inhalt, äußerliche Aufmachung, Art der Darreichung sowie der Bezug zum Inhalt des Beratungsgespräches berücksichtigt. In der Studie kam nach jedem vierten Gespräch der Gedanke auf, dass weniger mehr gewesen wäre. 24 % der Berater wiederum verwendeten das Medium Papier überhaupt nicht und versäumten so die Chance, sich hierdurch im Wettbewerb abzuheben.

Unterlagen dienen einerseits der Gesprächsunterstützung und der nachträglichen Gesprächsreflexion (Sachebene), anderseits prägen Aufmachung und Inhalte das Image der Bank. Die Art und Weise, wie und welche Unterlagen übergeben werden, kann im positiven Fall Ausdruck einer Wertschätzung gegenüber dem Kunden sein. Im umgekehrten Fall können jedoch Überforderung, Enttäuschung oder andere negative Gefühle ausgelöst werden.

# 3 Konkrete Handlungsempfehlungen für den Financial Advisor

Der Ablauf eines Gesprächs bietet auch in diesem Teil den Rahmen für die Beratungsanregungen. So erhält der Leser detaillierte Hinweise für die jeweiligen Phasen.

## 3.1 Rahmenbedingungen

Wesentlich ist es, auch und gerade für diese nicht-persönlichen und nicht-fachlichen Faktoren in der Bank und in der Betreuung ein Bewusstsein zu schaffen. Dies gilt insbesondere für die Bank mit Cross-Buying-Orientierung, deren Fokus viel breiter ist als der konservativ operierender Banken (vgl. Abbildung 2).

- Bei kurzfristigen Terminvereinbarungen dürfte es öfter vorkommen, dass kein angemessenes Besprechungszimmer zur Verfügung steht. Wird dies dem

Kunden offen mitgeteilt, wird er ein Provisorium nicht als geringe Wertschätzung seiner Person ansehen und unvoreingenommen in das Gespräch gehen.

- Über die Ausstattung der Räumlichkeiten sollten sich die Banken insoweit Gedanken machen, dass die gebotenen Örtlichkeiten dem umworbenen Publikum und dem gewünschten Image der Bank entsprechen.

- Bei der kulinarischen Versorgung der Kunden lässt sich mit geringen Mitteln oft eine starke Wirkung erzielen. Eine Selbstverständlichkeit sollte das Angebot eines Getränks sein, denn ein durstiger Kunde ist mehr mit sich und seinem körperlichen Bedürfnis als mit dem fachlichen Inhalt des Beratungsgespräches beschäftigt. Kleine Besonderheiten, wie z.B. die Zubereitung eines frischen Tees für den Tee-Liebhaber oder das Angebot von regionaltypischem Gebäck bei Besprechungen um die Mittagszeit können die Grundstimmung des Kunden sehr positiv beeinflussen.

- Die Faktoren Licht, Luft und Temperatur sprechen Grundbedürfnisse des Menschen an, deren Nicht- oder Schlecht-Erfüllung seine Konzentration auf Gesprächsinhalte stark beeinflussen. Empfohlen werden daher genügend beleuchtete und belüftete Räume sowie ein bewusster und aktiver Umgang mit eventuellen Schwachstellen durch die Kundenberater.

## 3.2 Kontaktphase

Dem Financial Advisor ist bewusst, dass in dieser Phase die Grundlage für das Gespräch und damit für das Vertrauensverhältnis des Kunden zum ihm gelegt wird. Da die Übertragung des gewonnenen Vertrauens auf Dritte (vgl. Abbildung 2) eine der entscheidenden Neuerungen des Cross Buying ist, gilt es, dieser Phase ganz besondere Aufmerksamkeit und Energie zu schenken.

Folgende Faktoren charakterisieren eine erfolgreiche Kontaktphase:

- Der Kunde steht während der gesamten Phase im Mittelpunkt.

- Der Berater stellt sich auf die zwischenmenschlichen und kulturellen Erwartungen seines Kunden ein.

- Der Kunde bestimmt das Tempo, in dem diese Gesprächsphase durchlaufen wird. Er gibt das Signal, wann er bereit ist, in die Informationsphase zu gehen.

Die Bedürfnisse und Erwartungen des Betreuers treten vollständig in den Hintergrund.

- Der Berater nutzt die Kontaktphase, um festzustellen, wie die aktuelle Verfassung des Kunden ist.

- Der Berater sammelt Ansatzpunkte für die Informationsphase, an die er im Laufe des Gesprächs wieder im Sinne des Cross Buying anknüpfen kann. Der Kunde erzählt im Oktober beispielsweise von seinem Wunsch, im nächsten Jahr im Januar wieder in den Skiurlaub in die Schweiz zu fahren. Der Berater fragt nach Details und erfährt, dass den Kunden die neuen Carving-Skis reizen. Auf dieses Bedürfnis spricht er ihn in der Informationsphase wieder an, analysiert mittels einer Checkliste den Kundenwunsch und übermittelt diesen an seinen Kooperationspartner für Wintersportartikel.

- Gast- und Gastgeberrolle werden eingehalten.

- Erwartungen an das weitere Gespräch werden gesteuert (z.B. durch eine Einigung auf den weiteren Gesprächsverlauf im Hinblick auf Inhalte, Dauer, Ablauf).

Zwar sind gerade in diesem Punkt die Erwartungen und Vorlieben des Kunden individuell sehr verschieden, grundsätzlich gilt jedoch: „Nichts im Gespräch ist zufällig, also überlassen Sie auch nichts dem Zufall".

## 3.3 Informationsphase

„Wenn ich nicht weiß, wo der Kunde hin will, darf ich mich nicht wundern, wenn ich woanders ankomme." Wenn sich der Financial Advisor nicht die Welt seines Kunden durch gezielte Fragen eröffnet, dann wird er ihm nie die Möglichkeit bieten, seine Bedürfnisse über seine Bank zu befriedigen! Der Kunde macht das Geschäft dann woanders. Denn er verfolgt in dieser Phase ausschließlich das Ziel, sowohl fachlich als auch menschlich verstanden zu werden. Deshalb muss der Financial Advisor den Kunden so durch das Gespräch führen, dass er durch offenes (Hinter-) Fragen gemeinsam mit dem Kunden ein konkretes Bild von dessen Wünschen und Erwartungen und auch dessen Bedenken und Ängsten entwickelt.

Wenn es für den klassischen Berater schon ein deutliches Muss ist, die Bedarfsanalyse intensiv durchzuführen, dann ist es für den Financial Advisor der Erfolgsfaktor an sich. Wie will er aufnehmen, was sein Kunde im Moment will, mag, möchte, wenn er nicht neugierig auf ihn und darauf, was ihn umtreibt, ist? Wie will er herausfinden, was der Kunde braucht, wünscht, wenn er nicht fragt?

Ein CRM-System zeichnet dem Financial Advisor bereits ein deutliches Bild seines Kunden. Dieses gilt es aktuell abzugleichen, anzureichern damit, wie der Kunde sich momentan darstellt, um ihm ein entsprechendes Angebot machen zu können oder ihn an einen Spezialisten weiterzuempfehlen. Natürlich ist es unmöglich, neben der breiten Finanzdienstleistungspalette bankfremde Produkte im Detail zu kennen. Um nach der Informationsphase jedoch mehr als „Da haben wir einen Spezialisten!" sagen zu können, erstellt die Bank gemeinsam mit ihren unterschiedlichen Kooperationspartner Checklisten, die der Berater offen mit seinem Kunden durchspricht. Danach ist der Berater je nach Komplexität des Produkts in der Lage, eine Empfehlung auszusprechen oder an den passgenauen Spezialisten (also nicht das Reisebüro Otto Normal, sondern das für Trecking in Südamerika) weiterzuleiten.

## 3.4 Präsentationsphase

Ein Kunde hat nur insoweit Interesse an einer Selbstdarstellung des Betreuers, als ihm diese das Gefühl vermittelt, fachlich und menschlich gut aufgehoben zu sein. Die Vorgehensweise für diese Phase ist davon abhängig, ob der Financial Advisor das passende Produkt selber präsentieren kann oder ob er die gesammelten Informationen an den jeweiligen Kooperationspartner weiterleitet. Für die Darstellung der bankeigenen Leistungen gilt: Durch eine Standard-Präsentation der (Bank-) Dienstleistungen fühlt sich ein Kunde nur dann angesprochen, wenn sie als Beispiel dient und ihm hilft, seine eigenen Vorstellungen zu konkretisieren. Auch während der Präsentation ist daher der Dialog mit dem Kunden wichtig. Der Berater sollte durch rückkoppelnde Fragen und durch Hinweis auf die vorher erfahrenen Aufgabeninhalte des Kunden sicherstellen, dass er bedarfsgerecht präsentiert. In dieser Gesprächsphase sollten eventuelle Schwierigkeiten der Bank, z.B. Lücken im Dienstleistungsspektrum, offen angesprochen werden. Offenheit schafft Vertrauen und führt langfristig zu einer Verstärkung der Kundenbindung. Ebenso sollte in der Präsentation auf Bedenken und Ängste des Kunden offen eingegangen werden. Fühlt der Kunde sich in der Informationsphase des Gespräches gut aufgehoben und verstanden, ist er viel eher bereit, bei den ihm präsentierten Lösungen Schwierigkeiten im exakten und vollständigen Umsetzen seiner Vorstellungen zu akzeptieren.

Um die Weiterleitung an den Kooperationspartner für den Kunden reibungslos zu gestalten, ist ein klares Briefing sowohl des Kunden wie des Kooperationspartners notwendig. Der Kunde ist informiert, wer ihn wann zu welchem Thema ansprechen wird. Neben den Hardfacts sind dem Kooperationspartner auch Informationen zu bekannten Erwartungshaltungen und Eigenschaften des Kunden zu übermitteln. So ist die ideale Grundlage gelegt, um

- das passgenaue Produkt für den Kunden herauszufiltern und
- dieses typgerecht zu präsentieren.

Der positive Eindruck, den der Spezialist aufgrund des Briefings dem Kunden gegenüber vermittelt, überträgt sich wieder zurück auf den Financial Advisor. Die positive Spirale der Kundenbindung ist eröffnet.

## 3.5 Abschlussphase

Wiederum unterscheidet man zwischen den eigenen Angeboten der Bank und den Angeboten, die an Spezialisten weitergeleitet werden.

Einen erfolgreichen Geschäftsabschluss erreicht der Financial Advisor für die selbst angebotenen Produkte, wenn er folgende Hinweise berücksichtigt:

- Die Zusammenfassung der bisherigen Gesprächsergebnisse, verbunden mit einem klaren Ausblick auf die weitere Vorgehensweise, ist grundsätzlich sinnvoll. Dies kann die Vereinbarung eines Folgetermins oder auch die Zusendung eines individuellen Anlagevorschlags sein, der dann die Diskussionsgrundlage für das nächste Treffen bildet.
- Auch in der Abschlussphase ist darauf zu achten, dass der Kunde im Mittelpunkt bleibt und er die Art und Weise des weiteren Vorgehens bestimmt. Bei einer Unsicherheit des Beraters über die diesbezüglichen Wünsche des Kunden ist eine direkte Frage durchaus legitim.
- In der Regel möchte der Kunde, der eine Bank betritt, etwas erledigen. Es geht immer besser, wenn er das, was er sich vorgenommen hat, umsetzen und mit einem Haken versehen ablegen kann. Deshalb sollte der Berater sensibel die Kaufsignale seiner Kunden wahrnehmen.

Bei weniger komplexen Beratungen wirken folgende Verhaltensweisen abschlussfördernd:

- Das Ausstrahlen von Ruhe signalisiert dem Kunden Sicherheit.

- Gelassenheit-Zeigen untermauert dem Kunden gegenüber, dass das Angebot das Richtige ist und der Berater keine neuen Denkschleifen für ein noch besser passendes Produkt macht.

Bei Weiterleitung an den jeweiligen Spezialisten empfiehlt es sich, nach Rücksprache mit diesem, den Kunden aktiv anzusprechen. Die Frage nach seiner Zufriedenheit mit dem Anschlussgespräch und dem Angebot hat eine dreifache Wirkung:

- Der Kunde spürt, dass der Berater an seiner Zufriedenheit interessiert ist.

- Der Berater eröffnet sich die Chance, Anschlussgeschäfte zu tätigen.

- Der Berater erfährt, wie zufrieden der Kunde mit dem Kooperationspartner ist, und kann damit dessen Kompetenz immer wieder neu einschätzen und gegebenenfalls die Kooperation ausweiten oder beenden.

## 3.6 Unterlagen

Die folgende Anregungen ergaben sich aus den Praxiserfahrungen der Studie. Durch den bewussten Einsatz des Werkzeuges „Unterlagen" ist eine Erhöhung des Kundennutzens möglich, wenn sich der Berater zu jedem Kunden folgende Fragen stellt:

- Was will/braucht dieser spezielle Kunde (Information, Übersichtlichkeit, Vollständigkeit, Informationen zu bestimmten Spezialthemen etc.)?

Im Beispiel „Carving-Skier" bedeutet das, dem Kunden hierzu die entsprechenden Tests zuzusenden, wenn er ein rational orientierter Mensch ist – oder ihm Powerpoint-Präsentationen, Filmclips über die vielfältigen Möglichkeiten, sich neu zu erleben und darzustellen, zur Verfügung zu stellen, wenn er ein eher emotional orientierter Mensch ist.

- Wie ist sein Vorwissen?

- Wie schätze ich ihn ein? Ist er ein fachlich-rationaler Typ (Inhalt vor Form) oder ist ihm die optische Aufbereitung wichtig? Sucht er umfangreiche Informationen für eine fundierte Entscheidung oder entscheidet er eher spontan im Gespräch und nutzt die Unterlagen nur als Erinnerung an persönlich Besprochenes?

- Womit kann ich Wertschätzung ausdrücken (z.B. durch Erstellung einer maßgeschneiderten Lösung, durch den Kundennamen auf den Unterlagen, durch das verwendete Material, durch Übergabe einer edlen Firmenbroschüre, durch Zusendung von Informationen zu Spezialthemen etc.)?

Der Berater kann sich zudem durch den Einsatz von Unterlagen die Gestaltung der Abschlussphase erleichtern. Sie bieten ihm einen Ansatz, nach der Adresse des Kunden zu fragen, sofern diese nicht vorliegt. Zudem kann der Kunde nach der Zusendung eines individuellen Anlagevorschlages oder einer Ausarbeitung zu einem Spezialthema erneut angesprochen werden.

# 4 Ausblick: Und was es für die Zukunft der Beratung bedeutet!

Die Cross-Buying-Idee eröffnet Banken ein neues, großes Geschäftspotenzial. Ein wesentlicher Erfolgsfaktor zur Erschließung dieses Potenzials ist die Gesprächsführungskompetenz des Financial Advisor. Deshalb sollten sich Entscheidungsträger in Banken, die eine Cross-Buying-Strategie in Erwägung ziehen, bewusst machen, dass eine Verbesserung der Gesprächsführungskompetenz unabdingbar ist. Die Erschließung der neuen Geschäftsfelder korreliert mit dem Wissen über menschliche Bedürfnisse und Erwartungen und der Umsetzungsfähigkeit dieses Wissens durch die Berater.

Ist dieser entscheidende Optimierungsschritt gemacht, agiert der Financial Advisor als Koordinator der Lebenswelten seines Kunden. Er verfügt über ein Überblickswissen in den unterschiedlichen Lebensbereichen seines Kunden und organisiert passgenau die jeweiligen Spezialisten mit deren vertieftem Fachwissen. Der Kunde überträgt entsprechend dem Hausarztkonzept das Vertrauen, das er dem Berater entgegenbringt, auf den jeweiligen Fachberater. Ohne Wiederholungsschleifen erhält der Kunde, was er sich vorstellt. Mit der Zeit erhält der Berater ein immer umfassenderes Bild seines Kunden und kann so dessen Vorstellungen und Erwartungen immer genauer entsprechen.

Eine Kunde-Bank-Bindung par excellence erfolgt zum beiderseitigen Nutzen!

## Quellen

[1] Vgl. *Jacob, Hans-Reinhard; Winkelmann, Bettina*: 1x1 der Kundenberatung, in: Die Bank, Heft 9 [1999], Seite 392–395.

[2] Vgl. FINANZtest, Heft 2 und Heft 5 [2000].

# Autorenverzeichnis

*Miriam Baumann*, SeniorConsultant der Beratungsgesellschaft für BankBetriebs-Wirtschaft Jacob & Co. KG, Wiesbaden.

*Herbert C. Frey*, Generalbevollmächtigter der Beratungsgesellschaft für VersicherungsBetriebsWirtschaft Jacob & Co. KG, Wiesbaden.

*Peter Fuchs*, Projektmanager Data Warehouse bei der Consors Discount-Broker AG, Nürnberg.

*Norbert Heydemann*, Projektmanager Unternehmenssteuerung bei den Stadtwerken München GmbH, München.

*Hans-Jürgen Horlacher*, Datenschutzbeauftragter der Dresdner Bank AG, Frankfurt am Main.

*Hans-Reinhard Jacob*, persönlich haftender Gesellschafter der Beratungsgesellschaft für BankBetriebsWirtschaft Jacob & Co. KG, Wiesbaden.

*Dr. Peter Klenk*, SeniorConsultant der Beratungsgesellschaft für BankBetriebsWirtschaft Jacob & Co. KG, Wiesbaden.

*Dr. Ralf Knirsch*, Senior Business Leader bei der EDS Deutschland GmbH, Frankfurt am Main.

*Rodolfo Monsberger*, Consultant der Beratungsgesellschaft für BankBetriebsWirtschaft Jacob & Co. KG, Wiesbaden.

*Elke Müller*, SeniorTrainerin im ManagementColleg der Beratungsgesellschaft für BankBetriebsWirtschaft Jacob & Co. KG, Wiesbaden.

*Frank Platzer*, SeniorConsultant der Beratungsgesellschaft für BankBetriebsWirtschaft Jacob & Co. KG, Wiesbaden.

*Ulrich Pöttgens*, Bereichsleiter E-Commerce/Internet bei der Dresdner Bank AG, Frankfurt am Main.

*Dr. Andreas Szinovatz*, Generalbevollmächtigter der Beratungsgesellschaft für BankBetriebsWirtschaft Jacob & Co. KG, Wiesbaden.

*Petra Tomschi*, ManagingDirector der Beratungsgesellschaft für BankBetriebsWirtschaft Jacob & Co. KG, Wiesbaden.

*Willi Turturica*, Consultant (Financial Services) bei der KPMG Consulting AG, Frankfurt am Main.